地球の住まい方見聞録

芙蓉書房出版

はじめに

本書は、一九七八年から二〇一三年の間に訪れた海外諸地域の旅の記録に、二〇〇九年以降関わりのできた新潟と福島での見聞を加えて構成した。大学院生時代に参加した西アフリカ集落調査に始まり、研究者集団によるヨーロッパの都市視察、友人との米国横断旅行、夫婦旅行、家族旅行、単身赴任地や原発事故被災地での見聞にいたるまで、その内容は多岐にわたる。それをあえて一冊の書誌にまとめたのは、私が出会ったさまざまな地域の住まい方を、地域づくりに携わる者の眼を通して読者に伝えたいという思いからであった。

現在の地域の姿からかつての暮らしを伝える遺跡まで、私自身が訪ね歩いてきた世界各地の住まい方は、それぞれの地域性が複雑かつ興味深いグラデーションとしてシームレスにつながり、かつ時代とともに揺らぎながら変化して行くようであった。大きくは、ルネサンスにおいて登場したといわれる個人意識の拡大再生産と大航海時代の延長としての世界のヨーロッパ化という流れの中で、地域という世界がズームアウトして、地球という最大版図を獲得してきたのが現代の地域社会であるといえるのかもしれない。

しかし、その結果辿り着いた世界が豊かさを蓄えてきたかというと大いなる疑問がある。むしろ、最大版図獲得のプロセスでさまざまなスケールの地域社会の豊かさを捨象してきたのではあるまいか。今求められているのは、最大版図である地球と共存しながらズームイン可能なさまざまなスケールの地域を継承して行くことのように思われる。要は、グローバリゼーションの進展に抗うことの無力さを自覚しつつも、地球上での地域多様性の保全の意味を考えるささやかな契機を記すことができればという思いが、本書執筆のモティベーションとなっている。

以下本書では、私自身の地域を見る眼を変えてくれた三六年間の個人史的時間の中での旅の見聞を、新潟からアジア〜アフリカ〜ヨーロッパ〜アメリカを巡り福島に至る地球を一周する地理的空間の流れに並べかえ、旅した当時の記録に現在の見解を補足して伝えたいと思う。

私の脳内に宿る地球の住まい方を読者とともに辿ることを試み、書名を「地球の住まい方見聞録」とした。

「地球の住まい方見聞録」目次

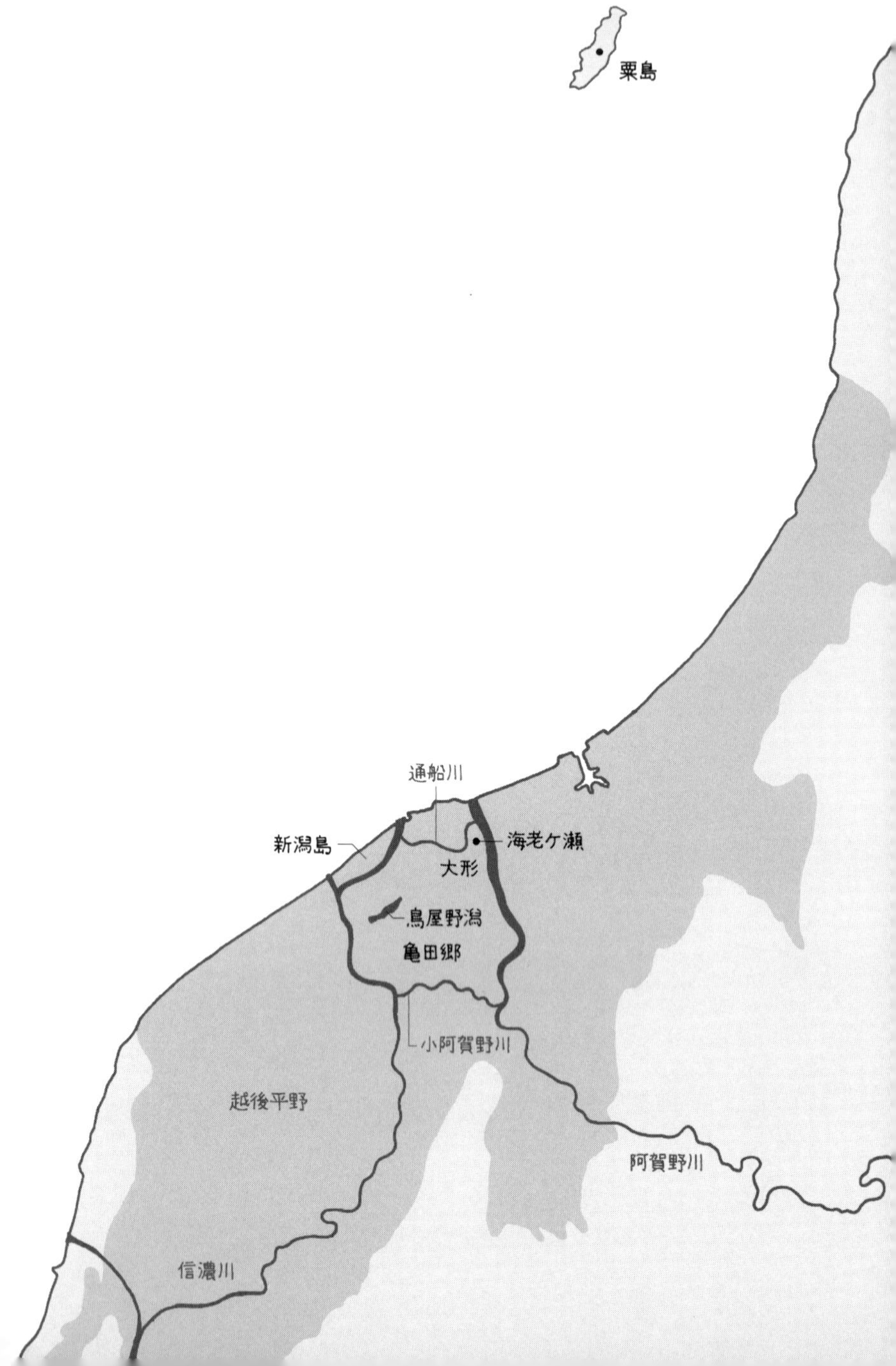

粟島
通船川
新潟島
海老ケ瀬
大形
鳥屋野潟
亀田郷
小阿賀野川
越後平野
阿賀野川
信濃川

第１章　新潟から

✺ 粟島　地域環境のミクロコスモス

新潟県北部の日本海に浮かぶ粟島という名の小さな島がある。島名の由来として、粟粒や泡のように小さいという説がある。私は平成二一（二〇〇九）年四月に、主として地域環境コース科目を担当するため、新設の新潟県立大学国際地域学部に赴任した。最初に取組むべきは新潟県域の土地勘をえることであった。最初のまとまった現地踏査は、海に囲まれたミクロコスモス粟島から始めようと考え、梅雨明けを待ってでかけることにした。以下は、粟島を題材にした地域環境の踏査方法を示すための教材に手を加えた記述である。

＊

まずは事前の情報収集と、文献やネット検索で島の全体像を掴んだら、現地を知っている人を探す。同僚の文化人類学の教授に情報提供をお願いすると、前身の短大時代に研究室で行っ

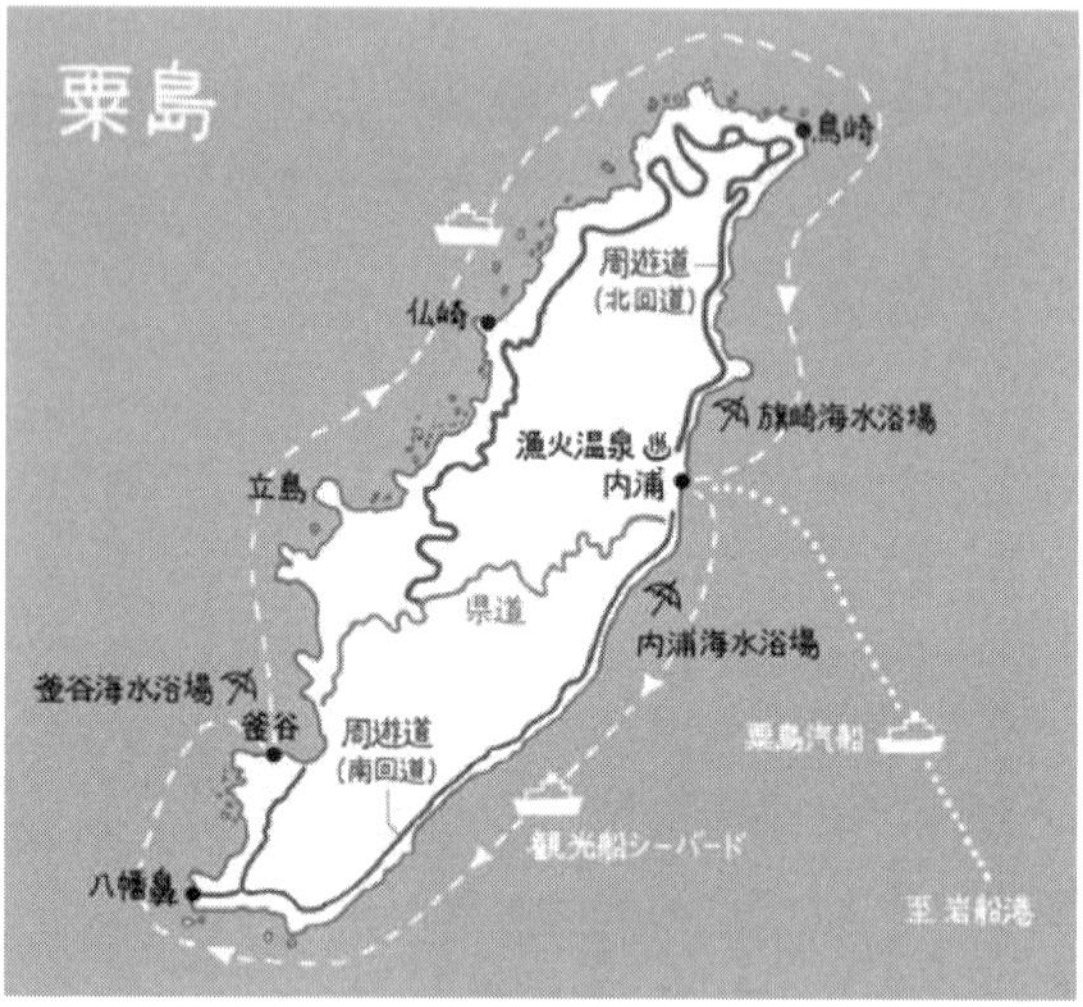

粟島全図

た粟島に関する調査報告集を貸してくれた。さらに、報告集には記述の無い島内の政治的状況、とりわけ対岸の村上市との合併が争点となった村長選挙で、四票差で反対派の候補が推進派の現職を破り、県内最小面積一〇平方キロ弱・最小人口三六〇人の粟島浦村を守っていることを教えてくれた。

粟島には、村上の岩船港と航路で結ばれた東海岸の内浦と、日本海に面する西海岸の釜谷の二つの集落がある。島内での移動手段をレンタサイクルと決め、各集落で一泊ずつの二泊三日の行程を組む。一泊目は、同僚の研究室が常宿としていた釜谷の民宿で宿泊と聞き取り調査を予約した。次に村役場に行政聞き取り調査の予約と、さらに観光協会で内浦での聞き取り調査に応じてくれそうな主のいる二泊目の民宿を紹介してもらった。

八月の初旬、現地踏査初日は朝から快晴。岩船港九時三〇分発の高速船に合わせ、新潟駅から白新線・羽越線を乗継ぎ村上駅へ。村上駅から岩船港への公共交通の連絡は極めて悪く、タクシーを使わざるをえない。

高速船で一時間弱の内浦港に到着後すぐに役場に直行、お世話になる職員に挨拶を済ませ、役場で参考資料を購入し、二つの集落の住宅地図を入手し、自転車を借りて出発。

まず港近くにある郷土資料館に立ち寄り、展示とビデオを見る。この間に五〜六人の老若男女の集団が来館。宿泊先の民宿の方が客を案内している模様。小耳に入った話から、彼らは午後、大謀網漁の見学を予定しているらしい。大謀網漁は江戸時代から広く行われてきた伝統的漁法で、粟島では郷土資料館の展示や観光パンフレットにも紹介されている。事前の同僚の話では、観光目的化しているようなので見たことはないとのこと。今回の踏査では見学を予定していなかったが、団体のご相伴が可能なら見るのも良さそうである。

早速一泊目の民宿のある釜谷に向けて出発。海沿いの道はほぼ直線状で、途中からかなりの勾配の上り登り坂になり、ザックを背負っていてはペダルが回らず、延々押して登る。島南端の八幡鼻を過ぎると海岸地形が一転し屈曲の多い下り坂になり、釜谷までほとんどペダルは漕がずに到着。集落で唯一の食堂で昼食を予定していたが、あいにく昼時で満席、おばあちゃん一人で切り盛りしている様子なので待たずにまず民宿へ。おかみさんに部屋に案内してもらい、宿帳を記入し、早速大謀網漁の情報を聞く。見学受入漁船は内浦港から間もなく出発で、ちょうど釜谷から加わる漁師さんの車に相乗りさせてもらえるように計らってくれたため、その日は昼食抜きとなるもののグッドタイミング。七〇歳台の漁師さんの運転する軽トラックで内浦港へ引き返しながら、車中で次のような話を聞くことができた。

大謀網漁

「大謀網漁は、定置網を仕掛けたら獲らないと魚が逃げるので、通年一日二回午前四時台と午後二時台に行っている。今回見学する場所は東海岸北部で、乗組員は内浦から六名と釜谷から三名。近年漁獲量の減少（磯焼け）と魚価の低迷で定置網以外の個人漁業は、民宿の食材調達を除き衰退気味。定置網で獲った魚のうち、マグロは築地（量が少ない場合は新潟・金沢）の市場に出す」とのこと。

二艘の小型漁船で大きな網を徐々に絞り込み、最後に甲板に引き上げたマグロを一本ずつ〆る漁は圧巻であった。約二時間の見学中、同船した見学者は資料館で会った集団に、さらに親子連れが加わる。波はさして荒くはなかったが、二～三名の見学者が極度の船酔い状態となり海へ嘔吐を繰返す。乗組員の話では、当日の本マグロ二〇～三〇尾の水揚げは、平常に較べやや不漁とのこと。

内浦港から釜谷の宿への帰路は、五四歳のおかみさんが車で迎えに来てくれた。彼女の話では「粟島の漁法は定置、トロールに分けられ、主人は刺し網（定置の一種）をやっている。刺し網は約二〇〇メートルの長さの直線状の網で魚を引っ掛ける漁法で、両端に黒と赤の旗をつけて位置を示す。手間がかからないので民宿と両立できる。トロールは船から流した釣糸で捕獲。マグロなども釣れるが、漁に時間をとられるので民宿ではやらない。他に延縄《はえなわ》もあるが、釜谷でやっているのは五人だけ。釜谷の大謀網は、五～六月に獲れすぎて魚を港に揚げてからの仕分け作業が人手不足で、今はブイだけ残して網は揚げてしまっている。粟島ではほとんどの世帯が船を持っていて、漁場は自由だが、内浦の近くの海には遠慮して行かない」とのこと。

宿に戻り近くの海水浴場で、夕食までの時間を日本海に沈む夕陽を楽しみながら過ごす。海岸は磯とごろた石の浜。海面下もごろた石で埋め尽くされ、波の荒さを伺わせる。

夕食は文字通り魚尽くしに感激。昼食抜きの胃に、中越の蔵元に委託醸造し海洋深層水で仕込んだという清酒「粟島」がしみる。食事を取りながら、神奈川から来島している釣り人から粟島の釣り講釈を受ける。ほろ酔い加減で部屋に戻り、役場で購入した歴史資料に目を通すうちに心地よい疲れに誘われ、深い眠りに就く。

資料で目にした興味深い島民の来歴の記述は、次の通りである。

「古来蝦夷人が暮らしていた本島に、八～九世紀の頃、北部九州の海の民マツラ（松浦）の一党が渡来し内浦に集落を形成し、夷人は釜谷に移動した。さらに半世紀後に越前海岸からホンボ（本保）一族が内浦に漂着し、マツラ一党は釜谷へ、蝦夷は島の北部へ移動した。このことが、釜谷集落のほとんどが松浦姓、内浦集落のほとんどが本保姓という現在につながっている。しかし、明治時代の度重なる大火によって、過去の史料はほとんど失われた」

さらに、観音伝説についての次のような記述が記憶に残った。

『此島の鎮守は八社神と号、祭神は知らず。社頭は前浜の上に有。又八幡の宮、弁財天の堂、観音堂もありて、本尊は十一面観世音を安置す。往古、海面夜な夜な光ありて数月に及ぶ。或夜、壱人の漁者小舟にとりのりて、其光の甚だしき処にうかがひより、魚叉《やす》を持て水底を探るにものあり。ヤスを引あぐれば観音の像浮び出づ。故に土人、魚叉突の観音といふ。又かの仏像を舟にのせて上陸せし処を、今に仏が崎といふ。』この観音像が海から引き上げられたのは、康和年間（一〇九九〜一一〇四）であると伝えられており、仏崎は漁師も網を入れない聖地とされている。村人の信仰はもとより、北前船の往来したころには、船人達は船旗を持って必ず安全を祈願したものだという。昭和四七（一九七二）年の県教育委員会の調査で、この観音像は平安後期の作とされた」（「あわしま風土記」より）

現地踏査二日目の朝は薄曇り。朝食前の一時間、釜谷集落の探索に出かける。海岸沿いの一本の車道以外は、斜面に並行する路地と直交する階段によって動線が構成されている。路地や階段の上部には、ところどころ二階レベルで渡り廊下が架けられ、一部例外を除き木造二階の住居が軒を接して高密度に建てられている典型的な漁村集落。集落の南端に、廃校となった木造の分校が狭い敷地いっぱいに建つ。教室に入ると、昨日まで子供たちが学んでいたように机や椅子や黒板が残され、時間が止まったままになっていた。集落背後の神社は、急な階段の参道を登った一段高い平場に設えられ、集落越しに海を一望できる。神社境内と集落の境には、海難事故から漁師を守る地蔵たちが海の方向を向いて安置された建屋があった。

朝食は浜へ出て食べるワッパ煮。浜で焼いたごろた石を具と出汁の入ったワッパに入れ沸騰させた後、味噌で味をつける。当朝のワッパ煮の材料はメバルとカワハギで、調味料の味噌は家によって味がまったく異なるとのこと。

　客が出発した後の頃合いを計り、数えで八五歳の宿のおばあちゃんから話を聞いた。その内容は次のようなものであった。

「母は内浦の旅館の長女で、自分は八人兄弟の四番目。母は弟が生まれた後分家に養子に出される。兄弟は長男のみ在島し、他は島外（東京）に出たか亡くなったかいずれか。自分は、内浦から一九歳で釜谷に嫁ぐ。子どもは長男と長女（阿賀野に嫁ぐ）、次女（新津に嫁ぐ）の三人。子育てするころは貧しく、女の子は中学を出ると島外に就職し、自力で定時制高校に通った。夫は一〇年前に他界し、長男の代で民宿は三代目。長男の嫁は釜谷の親類からもらう。夫の父は、昭和三〇（一九五五）年ころ鯛釣りの釣り宿を経て、粟島での初の民宿を開業。大謀網漁の再興やあわび会の結成、島外業者の誘致など粟島の産業起こしに尽力した人。

　嫁いで来た頃、釜谷は磯で港がなく、その後部落のみんなで石垣を積んで現在の前身の港をつくった。当時は婦人会活動が盛んで、村の発展が生きがいであった。大量に獲れたイワシを粕炊きして肥料をつくって出荷していた。昭和三九（一九六四）年粟島沖を震源とする新潟地震では海の水が引き、津波を恐れみんな山に避難し四日間程野宿した。（島が隆起し）海の水は引いたままで、当時砂浜だった内浦では砂が消えてしまった。新潟地震前は内浦に田んぼを持っていて内浦の人に耕作してもらっていたが、米は収量が少なく、当時の主食は麦飯で、その他大豆や小豆をつくっていた。地震後は水田の水がなくなり畑として耕作してもらっていた。

　民宿を始めて徐々に客が増え、当時釣舟の船頭をお願いしていた部落の人々に客を分けて、

新潟地震直後の釜谷（左）と現在の集落内路地に見られる当時の護岸（右）

釜谷の民宿の数が増えていった。昭和三三（一九五八）年に家の山の木を伐って最初の増築をした。民宿の最盛期は昭和四八〜五〇（一九七三〜七五）年頃で、一軒で年間一〇〇〇人の客を受けていた。秋田や新潟方面からの客が多かった。その後昭和五〇（一九七五）年ころと平成七（一九九五）年に再び増改築し、現在に至る」とのこと。

おばあちゃんの話にあったみんなで石を積んだ港の護岸は、現在は集落の中ほどの路地状街路に見ることができる。新潟地震によって釜谷の集落が大きく隆起した様子が、現地の街路空間で確認できた。

おばあちゃんへの聞き取り調査終了後、西海岸沿いに一路内浦を目指す。海岸線は複雑に入り組み、オオミズナギドリ営巣地の立島や仏像漂着のいわれのある仏崎など、ダイナミックな自然景観が続く約二時間の道中はあまり高低差も無く、良く管理された道路で数台の車と出合う程度の交通量。二つの集落を往来する車のほとんどが、峠越えの最短ルートを使っているためである。島の北端の鳥崎を回るとにわかに屈曲が減り、道沿いに畑が垣間見られるようになる。昼前に内浦に着き、宿泊予定の民宿に荷物を預け集落の商店で昼食のパンや果物・飲物を調達し、港の南に続く砂浜の海水浴場でのんびりと甲羅干しをする。この頃までには空も青く澄み渡り、対岸の村上方面の山々が薄っすら望める浜は、昨日の釜谷のごろた石の海岸とは全く異なる穏やかな海の印象を与えてくれた。

午後の役場での聞き取り調査では、次のような話を聞くことができた。

「粟島の産業は、漁業も低迷し、観光も民宿が最盛期から半減し、厳しい状況にあり打開策を模索中。村では今年度から粟島ドリーム事業に取組み始めた。この事業は、国の補助事業『地方の元気再生事業』に応募したが採択されなかったアイデアを、とりあえず村の単独事業として始めたもの。事業の柱は三本で、オオミズナギドリと野生馬と竹林にちなむエコツーリズムが基調。事業を進めるにあたり、村民と村外の有識者との協議会をつくっている。

村では、村政振興の応援団として大学の先生などとの関係をつくりたいと考えており、現在、長岡技術科学大学（オオミズナギドリ関係）、東京農業大学（野生馬関係）、東北公益文科大学、文教大学（エコツーリズム関係）、東京海洋大学の先生方を招いている。また、村民中心に地域活性化協議会を組織し、地図づくりや直売所、郷土料理研究などを実施している。今年取組んでいる交通社会実験（コミュニティバスと乗合タクシー）は国の補助を受け三年継続予定。

他に山形県の飛島の実績を参考に昨年から始めたクリーンアップ作戦は内浦の海岸だけで行ったが、今年は釜谷の海岸も加え、参加者は島内一〇〇名、島外二〇〇名であった。ボランティアの集客には、県の村上振興局や市町村課が積極的に応援してくれた。現在、国の人材派遣事業を通して男女各一名の若者が役場で働いており、男の職員は島の環境が気に入って、任期後も島に移住する決断をしてくれた。村の子どもは中学を卒業すると島を離れ、村上の宿舎などから高校へ通うことになる」という。

行政からの聞き取り調査の後、内浦の集落探訪を行う。釜谷と異なり、平地の上に港に沿った複数の車道と直交する数本の路地によって動線が構成され、集落内には巨木が生い茂る社寺地が散在する。戸数や一戸当たりの住居規模も釜谷よりはるかに大きめである。

探索後、集落の北に続く磯の海水浴場で海を眺めて過ごす。昨日見学した大謀網漁の漁場を沖に望む位置である。その後、集落に隣接する温泉施設「おと姫の湯」で塩気を洗い流し、宿に戻って昨夜に勝るとも劣らない魚尽くしの夕食と再び地酒「粟島」を味わい、昨日よりも増した心地よい疲れの中で、早めの眠りに就く。

現地踏査の最終日、朝食後、やはり客の出発後を見計らい、民宿の主人（五五歳）への聞き取り調査をお願いした。話は次の通り。

「当家は分家後五代目、民宿経営は父親の代からで二代目。宿を引き継ぐ以前は、昭和四八（一九七三）年から二一年間粟島汽船に勤め、その時の客商売の経験が今役立っている。県外の国立大学に進学した子どもたちは、今のところ民宿後継の意思を示していない。現在旅館組合長、観光協会理事、活性化委員などを務める。二八歳のときに粟島で一番若い教育委員に就任し、現在は妻が教育委員を務める。

民宿の数は、最盛期の六七（内浦四五・釜谷二二）軒から現在四二（内浦二六・釜谷一六）軒となっている。減少の主な理由は経営者の高齢化であり、内浦に比べ釜谷の減少率が少ないのは、釜谷のほうが公務員他の生業が成り立ちにくいためであると思われる。

旅館組合は年会費一万三〇〇〇円で、イベントの開催や個々の民宿のさまざまな相談に乗っている。組合の決め事は、料金設定や七品目以上の料理提供などがあるが、細かなことは個々の宿に任す方針。客層はさまざまで、中越沖地震の際、被災地で受け入れられなくなった客を肩代わりし、それ以来気に入られてリピーターになった客などもいる。組合長になってから、七夕サマーや九月のタコ獲りツアーなどのイベントを開発。以前はお盆を過ぎるとシーズンが終わったという雰囲気の民宿業者に、九月まで気を抜かないイメージを与えることができた。

観光協会は専従二名体制で、それまで役場や旅館組合、汽船に分かれて重複していた業務を一元化した。村の観光収入は七億円（粟島汽船を除く）、漁業三・五億円（定置一・五億、他二億）となっている。（村上市との）合併にはもともと反対で、粟島の存続のためには小さくも一国を守るべきだと思っている。また、日本海の離島で国を守っているという気概もある。粟島汽船の役割は観光以前に島のライフラインであるため、フェリー一艇と高速船（主に観光）を就航。佐渡汽船の現役引退後の船を使ってきたが、二年後には次の代を確保する必要があり、国の補助でそれが可能となっている（合併した場合を想定するとライフラインが削られる恐れもあった）」とのこと。

聞き取り調査終了後、島内一周の観光船で二日間かけて陸路で回った海岸線を海上から再確認することにした。島の景観や植生は、陸路よりも海岸線をつぶさに見ることのできる海路から確認できた。地形が平明で樹木の高い本州側（東海岸）と西海岸（日本海側）の複雑な地形と強風の形跡が残る樹形が、小さな島内でも異なる環境の存在を示していた。しかし、それ以上に体感できたのが波の荒さで、八幡鼻に出ると同時に小さな観光船は大きく揺れ出し、鳥崎を回るまで波しぶきが眺望を妨げる場面が続いた。

内浦港から昼過ぎのフェリーで粟島を後にし一時間半後に岩船港に着き、行政からの聞き取り調査で話題が出た社会実験中の乗合タクシーで村上駅へ戻った。

＊

今回の踏査では、粟島の東西、内浦と釜谷、そこに暮らす人々それぞれの「地域」を見聞した。また、それら自然環境や住民の来歴などは、粟島固有の地域性であるとともに、佐渡や本州などスケールは異なるものの群島としての日本に通じる同相的な地域性でもある。

✺ 歴史的な双子の湊町　新潟町と沼垂町

全国四七都道府県の県庁所在都市の来歴を調べると、三六都市が城下町、新潟を含む港町が六都市、宿場町や門前町などが五都市となっている。新潟市の中心市街地の前身は、歴史的湊町新潟として蒲原《かんばら》平野の在郷町を束ねてきた。都市にはそれぞれの歴史的な形成過程があるが、

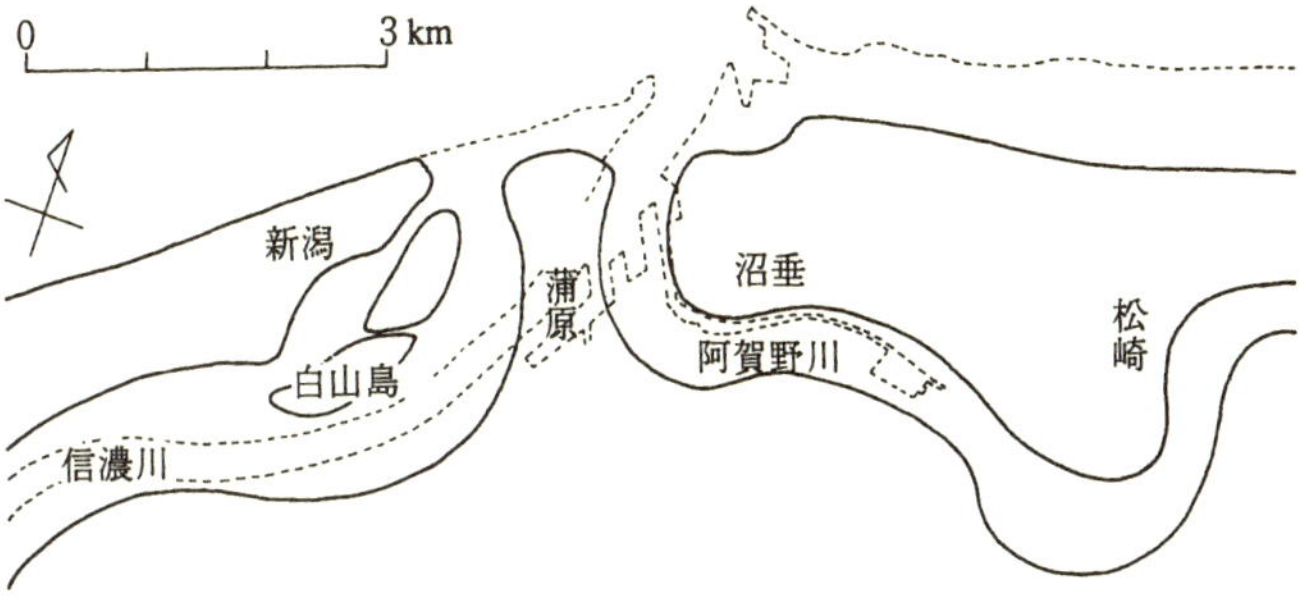

三ヶ津配置図（点線は昭和43年の状態）（出典:『新潟湊の繁栄』）

一見してもそれがなかなかわからない都市が多い。以下、私が赴任してから知ることになった湊町新潟の来歴に関わる話を、多くの物静かな地方都市の一例として記述したいと思う。

＊

信濃川と阿賀野川が出会って日本海に流れ出ていた戦国時代、河口には三ヶ津と呼ばれた蒲原津、沼垂《ぬったり》湊、新潟津の三つの湊が二つの川を挟んで対峙していた。その中で、最も古く文献に登場するのが蒲原津で、平安中期に編纂された法令集『延喜式』に越後国の国津として「蒲原津」が記載される。蒲原津は敦賀港を経て京都へ貢納物（税）を運ぶための積出港で、越後南北朝動乱の際に南朝方最大の拠点として北朝方の攻撃を繰り返し受けた記録からも、当時の蒲原平野と域外を結ぶ、戦略、交通、経済に占めていた重要性が窺える。

その後、両河川の河口の支配をめぐる抗争の結果、戦国武将上杉景勝が蒲原郡の支配を固め、新潟と沼垂を重要な湊として整備を進めたという。さらに江戸時代前期に蒲原津は洪水に流され廃港となり、沼垂湊は新発田藩を支える湊となり、新潟湊は長岡藩の湊となった。河口の東西に対峙し、中洲の所領などを巡り湊争いを繰り返した新潟と沼垂は、両者ともに堀によって町割りや白山神社、寺町の配置が規定された類似構造を持つ、わが国でも珍しい歴史的双子湊町といえるのではないだろうか。

新潟町——長岡藩港から天領、そして開港五港へ

戦国時代、当時は誕生したばかりの新興の湊であった新潟町は、その後信濃川の土砂の堆積によって湊が浅くなり、長岡藩は明暦年間（一六五〇年代）に中州の白山島・寄居島に計画的な町割りを行い、本流側に新たな湊を築いた。白山神社を起点に古町通りが中心軸となり、平行した東掘り・西掘りを介して本町・寺町が並び、直行した堀と小路によって碁盤目状の町割りを形成していた。当時長岡藩が新潟湊からえていた租税は、一万五〇〇〇石相当あったといわれている。

しかし天保一四（一八四三）年に、幕府は新潟町の上知（直轄化）を行った。それ以前、新潟湊では薩摩藩が密貿易（抜荷）を行い莫大な利益をえていたことが発覚したが、長岡藩はこれを二度も見逃していた。さらに、新潟湊をはじめとする日本海側の湊から流れる米によって、蝦夷地の反乱が支えられていたこともあり、流通統制を強化する口実により、貿易とそれによる利益を独占したい幕府の支配するところとなった。

幕末には函館、横浜、神戸、長崎とならんで外国船寄港地として開港五港に選ばれたが、水

深の浅さと冬の季節風で、開港後外国船の利用はほとんど無かったという。しかし、明治一一（一八七八）年に横浜から北海道まで旅した英国の女性旅行家イザベラ・バードは、七月に会津から阿賀野川～小阿賀野川～信濃川～通船川を経て米沢へと辿る。一週間以上滞在した新潟の町並みの美しさを詳細に記録している。賞賛の対象は、信濃川につながる掘割とそれを基準とした通りと小路による町割りと建屋の調和にあった。

日本海と信濃川、さらに昭和四七（一九七二）年に信濃川の放水路として開削された関屋分水に囲まれた島状の地域を、地元では新潟島と呼んでいる。新潟島の中心に当たる古町・白山周辺地区の都市構造は、明暦年間に中洲の島に移転した際の町割りを踏襲している。「島」と呼ばれるに至った背景には、移転時の町の記憶があるのかも知れない。

昭和三九（一九六四）年の新潟地震による地盤沈下で、堀が排水不全になり水質が悪化した新潟島では、車社会への要請もあり、一九六〇年代後半に次々と堀が埋められ現在の街区構成に至っている。一見すると近年の都市計画によってつくられたかと思える広い道路が街なかに通る新潟島は、実は堀の埋め立てによって道路をほとんど拡幅することなく車社会に適応し、戦災も免れたまちなかには古くからの建屋も残っている。そのため、白山神社から信濃川の下流に向けて、上古町・古町・下町と並ぶ町の中に、職人町や花街をはじめとする近世初期の町割りが残っている。その中で木造三階建ての有形登録文化財の料亭をはじめ、歴史的な建物が最も多く残っているのが古町花街《かがい》である。

この花街の研究には、米国横断旅行をともにした友人Nの弟子で、私を新潟の町衆に引き回

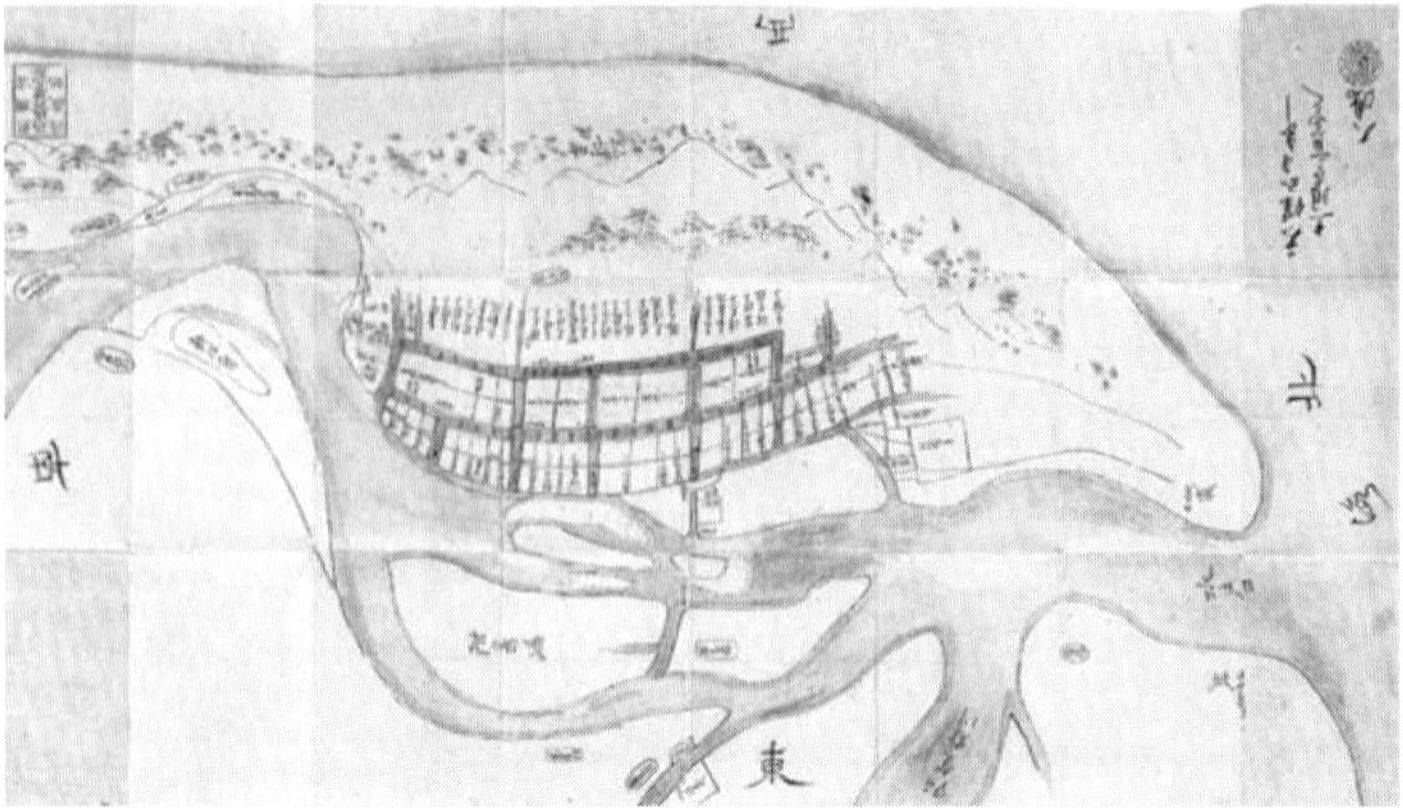

新潟湊絵図　天保五(1834)年(出典:『絵図が語るみなと新潟』

してくれた新潟大学のO教授を中心に、「新潟まち遺産の会」が精力的に取り組んでいる。そして古町花街には、建物以上に花柳界やそれを支える踊りの家元や若い芸妓を育てる目的で法人化した置屋組織など、もてなしの文化を支えるしくみが息づいている。そのような状況を知った私は、平成二一（二〇〇九）年の秋に花街の料亭を会場に大学の公開講座「外国人教師の目で探る新潟の街の魅力」を企画し、女将のお話、芸妓の舞を皮切りに、韓国・英国・米国を祖国とする三名の教員に自由に新潟の街の魅力を語ってもらった。奇しくも三名とも故郷のソウル、レスター、ピッツバーグの「水辺」と「歴史」に触れながら新潟に共通する街の魅力に言及し、会場から賛同の拍手をいただいた。

　そしてこの古町・白山周辺地区は、徒歩圏内で信濃川と日本海に接している。これを地形的に見ると、日本海に並行して砂丘列の高台が走り、海（北）側の斜面は江戸時代から守られてきた松林の砂防林、川

（南）側の斜面は住宅・文教地区から寺町へと移行し、信濃川に近い低地に市場町が連なり、山手と下町が隣り合う帯状の都市構造を形成している。山手に当たる砂丘の南斜面には、近年新潟の魅力発信の要になりつつある西大畑と呼ばれる清閑な住宅地が連なっている。

この地で「旧齋藤家別邸」という古町の豪商の夏の別荘がマンション開発によって取り壊される危機に瀕し、新潟まち遺産の会が中心となり、市民による保存運動を展開した。運動の高まりを受けて新潟市が買戻し、砂丘地形を活かした回遊式庭園とその庭に呼応する歴史的建築物が見事に修復されて、平成二五（二〇一三）年夏から公開されている。隣には江戸時代中期創業の料亭が営業を続け、周辺には旧齋藤家の本宅を一部移築した「燕喜館」や北前船の回船問屋「旧小澤家住宅」、新潟出身の歌人會津八一が晩年を過ごした住宅「北方文化博物館分館」、旧日本銀行新潟支店長役宅「砂丘館」が公開されている。さらに旧新潟県副知事公舎や旧第四銀行住吉支店がイタリアンレストランとして営業をしており、いずれも歴史的建築物と付随する庭を見て回ることができる。花街と併せ湊町新潟の文脈（コンテクスト）を読み込むことのできる歴史的環境が保全活用されていて、日本海と信濃川を渡る風の道ともなり、まさに水と風と歴史に触れる都市環境が横たわっている。

しかし、内省的で競争や目立つことを好まない新潟人気質もあってか情報発信に乏しく、同じ幕末の開港五港でともに政令市の横浜・神戸と較べると、一味違う地域性を宿した新潟の街の魅力があまり知られていない。

沼垂町——五度の移転を繰り返した新発田藩港

新潟県立大学に赴任したての頃、同僚から、「旧新発田藩領にある本学で、藩港の沼垂を飛び越して、長岡藩港から幕府直轄港に移行した新潟島にフィールドを構えることは止めたほうがよい」というアドバイスを受け、面白いところに来てしまったという思いとともに、沼垂という地名が私の意識に刷り込まれた。

沼垂の来歴については、大化の改新の二年後の大化三（六四七）年に、大和朝廷が蝦夷制圧の最前線基地として渟足柵《ぬたりのき》を置いたという記録が日本書紀に残されている。遺跡は発見されていないが、沼垂の地名は渟足柵と関連があると考えられている。二大河川の河口で、河欠けと呼ばれる洪水による被災や流路の変化で河岸が遠のいたことに伴い、湊町沼垂は五回移転したと伝えられている。沼垂周辺を歩くと、隣接する山の下町と神社や市場の配置が極めて類似していることに気づく。ことによると、町の構造を決める遺伝子情報が、移転によって周辺に受け継がれたのではないかとさえ思われる。

沼垂や山の下の町民は、つい最近まで新潟町民から「ぬったりもん」「やまのしたもん」と蔑称で呼ばれていたという。その「ぬったりもん」の誇りが毎年八月一六日に開催される沼垂祭りである。各町内でつくられた大きな灯篭が湊神社に祈願した後、祭りの舞台となる四つ角に集合し、クライマックスの一対一の対決（喧嘩灯篭）が始まる。何回戦かの第何試合という感じで、レフェリーの笛を合図にまるでラグビーのスクラムのようにドシンドシンとぶつかり合う。過去に死人が出たというのも不思議ではない。これまで全国各地で祭りはいろいろ見てきたが、面白さにおいてはベストに近い。観戦者・当事者の充足感という意味では諏訪の御柱に匹敵するものの、知名度においては雲泥の差があり、そこが沼垂らしさといえようか。

かつて北越鉄道（のちの信越線）の終着駅が沼垂であった頃、寺町の一画につくられた駅の周りには、日本石油新潟鉄工所や堀に面した朝市が立地し、沼垂町の賑わいが頂点に達していた。その後鉄道が延伸されて新潟駅が開設され、万代橋上流の信濃川の氾濫原の区画整理事業

沼垂祭の喧嘩灯篭

が行われるに従い、賑わいの中心が移動し、朝市は沼垂凋落の象徴となる。戦後の闇市的雰囲気を残し老朽化した常設簡易店舗は、ほとんどの店のシャッターが閉まり、平成二一（二〇〇九）年に調査した時に営業していたのは四店舗でいずれも八百屋であった。店のおばさんの話では高齢化して止める店が増えているとのこと。その後、簡易店舗の一室を根城に長年活動を続けるまちづくり集団「なじらね沼垂」をカウンターパートに大学で担当する「都市・地域デザイン演習」、さらにその延長線上で学生たちが旺盛な活動を展開し、同僚のアドバイスに従い旧新発田藩領へのささやかな貢献を果たすことができた。ここ二、三年、地元有志の努力が形になり、沼垂朝市では若い人の出店が相次ぎ、レトロな外観にモダンなインテリアの店が順次オー

プンしつつある。

✺ 潟に住まう　海老ケ瀬本村〜旧大形村〜亀田郷〜新潟県

本節では、大学に隣接する集落から徐々にズームアウトしながら、新潟県域に関わる地誌の一端を紹介し、シームレスな入れ子構造といえる地域性の妙を記述したいと思う。

海老ケ瀬本村――加賀からの移住者が戦国時代に拓いた村

海老ケ瀬本村と呼ばれる集落との出会いは、新潟に赴任した平成二一（二〇〇九）年の五月に、土地勘を養うために新潟市東区の北部を自転車で踏査した日に遡る。その日は五月晴れで、当時信濃川河口の町・山の下にあった区役所で資料を集め、地図を頼りに海岸沿いを東進し、阿賀野川河口付近にある大学に戻ることにした。

この時初めて、海岸線に並行して微高地が列を成す、砂丘列という地形を体感した。列の間には、生まれ育った関東内陸部では見ることのなかった砂地の畑が広がり、花の摘まれたチューリップの緑がはるか遠方まで帯状に伸びていた。砂丘列の内陸側に阿賀野川と信濃川をつなぐ通船川という内陸河川が流れ、二か所に設けられた貯木場が、周囲の製紙工場や合板工場、木工団地を支えている様子であった。そんな農住工が混交する風景の中を走り、最後に何気なく大学に隣接する海老ケ瀬の集落に足を踏み入れたとたん、子どもの頃に遊んだ埼玉県南の水の張られた田圃と挟木の植えられた小道や屋敷林に囲まれた農家の風景が蘇ったような、懐かしいデジャヴの集落景観に囲まれた。新潟では、くまなく歩けばどこにでも見られるごくありふれた風景なのかもしれないが、キャンパスから歩いてすぐのこの集落を担当予定の演習科目のフィールドにしたいと思い、住民とつながるチャンネルを探すことにした。

海老ケ瀬本村のむら道

これまでの仕事の経験で、住民とつながるためのチャンネル探しは、一歩（一人）間違えると取り返しがつかないことがあるのを知っていたため、慎重にことを進めた。先ずは定石通りに行政からの紹介で、海老ケ瀬本村を含む大形地域コミュニティ協議会の会長という方に電話して、大学の最も身近な地元のことを知りたいので、どなたか郷土史などに詳しい方を教えてほしいと打診した。数日後に会長が、郷土史に明るいＯさんを伴って研究室に来てくれた。

二人の話を聞くと、この地域が新潟市と合併する以前の大形村の時代から教育に熱心で、特に郷土史については関心が高く、大形中学校の校長が昭和二八（一九五三）年に著した分厚の『大形史』を全戸が大事に持っているとのことであった。また、大正五（一九一一）年の大形の地主の資産額は、一位が六万七〇〇〇万円に対し二位が七〇〇〇円で、共に海老ケ瀬本村であった。さらに、旧大形村内の津島屋や松崎では、氾濫した河川の水が引いた後、農地の境界争いがあったが、自然堤防上の海老ケ瀬は比較的水がつかずに農地が安定していたこと、大形地域内でも昔は津島屋と海老ケ瀬という隣同士の村でも住民（子ども）の気質が異なっていたことなど、海老ケ瀬本村の特徴を聞くことができた。

その後Oさんら地元の郷土史研究会が編集した資料を読むと、海老ケ瀬の地名の起源が、村落の地形が海老の形に似ていたからという説と川海老が多く瀬についていたからとの説が伝えられている。地図（32頁）で見ると確かに海老の頭のようにも見える。

集落の歴史を遡ると、戦国時代の天正三（一五七五）年に加賀の豪族高橋甚左衛門が一家および一族郎党を従え当地に居を定める。三浦伝作がすでに先住。その後加賀落ちの人々が加わり斎藤間右衛門、馬場太郎右衛門、馬場甚右衛門、和田庄次郎、井川作右衛門、渡辺善之丞、斎藤善之助、成田弥助（いずれも現在に受け継がれている）が切立百姓八家とされる。当初の海老ケ瀬は自然堤防を介して阿賀野川に接しており、漁業と農業が生業であった。ところが、享保一六（一七三二）年阿賀野川の掘割決壊により流路が変わり、大形では船も通れないほど水量が減り、多くの干潟が生じた。このために海老ケ瀬の生業は漁業から農業にその主体が移った。その後、付近の丘陵状の畑地から土砂を運搬し、川跡の潟沼を干拓、耕地整理を進めた。

その後、Oさんから海老ケ瀬本村の現状に詳しい亀田郷土地改良区大形出張所のSさんを紹介していただき、早速事務所を訪ねて話を聞いた。海老ケ瀬自治会は、戸数一一五戸、人口四四九人。現在、自治会は八つの組に分かれているが、Ｓさんが子ども頃は上組・中組・下組・山組の四組のみであったとのこと。上・中・下組の由来は旧阿賀野川の上流からの順か、城のあった新発田方面を上としたかは不明。海老ケ瀬本村は、五〇年前には純農村であったが、現在専業農家は少なくなっている。農作物を出荷している家が一六戸、農地を持っている家が六〇戸。ほとんどは米作で、ハウスで近郊野菜を栽培している家が一戸、露地でジャガイモや葱をつくっている家が数戸。米価の低迷に悩みながらも、一九戸の農家で海老ケ瀬保全会を結成し、環境保全型稲作に取り組んでいる。年数回の集落の草取りや水路の泥さらいは農家だけでは維持できなくなっており住民みんなの協力で進めている。

そんな折、数年前に地元新聞社の記者が農業用排水路に自生する絶滅危惧種のミズアオイを発見した。また、海老ケ瀬を含む大形土地改良工区内では、農水省の『農地・水・環境対策』事業に取組み、全国六〇〇か所の実験地のひとつに選ばれ、ワークショップなどが行われ住民意識の向上につながった。

減農薬減化学肥料農法のキラキラ・コシヒカリや絶滅危惧種のミズアオイの保全に取り組む海老ケ瀬保全会のメンバーの提案で、五年前に三七年ぶりの天神祭りが復活した。二月二五日前後に各戸で菅原道真公の軸と祭壇を祀り、小一から中三までの子どもたちが組内の各戸を回り天神経を唱え、お礼に文具などをもらう。天神様では生菓子と粉菓子が供され、現在は、菓子は新津まで買いに行く。補導部（小学校の通学支援組織）の協力で開催していることもあり、

海老ケ瀬本村踏査時の野帳
（右下が大学キャンパス）

親たちもついてきて途絶えがちであった近所づきあいもはじまりつつある。さらに、天神祭りの評判に触発され、昔の行事の菖蒲たたきを再現した。旧暦の節句に子どもたちが菖蒲の束をもって家の周りを祓う。これらの企画は土地改良分区長が中心となり、いろいろな組織を束ねて進められている。毎年六月に亀田郷の一斉清掃が行われ、今年は海老ケ瀬で一〇〇人ほどが参加。諸々の集落の行事では、なおらいはもとより参加して楽しめる余興なども工夫している。そのような状況の中で、四〇~五〇代の若手が地域の将来を考え始めるようになってきた。消防団が若者の集落入門組織で、かつては消防団以外に水防団も存在したという。

さらに翌週Sさんに改めて集落を案内してもらった。山組から上組に向けて歩き、道々聞いた興味深い話は、次のようなものであった。現在のバス道は昔土手と呼ばれ、Sさんが子どもの頃は未舗装で積雪期の火災に備えて部落総出で雪割りをした。Sさんの家を含む土手の西側の家は河原と呼ばれていた（少なくとも祖母はそう言っていた）。集落南縁の道路はＳさんが子どもの頃は通船川から流れくる川で土手との交差部に橋と堰があった。山組と旦那様（かつての集落の長的存在）の屋敷との間は田圃で、集落が分かれていた。旦那様の屋敷には蔵が並び、周囲を用心掘で囲まれ、土手側に通船川から出入りできる船着場があった。

空則寺は平成九（一九九七）年火災焼失。三〇〇年程前に加賀から勧請した浄土真宗の寺で、参道脇に旦那様の墓がある。空則寺東隣の下組には親様の屋号で昔の名主の家があり、その家をはじめ集落内の民家の庭先には、ところどころに天神松が植えられている。下組と中組の間には、Ｓさんが子どもの頃は通船川から流れくる透き通った川があり、よく泳いだ。集落を縦横断する道路は、水路跡が多い。諏訪神社では村人がよく集まり祭事には店が並んだ。宮司は近隣からの兼務。諏訪神社の宵宮では子どもたちに提灯絵を描かせているとのこと。

折り好く翌月に、海老ケ瀬の田圃で新潟市と地元ＪＡ主催の「親子米づくりチャレンジ教室」の稲刈りが行われた。秋晴れの青空の下、新潟県立大学からも一二名の学生と私を含む四名の教職員が市民親子とともに参加した。そして翌年からは、春の田植え、夏の稲の花の観察会、稲刈りと年三回の米づくり体験や、地域の一斉清掃などに大学として参加するようになった。しかし、翌年の稲刈りは、鉛色の空の下で田はぬかるみ、倒伏した稲の根元は湿り、前年の青空と乾いた釜音とは全く様相が異なっていた。八月中旬には施肥と水管理の難しさを語りながらも豊作の予感を示していたのが嘘のようで、稲刈り時の話題も、晩夏の猛暑と刈入れ前の雨続きが米の生育に与えたダメージに集中し、生産者たちも一様に沈みがちであった。稲作のプロセスを垣間見る機会をえたため、その後連日のローカルニュースで伝えられることとなった一等米の比率の極端な落ち込みも身近なものとして、かつ自然のバランスでかくも脆く暗転する様への驚きを伴って感じられた。

また、復活後五年目を迎えた天神祭りを見学する機会があった。休日の朝九時に古びた木造平屋の海老ケ瀬公民館に三〇名ほどの児童と、父兄や役員が集まり、上級生が先導し最後の天神経読経の練習をした後、庭先に雪の残る七軒の家々を訪ね回り、読経のはしごをする。それぞれのお宅では、あらかじめ床の間に天神様（菅原道真）の掛け軸と天神松と雪柳の枝と笹に干菓子を設え、読経後子どもたちにお礼のお菓子を配る。読経回りから公民館に戻り、役員から天神様にまつわる講話を聴いた後、みんな揃って、集落で取れたキラキラ・コシヒカリのお結びと煮しめをいただき解散。集落ぐるみで子どもたちを慈しみ育てている様に立ち会えた。

また、そのような折には、役員達はそのまま海老ケ瀬銀座と呼ばれる集落唯一の居酒屋「たぬき家」に流れ、恒例の会費制反省会となる。私も時々混ぜてもらうと、専業農家だけでは困難となった水路や農道の清掃に、子どもたちを含む一般住民の参加をえて集落機能が強化された経緯、戸別所得補償制度と土地改良予算削減の是非、平成九（一九九七）年に焼失した空則寺再建の夢等々、海老ケ瀬弁混じりの話は巡り、海老ケ瀬産野菜中心の女将の手料理に酒も頭まで回り、気がつくと時も回っていた。

その後も毎年、「住まいの空間デザイン演習」で海老ケ瀬本村の民家を順繰りに課題として提供していただき、学生たちが住まい方の提案を行い、公民館で集落住民に発表している。さらに、学生有志が休耕地を借りて野菜づくりを行ったり、海老ケ瀬本村をフィールドに卒業研究を行ったり、ゼミの歓送迎会を「たぬき家」で開いたりと、私と集落のつきあいが続いている。平成二六（二〇一四）年には檀家の寄付が集まり、空則寺の再建を果たし、恒例の団子撒きに参列した。一方、毎年演習で小さな集落を歩き、農地が資材置き場に転用され、旧家の空き家がミニ開発で分筆される様子に立ち会い、かつて埼玉で経験した風景の劣化を早回しで見せられているような気がして、無性に寂しさを感じることがある。

旧大形村～亀田郷――地図にない湖

海老ケ瀬本村は旧大形村に属する集落であった。そして大形の地名の起源をひも解くと、幕末から明治初（一八六八）年にかけて編纂されたという『越後国式内神社考』に「…それより見おろす田面往昔は、沼垂郡の沼水海に引去れば陸となり、又海水満来れば湖の如くとなりけむさま見えて、…信に大形と名におふ神社の在すべき地景なり。大形は大潟の借字なるべし」という記述に至る。当地がまさに潟の広がる地域であったことを窺わせる。

前述した『大形史』をはじめとする資料によれば、延長五（九二七）年『延喜式』の神名帳に大形神社が記載されたのが歴史への登場であるという。その後建武二（一三三五）年には、越後南北朝動乱の松崎合戦の地となる。さらに享禄元（一五九八）年豊臣秀吉の晩年、堀秀治が越後（春日山）に入封するに伴い、秀治の与力として溝口秀勝が加賀大聖寺より来越し、新発田城主として大形地域を支配した。ここで加賀と新潟とのつながりが見えてくる。

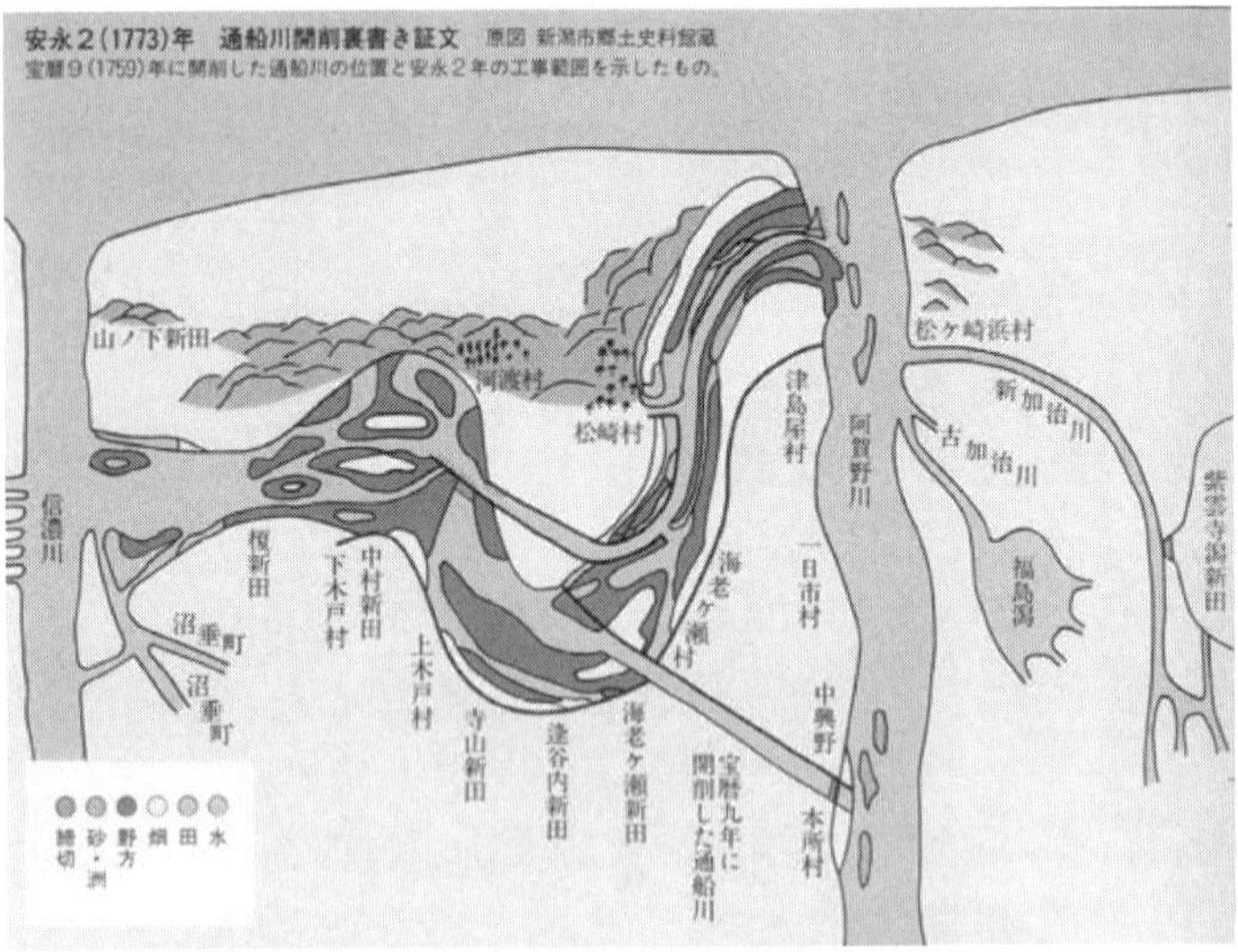

阿賀野川流路変更絵図（出典:『図説新潟市史』）

そして前記の通り享保一五（一七三〇）年、新発田藩領松ヶ崎浜で塩津潟（紫雲寺潟）干拓のため掘割工事が行われるも、翌年春の雪解け水の洪水で掘割が決壊し、それまで信濃川と河口を共有していた阿賀野川が直接日本海に流れ出るようになる。河口の流量の減少によって湊の機能が損なわれた新潟町からの復旧の求めに対し、上流の小阿賀野川の改修や旧河道の新規掘割工事を行うも復旧することはなかった。さらに宝暦九（一七五九）年、新発田藩が阿賀野川の流量を信濃川河口に導くために本所から旧河道への新川を開削するも、通水前に大洪水で大破する。さらに安永二（一七七三）年には旧阿賀野川河道を改修し、現在の通船川を掘り直すも、毎年の川浚いが必要となる。

明治元（一八六八）年の越後戊辰戦争においては、奥州列藩同盟から新政府軍に寝返った新発田藩の手引きによって新政府軍が新発田藩領の太夫浜（現新潟市北区）に上陸、千間土堤（新発田藩新川工事跡）で敗走する一一名の米沢藩士が官軍の銃撃を受け戦死を遂げた。そして明治三四（一九〇一）年の旧村合併によって大形村が誕生した。

海老ケ瀬本村の切立百姓八家が加賀落ちの人々であったように、旧大形村を構成していた近隣集落の発生も、戦国時代以前に遡る。松崎では大同元（八〇六）年頃に越前の国から、建武二（一三三五）年頃に加賀の国大聖寺から、享保一五（一七三〇）年頃に出雲の国からという諸説がある。岡山では大同三（八〇八）年頃から建武二（一三三五）年頃までの諸説、一日市の旧家の一軒は文明二（一四七〇）年頃信州梅津城城主が織田信長に攻められ落城後、越後に落ちのびて移住したとの説、本所では享徳二（一四五三）年頃に加賀の国大聖寺城から四名が移住し開拓したという説があり、粟島同様、西方から移住してきているようである。そして、集落形成後の大形の歴史は、潟の干拓と川水との闘いに割かれてきた。その後昭和一八（一九四三）年に大形村は新潟市に編入された。

平成一九（二〇〇七）年新潟市の政令指定都市移行に伴い、市内の地縁組織が再編され、約五八〇〇世帯・人口一万六三〇〇名の大形小学校区では大形地域コミュニティ協議会が結成され、海老ケ瀬自治会を含む二五自治会が所属している。大形コミュニティ協議会の役員の方々と懇意になって気づいたのが、彼らが河川管理に極めて敏感なことであった。そして、大形地域の中心となる大形小学校は新潟市内屈指のマンモス校でありながら、地元の農家の協力をえながら、手間のかかる給食への地産材の導入や、生徒が学校田や協力農家の畑で収穫した米やジャガイモで作ったカレーライスを味わうなど、食育にも積極的に取り組んでいることで知られている。大形のジャガイモ（男爵イモ）はブランド商品として築地を経て料亭に回り、めったに地元で味わうことはできない。

また大形地域は阿賀野川に面し、主にアカヒゲ（小エビの一種）、シジミ、サケ漁を行う約一〇〇人の組合員を擁する大形漁業協同組合も存在している。昔はさらに内水面漁業が盛んで、川魚の食習慣故、昭和四〇（一九六五）年に公式確認された新潟水俣病の患者が多く発生した地でもあるものの、地域の中では極めてデリケートで触れづらい話題であった。

大学で担当する講義で、毎年度新潟水俣病の語り部に講演を依頼し、大学の地域連携センターで新潟水俣病にかかわる連続公開講座の企画に参画するなどの経験を経て、公害による地域分断の真相に触れることができた。さらに、新潟水俣病を通して地域社会と環境のあり様を洞察したドキュメンタリー映画の名作「阿賀に生きる」に出会い、闘争を超えた地域分断への向き合い方に思いを致すことになった。

さて、再三海老ケ瀬や大形の地域史に登場する全長約八・五キロの一級河川通船川であるが、昭和初期下流部に工場が進出し、昭和三〇年代には化学工場などによる天然ガスの汲み上げで、沿川の地盤沈下が進み、海水が流入し農作物は被害を被った。その対策として堤防の嵩上工事を行ったが、完成直後の昭和三九（一九六四）年六月に起きた新潟地震で、堤防は液状化現象により決壊し、０メートル地帯の通船川流域は大きな被害を被った。周辺の湛水は長期間に及び、地震の被害に遭った沿川の人々からは通船川を埋めてしまえという提案もあった。

しかし、当時は阿賀野川と信濃川を結ぶ舟運が盛んであったことなどから、通船川は災害復旧事業で地震以前とは違う姿で生まれ変わることになる。すなわち再び地震が起きた場合に堤防が決壊しないように、河道を掘り下げ、上下流を締め切り、人工的に排水する「低水路方式」が採用された。平常時の水位は約マイナス一・五メートル（日本海との水面高の差は約マイナス二メートル）で運用され、最上流の阿賀野川から分派する箇所と、最下流の信濃川に排水する箇所には閘門が建設され、最下流部の閘門排水機場は通船川と直上流で合流する栗ノ木川の排水も担っている。護岸は、昭和四三（一九六八）年に軽量鋼矢板を使った今の直壁護岸になったが、その後さらに河川の汚濁が進み、昭和四四（一九六九）年には全国水質ワースト・ワンの河川になってしまった。

私が大学に赴任した年の春に、研究室の最初の来客として協力を求めて来られたHさんは、二〇年以上通船川の環境改善に取り組む市民有志の最たる人である。平成一二（二〇〇〇）年、大手スーパーの出店計画を機に、まちづくりに取り組み始めた地元商店会のHさんらは、地元自治連合会に呼び掛け、子どもたちへのアンケートを行った。その結果、公園が欲しいという意見が多かったので、通船川を親水公園にして、子どもたちの夢をかなえようと提案をしたが、実現にはいたらず活動は行き詰まった。そこで、通船川の現状認識から活動を見直そうと「通船川親子サイクリング」を企画し、地元新聞に募集を掲載し大勢の参加を期待した。参加者は一名と失敗したが、その一名の高齢の参加者から昔の通船川の話を聞き、今は「汚い・臭い・危険」なドブ川が、かつて沿川の人々にとって生活の場であったことを知り、その歴史を調べてみることにした。

歴史との出会いから、Hさんらは通船川が再生されれば、信濃川・小阿賀野川・阿賀野川の四河川を水上バスで回遊できることに気がつき、「水の都新潟」の再現を夢見て一〇年後の日付の入った未来の冊子「にいがた川の道、観光ガイドマップ」をつくった。そんな時、新潟大学で河川工学を専攻する教授を中心に活動を展開していた「新潟の水辺を考える会」（現・新潟水辺の会）と出会い、水郷水都全国会議新潟大会で自分たちの夢を発表し、地元新聞に大きな記事で掲載された。これをきっかけに入会したこの会のテーマ「川が育む生命の循環と自然」が、その後のHさんらの活動に大きな影響を与えたという。

平成六（一九九四）年、地元公民館に協力依頼し「まちづくり・通船川環境講座」として隔月一回の学習会を開くことになった。川の生物・舟に乗って水辺観察・貯木場に飛来する水鳥観察・県内外の都市河川の見学と現地の人々との交流など多彩な講座はすこぶる好評で、家族連れや友人同士などの参加者が次第に増えていった。また、小学校・中学校から環境問題について特別講師の依頼が来るようになり、学校や子供たちとのつながりもできてきた。

平成一〇（一九九八）年、通船川・栗ノ木川を管理する新潟県新潟土木事務所の呼び掛けで、流域の自治会・企業・市民団体・学識者・関係行政による「通船川・栗ノ木川市民会議」が結成された。新潟地震後、三〇数年の経過で護岸の鋼矢板は腐食が進み、近くに住む住民から危険が指摘され、この問題を市民と一緒に考えていこうという趣旨である。ところが、市民会議が発足して間もなく、新潟地方気象台始まって以来の集中豪雨により、標高0メートル地帯の通船川沿川にも被害が集中し、急遽河川改修が行われることになった。県は市民会議を通じて市民に呼びかけ、ワークショップで周辺整備計画をつくることにした。

そんな中、河川環境にかかわる全国大会で市民活動と沿川の児童が描いた「通船川夢マップ」を発表したところ、見事グランプリを獲得した。その後、沿川の小学校の環境教育は毎年高学年生に継承され、「通船川・栗ノ木川市民会議」とともに現在に至っている。一定の護岸整備も進み、水質も一時に比べ改善してきたこともあり、住民の関心や市民会議の活動は下火になりつつある。しかし、新潟らしい持続力のもと一五年目を迎えた「通船川・栗ノ木川市民会議」に私も幹事の一員として参加し、当地の地域活動の継承を見守っている。

信濃川と阿賀野川のつくった沖積平野である越後平野は、蒲原平野とも呼ばれ蒲が生い茂る潟が広がっていた時代の記憶を伝えている。江戸時代以降潟の干拓による新田開発が進められてきた結果、人口扶養力が高まり、亀田、新津、白根、巻などの在郷町が形成され、本州日本海側唯一の政令都市を目指した平成の大合併によって現在の新潟市域に至っている。また新潟県の下越地域から中越地域にかけて、越後平野を中心に米王国越後を象徴する「豪農の館」と呼ばれる複数の文化財が散在している。大地主の地域経営への献身と搾取という光と影の両面を併せ持つ数ある県内の豪農の館の中でも、北方文化博物館として公開されている伊藤文吉邸の規模の大きさと、重層的な住棟配置は圧倒的である。

その越後平野の中でも、信濃川と阿賀野川そして両河川を結ぶ小阿賀野川に囲まれた地域は亀田郷と呼ばれ、かつて地元の人々は「地図にない湖」、「芦沼」とも表現した。北方文化博物館も立地する亀田郷は、水と闘いながら昭和一六（一九四一）年から本格化した土地改良事業（乾田化）を進めた完全輪中地域として地元で認知されている。大正と平成の地図を見比べると、砂丘列や自然堤防の間に広がる泥田から市街地と土地改良された乾田へと、日本の近代化の象徴としての亀田郷の変遷を一目で確認することができる。

この戦後の土地改良事業を牽引した亀田郷土地改良区の理事長で今は亡き佐野藤三郎の家が、私の単身赴任宅から徒歩一〜二分の所にあることを知ったのはつい最近のことである。地元で三〇年続く子供たちの愛郷心を育むための親父たちの活動の会を知り、その新年会で紹介され

芦沼の時代の亀田郷地図
（大正3年　大日本帝国陸地測量部）

現在の亀田郷地図
（平成17年　国土地理院五万分の一）

たご子息に藤三郎の資料を借りて目を通すと、壮絶な水と土との戦いを垣間見ることができた。さらに、藤三郎は日中国交正常化以降、亀田郷での土地改良の実績を買われ黒龍江省の三江平原をはじめとする農業開発の技術指導に積極的に協力し、現在の新潟と黒龍江省の友好関係の基礎を築いた。大学のある集落海老ケ瀬本村で触れた保全会の活動の背後には、新潟の不屈の農民魂があることに気づかされた。

また私が亀田郷土地改良事業の意味を改めて認識した契機として、平成二四（二〇一二）年度から二五（二〇一三）年度にかけて委員として参加した「鳥屋野潟整備実施計画検討委員会」がある。鳥屋野潟は亀田郷のほぼ中央に位置し、海抜以下の土地が三分の二以上を占める亀田郷一万一〇〇〇ヘクタールのほぼ九割を流域とし、排水先となる信濃川との水位差マイナス三メートルを常時排水機場のポンプによって排水している。四回の委員会とその間の住民自治組織や市民環境団体と行政の意見交換では、流域の治水機能の確保と相対する都市に残された貴重な自然環境の保全をめぐる議論が交わされ、新潟市民の意識の中での鳥屋野潟の大きさを実感することになった。それと同時に詳細な委員会資料によって、亀田郷がいかに人工的に排水管理された土地であるかということを知ることができた。

地域における河川や用排水路は人体でいえば循環器系に当たるが、亀田郷はすべての排水がポンプに依存する、まさに満身人工臓器によって生きている地域で、そのことを知る住民にとって洪水対策はいわば循環器疾患患者にとっての血流対策ともいえる。一方で、乾田化の進められた結果、亀田郷はもとより越後平野の最後にして最大の潟としての鳥屋野潟の自然環境保全は、地域のアイデンティティを守り伝える砦となった。

新潟県――奈良時代から変わることのない境界

新潟県域は、七〇一年に大宝律令で整備された地方行政区分の越後国・佐渡国が変わることなく現在に至っている。明治時代には、日本一人口の多い道府県として人口涵養力を示していた。周囲を日本海と急峻な稜線に囲まれたその地域環境は、隣県からの独立性が高く、地方制度調査会や自民党による道州制区割り案においても、北陸域・北関東信越域・北関東域・東北域と最も多くの隣県との組み合わせがとりざたされている。

また、新潟県は全国第五位の面積を有する長大県で、県都新潟市と第二の都市長岡市では全く天気が異なる場合が多く、NHKの天気予報の基準点が県域中央に設定されているため、全国放送での新潟の天気と大学周辺の天気は異なる。特に冬には雪だるまが風で倒れそうになっている天気予報のピクトグラムに、首都圏では超豪雪イメージが焼きついているが、新潟市の海沿いでは風は強いものの積雪深はそれほどでもない。一方、冬なのに未明にいきなり窓が明るく光り、続いて落雷の轟音が鳴り響き、霰が窓に当たる音で目が覚めることがある。関東ではこの時期の雷は経験した記憶がないし、新潟でも毎年経験しているわけではないが、北陸地方では「雪起こしの雷」と呼ばれる気象現象のようだ。関東内陸のそれと異なる気まぐれな新潟沿海の気象に慣れるには一年以上かかった。夏に青空から降る雨や、秋から春にかけて短時間に目まぐるしく変わる空模様など、傘を持たずに外出して何度も裏切られ、最近やっと関東とは異なる空の見方が身についてきた。

意外だったのは、春から夏にかけての晴天とそよ風の快適さ。新潟県醸造試験所の方から、春から初秋にかけての晴天率は、関東を超えており、晩秋から冬にかけてのそれは逆になるため、新潟に良い酒が育つという話を聞いた。つまり、夏の晴天が良いコメを育て、そのコメを仕込んだ後の曇天や雪による安定した気温が良い酒を育てるというわけだ。そして同じこの気候が、ものごとを即断せず忍耐強く取組む、新潟人の気質を育てているような気もする。

＊

私は東京で生い立ち、長年埼玉で暮らし、全国各地域で居住にかかわる調査研究・計画設計業務に従事してきたが、通船川のほとりでのこの六年間の単身赴任生活を通し、新たに地域性を見る相対的な視座を獲得しつつあるように感じている。

この間、新潟県内をほぼくまなく回り、本章ではその中から粟島から始まり新潟市から新潟県に至る地域をズームアウトしながら、人々の環境へのかかわり方（住まい方）を紹介した。新潟の多様性（差異と連続性）を埼玉県内のそれと比較することにより、ここで述べたことが新潟の地域性でもありながら全国各地域に共通することがらも含まれていることに気づく。全国各地はもとより地球上の全ての地点にはそれぞれ異なると同時に共通する地域性が付与されており、地点の地域性の集合をマクロスケールで見たときに次のレベルの地域性が示されるという、シームレスな地域の入れ子の構造を意識することとなった。

ロシア
アムール川
シベリア鉄道
黒竜江
ハバロフスク
中国
哈爾賓
松花江
ウラジオストク
韓国
ソウル
安東
浦項
慶州
蔚山
新潟
日本

第2章　日本海を渡る

✺ 新潟と露中韓

日本海対岸のロシア・中国・韓国を括った「露中韓」という言葉を耳にしたのは新潟に赴任してからであった。というのも、新潟県や新潟市では全国に先駆け環日本海諸地域や都市との交流を対外政策の柱に据えて、当時の裏日本という偏見を逆手にとった地域アイデンティティの確立に挑んできた。そのため市民の草の根交流から行政の職員相互派遣まで、新潟と対岸諸地域の国際交流事業が活発に行われてきた。

二〇一四年六月末現在、新潟県および県内一一市町が姉妹・友好都市提携を軸として、中国一五地域、韓国六地域、ロシア四地域と交流事業を実施している。

本章では、私が初めて国境を超えた地域のつながりを実感をもって意識した、露中韓を訪ねた旅を振り返ることにしたい。

新潟市が昭和四〇（一九六五）年にソ連極東の中心都市ハバロフスクと、さらにその後ウラジオストク、ビロビジャンとも姉妹都市提携を結び、在新潟ロシア総領事館や新潟空港からの航空路が新潟とロシアの都市間国際交流を支えてきた。しかし、近年乗客数の減少に伴い、定期航路の休便が相次いでいる。

中国との関係は、亀田郷土地改良区が黒竜江省三江平原の土地改良事業に協力したことが縁となり、新潟市が昭和五四（一九七九）年に哈爾賓《ハルビン》市との友好都市提携を結び、やはり在新潟中国総領事館や新潟空港からの航空路が都市間国際交流を支えている。

朝鮮半島との関係は、歴史的に見ると大正末期から昭和初年にかけて、新潟港から現在の北朝鮮への航路が開設された。昭和七（一九三二）年の満州国建国を契機に、新潟港は満州移民の出発港となり、大陸との交流の拠点として活況を呈することとなった。さらに、昭和三四（一九五九）年以降、新潟港は北朝鮮帰国者の出航地となり、多くの帰国者を送り出すことで大陸との新たな関係を深めた。韓国との関係は、日韓共催ワールドカップ・サッカー大会を契機に、新潟市と蔚山広域市との交流協定が締結されている。

そして現在の新潟市の姉妹・友好・交流協定都市の交流先七都市中五都市が露中韓に立地し、当初行政主導であった都市間国際交流も、長年の継続の中で市民の草の根交流へと発展し、国の枠を超えた民間交流の成果を挙げつつある。特に、毎年露中韓から多くの子どもたちが新潟島の大畑少年センターや陸上競技場に集まり、新潟の子どもたちとの交流を繰り広げる様は、グローバル化への対応を迫られた地域社会にとって、かけがえのない財産を築くものと思われる。一方で、近くて遠い国とも評されるように、政府間外交においては不幸な過去のわだかまりが解けずに、国境問題もくすぶり続けている。

私の所属する新潟県立大学国際地域学科には、東アジアコースに露・中・韓の専攻が置かれ、ハバロフスク・哈爾賓・ソウルに協定校を持ち、いわば大学固有の後背圏域は「露中韓」で最大化される。そこで、早いうちに露中韓の交流地域を直接見聞する機会をえようと、「地域政策としての国際地域間交流事業の事後評価に関する研究―環日本海における新潟をモデルとしたサンプル調査―」という企画で学内研究助成を受け、二〇一〇年七月から一一月にかけて、県内および対岸三ヵ国を訪ねる調査旅行を行った。

露中韓への調査旅行で感じたことの一つが、調査研究目的で国際交流のカウンター・パートの方々へのインタビューと付随する会話が、いかに地域理解を深めたかということ。すでに前年の訪韓時に、韓屋《ハノク》ステイでの宿主の人々とのささやかな会話が、地域理解を促すことを感じていた。調査研究では意見交換のテーマが明確な分、付随する会話も深まり、より忌憚のないレベルに至るということを理解した。その最たるものが、韓国でえた歴史認識に係る示唆であった。また、インタビュー調査を通して、個人同士の信頼やつながりが交流を支えていると自負している関係者は、双方の属する地域が国境を越えた一つの「国際地域」としてつながった感覚を抱いているように思えた。

それに対し、交流の根拠を協定等の制度や自治体の予算によって担保された関係者は、自身の所属する地域の社会情勢の変化によって、交流相手地域とのつながりの強さが変化するという感覚を持っているように思えた。前者では個々人の信頼関係が継承される限り交流も担保されるが、核となる個人的な関係が失われた時、その継続は困難となることが予想される。後者では社会情勢の変化によって制度が陳腐化すると交流は形骸化する。

一方、調査行で感じたことのもう一つが、国民性ないしは民族性の存在だった。巷で「韓国人は合理的であけっぴろげで、熱しやすく冷めやすく、日本の関西人に近い」、「漢民族は懐を開くまでは警戒的であるが、一度打ち解けると一生の付き合いになる」、「ロシア人は外見こそ威圧的であるが、心は優しく親切で親日的である」といわれるステレオタイプな民族観が、一部の例外を除くとほぼそのまま実感された。もちろん個々の人柄を国民性・民族性といった先見的フィルターを通して見るのはまちがっているが、短期間に三ヵ国でのインタビューを連続して行うことによって、私自身の国民性・民族性も含め妙に納得する印象を受けた。

とはいえ、わが国と異なり訪問した三ヵ国に共通していたのが、戦争の記憶の継承である。シベリア抑留のあったソ連との関係は別として、日本から見ると中国・韓国からの歴史認識に関する抗議は執拗な観もあるが、戦場となった現地の戦跡を訪ねることで、その意味を相手側の視点から知ることができた。ロシアのハバロフスク、ウラジオストクにおいても、博物館での旧日本軍との攻防に係る展示はもとより、第二次世界大戦参戦時の戦没者慰霊地は都市の中心に設えられ、顕在化されている。

何が真実であるかの議論は決着に至ることは難しかろうが、少なくとも隣国三ヶ国に共通した認識があることは理解できた。わが国においては、広島・長崎の被曝展示や慰霊祭、一部政治家の靖国神社への参詣以外、戦争に係る常設展示や記憶の継承は希薄であると言わざるをえない。同じ敗戦国ドイツに比較し、過去の記憶を世代間で継承することなく忘却するのは、わが国民性なのかもしれない。

✺韓国逍遥　風水と韓流と歴史認識との出会い

韓国を初めて訪ねたのは、地域間国際交流調査行の前年の二〇〇九年七月下旬であった。東アジアコースが置かれた国際地域学部に赴任し、近くて遠い国といわれる韓国に対する距離感が縮み、同行する韓流ファンの妻の希望もあり、新潟赴任後最初の海外視察先をまだ訪れたことのない隣国韓国にした。授業で担当することになっていた「地域環境学」の取材もあって、韓国の伝統的な建築に泊まることを意味する韓屋ステイをはしごし、七泊中五泊を各種韓屋に宿泊した。

韓屋ステイの良いところは、伝統的な建築空間を味わえることに加え、宿主との積極的な会話を心がけることで、地域理解を深められることにあった。最初の二泊は、韓国文学を専攻する同僚からの情報で見つけたソウルの北村《プクチョン》に母と娘で切り盛りしている一般住宅を使ったソフィア・ゲストハウス（B&B）で、隣接する住居が密着した都市型韓屋といえる。日本の町家は基本的に表に店を構え、奥に中庭を介した住棟が設えられているが、北村に見られる韓屋は日本における武家屋敷に近い専用住宅が多い。その親密な空間は、一般的にコートハウスと呼ばれる中庭を囲む小さな部屋の連接した住居の配置による。同宿者は中国、ドイツ、イギリス、オマーンなど外国人がほとんどで、日本語を話せる三〇歳代後半と思しき娘の人柄か日本からのリピーターも多いという。油を染み込ませた紙貼りのオンドル床の小部屋に、共用のシャワールームという簡素なつくりながら、きわめて家庭的で衛生的な気持のよい宿であった。

ソウルの旧市街では、日帝時代や朝鮮戦争で失われた祖国の誇りを再生するとともに、インバウンド観光を進める公共事業が行われていた。光化門《クワンファムン》は修復工事中で見ることができなかったが、二〇〇一年に復元された興礼門《フンネムン》をはじめとする景福宮《キョンボックン》、徒歩圏内の昌徳宮《チャンドックン》、昌慶宮《チャンギョングン》、宗廟《チョンミョ》という歴代の故宮を巡った。いずれも韓国を代表する文化財建造物であるが、日本のそれと比較すると、構想力の強さにおいて韓国に、ディテールの洗練においてわが国に軍配が上がる。同じことは、国立中央博物館で観た工芸品にもいえ、民族性に通じるものがある。特に構想力の強さを印象付けるのは、景福宮と背後の岩山の景観的な組み立てに典型的に示される、風水における建築と主山の関係である。

二〇〇三年から二〇〇七年にかけて、日本円に換算して四〇〇〇億円をかけて上部の高速道路を撤去して行われた清渓川《チョンゲチョン》の復元も、ソウル市民の誇りを高める事業の最たるものである。清渓川は同時に、風水モデルに則ったソウルの都市構造上、重要な内水でもある。同僚の韓国籍の准教授が新潟の古町花街で行った公開講座の発表によれば、朝鮮王朝時代にはこの川を挟んで、北には貴族階級の両班《ヤンバン》（王朝時代の支配階級）たちが、南には没落した両班と一般の庶民たちが居住していたという。一九一〇年の日韓併合で、北は朝鮮人たちが、南は日本人たちが居住する地域に変遷し、一九五〇年に朝鮮戦争が起こると、北から戦争を逃れた避難民たちが清渓川に集まってスラム化した住宅が並ぶようになり、不潔と貧困のシンボルになったという。

一九七一年に暗渠化して高速道路をつくった三六年後の両岸の都市計画を含む清渓川の復元事業は、日本橋川の上空を高速道路に塞がれた東京はもとより、堀の埋め立てによって道路をほとんど拡幅することなく車社会に適応した新潟でも、話題になっていた。訪韓前に写真で見る限りあまり馴染めなかった清渓川ではあったが、いざ現場に立つと、ライトアップされた河岸に若者達が集い、隣接する東大門市場《トンデムンシジャン》の雑踏とも相まって、短期に事業化した当時の李明博ソウル市長の政治的決断力に敬意を感じざるをえなかった。夕食は、市場の店で鶏一羽を使った参鶏湯《サムゲタン》と眞露《チルロ》で満腹をはるかに超えた。

ソウルの旧名「漢陽《ハニャン》」は新羅の時代から使われた名称で、「漢江《ハンガン》の北側の土地」の意味でつけられたという。漢江は風水上重要な要素である外水に当たるが、その南に拡張した江南《カンナム》地域や成田に圧勝した東アジアのハブ空港仁川《インチョン》周辺では、世界標準の都市開発と出会った。さらに、地下鉄をはじめとする公共交通や文化施設の料金を含めた使いやすさが、わが国のそれをはるかに凌いでいた。

ソウル滞在三日目は、朝鮮王朝時代の城塞都市・水原華城《スウォンファソン》とテーマパークの韓国民俗村を訪ねた。ソウル近郊でも伝統的な住居や集落は減り続け、所要時間三〇分ほどの移動中の鉄道車窓からは、日本の大都市圏同様なんの変哲もない高層住宅群が多く見られた。そのような中で水原華城は、城郭都市そのものが世界遺産に登録された東アジアでは珍しい歴史的環境といえる。李朝二二代国王・正祖《チョンジョ》が、風水上優れた土地とされる水原《スウォン》に遷都を計画し、でき上がった城郭は漢城《ハンソン》（当時のソウルの名称）よりも立派で、軍事的にも景観的にも韓国一を誇るものであったという。しかし遷都直前の正祖の死によって、城郭だけが残された。その後華城は、朝鮮戦争で破損・焼失した一部を一九七五年から五年間かけて修復された。また、水原からバスで一時間ほどの韓国民俗村は、的確な立地選定や歴史的民家の取り扱い方、来園者へのホスピタ

ソウル風水絵図（1840年代）

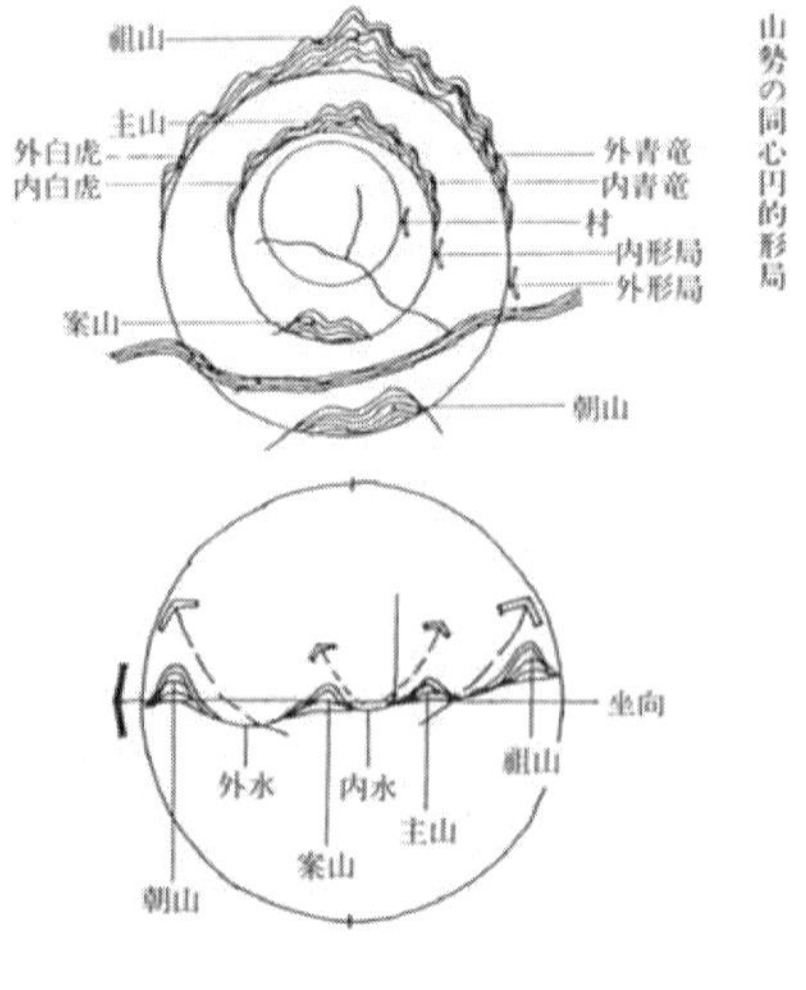

風水概念図（出典:『韓国の住宅』）

リティで、これまで世界各地で訪ねた野外博物園の中でも特筆に値する。

　翌日から二泊三日で、両班文化が色濃く残る地域といわれる安東《アンドン》を訪ねた。ソウルから高速バスで安東に移動し、旧市街で昼食に山盛りのチムタクを食べた後、郊外の安東焼酎・伝統食の博物館を訪ね、若い女性職員から丁寧な案内を受ける。旧市街に戻り、市場や街並みを散策した後、日本で韓国観光公社のホームページを通して予約しておいた韓屋を現地の観光案内所で確認すると満室だという。案内所の若い女性職員の機転によって、予約が別の韓屋になっていることが判明。いたしかたなくバスでそちらに向うも、今度は車中で同時刻発の別方面行きに乗りまちがえていることが判明。全く土地勘のない田舎で途中下車、宿からの迎えの車とどうにか落ち合うことができた。

　夕食は山中の寂れた施設で、迎えの数人と一緒に韓国家庭料理を供されるものの、妻は有り余る韓国料理を残すのは失礼と思い、連日ほぼ完食していたのと、この日の心労が重なり、全く食事が喉を通らなくなっていた。さらに、宿舎として案内されたのは野中の無人の一軒の空き家。鍵も掛からずトイレやシャワーも別棟の古びた大きな韓屋に落とされ、明朝迎えに来るという。夜中には周囲の山々から動物たちの鳴き声が聞こえてくる無気味な場所で一夜を過ごした。

　翌朝、韓屋を運営するグループがソウルや慶州《キョンジュ》から安東に学びに集まった儒教徒で、韓屋は現在も儒学を学ぶための教場のようなものであることが、お互いのおぼろげな英会話で解ってきた。妻の食欲を気遣った心温まる地産の朝食後、車で送ってもらった陶山書院《トサンソウオン》では実際の学

河回村の住居　生涯一番いのオシドリの揚げ物

びの現場に遭遇し、改めてこの国にはまだ儒教精神が生きていることを知った。韓国滞在中に随所で感じたホスピタリティの背景には、この儒教の心があるのかもしれない。

　陶山書院から一度安東のバスセンターに戻り、午後はタクシーで典型的な両班村の河回村《ハフエマウル》へ移動。集落の立地も各戸の平面も風水の原理に則った村として、極めて良好に保全された歴史的環境で、日本語のボランティア・ガイドから丁寧かつ適切な説明で案内を受け理解を深める。夜の宿は伝統的韓屋で、宿主のおじいさんは全く言葉が通じないが、ジェスチャーだけのほど良い親切さ。同宿者は中国からの大学生と国内の家族連れであったが、一般的な観光客にとってはかなりタフな宿で、妻の食欲は相変わらず戻らず仕舞いであった。

　翌日、安東から鉄道でソウル清涼里《チョンニャンニ》駅に戻り、京東市場《キョンドンシジャン》・踏十里市場《タプシムニシジャン》を見学。最後の韓屋ステイは北村の楽古斎《ナッコジェ》。初日のゲストハウスに比べ、規模や設備においてややランクが高く、松を焚いたオンドルの薬草香る韓国式サウナで疲れを癒し、妻の調子も戻りつつあった。

　初回の旅の収穫のひとつは、韓国側から日本を覗けたこと。特に滞韓最終日に訪ねたソウル歴史博物館で、慣れ親しんだ聖徳太子の烏帽子と杓と礼服が当時の朝鮮官吏の正装そのものであったことを知って目から鱗。日韓併合時代に置かれた朝鮮総督府が、風水上の要の位置に当たる景福宮光化門を解体し設えられたことの展示に、支配される側の誇りを解体するのが植民地政策の鉄則であるものの、日本人としての罪の意識を感じざるをえなかった。

滞韓中、豆腐料理、韓定食、サムゲタン、ビビンバ、粥、安東チムタク、塩鯖定食、韓国うどん、マンドゥーを食べ、マッコリ、チルロ、安東焼酎、韓国ビール、五味子茶《オミジャ》を飲んだ。必ずキムチが登場。三日目あたりからやや引き気味になり和食が懐かしくなる。一方、王宮から農家まで、訪れた住まいや集落では、風水や家族社会の規範が強く感じられた。ぼんやりと意識しだしたのは、東アジアにおける大陸中国～半島朝鮮～群島日本の地理的特性と国民性の関係であった。

＊

二〇一〇年八月中旬、二度目の韓国訪問は、地域間国際交流の調査として四泊五日でソウルと東海岸の産業都市蔚山《ウルサン》と浦項《ポハン》を訪ねた。

朝一番の便で新潟空港を発ち、仁川空港で滞在中の宿と鉄道を予約した後、前年に歩いていなかった南大門市場《ナムデムンシジャン》から翌朝の下見を兼ねてソウル駅方面を探索。旧ソウル駅舎や南大門の改修工事に出会い、市内各所で祖国の誇りを再生する事業が続いていることを再認識した。その夜は南大門近くの場末の安宿に投宿し、翌朝一番列車で蔚山に向かった。セマウル号の車窓から韓国首都圏～中部地域～東南地域の風景の変化を楽しみ、約四時間半後に、遠くの山並みを背景に茫漠と低層の街並みが広がる蔚山の駅前に降り立った。

現代《ヒュンデ》自動車やアジア最大の造船所が立地する韓国の代表的な工業都市でもある蔚山では、新潟市サッカー協会との間で一〇年にわたる少年親善サッカー試合を継続しているカウンター・パートの指導者・蔚山サッカー協会専務理事のPさんへのインタビューを行った。Pさんには、ほんの二〇日前に新潟陸上競技場での親善試合を見学した際に紹介され、その場で通訳を介して訪韓時のインタビューの約束をもらった。ホテルの喫茶室で奥様と通訳同伴で再会の挨拶を交わした後、国際交流の話をする前提として、歴史認識を忘れないでほしいと釘を刺された。

話を聞くうちに、私と同年代で極めて高潔な人格者であることがわかってくる。インタビューの最後に「子ども同士が共感できるのが一番いい。民間での交流により、私自身も友人ができた。個人的な考えでは日韓の歴史的問題を乗り越えて仲良く、これからも発展的な関係でいたい」と語った。そのあと、焼肉屋に案内され四人で夕食を済ませ、さらに店を代え友人たちも加わって、韓国酒で夜更けまで丁寧にもてなしてくれた。歴史認識への示唆と暖かい接待の両刀をうれしく受け止めた。

翌日は、二日後の浦項でのインタビュー調査のアポまでの中一日を歴史的環境の視察に充て、早朝蔚山発のバスで慶州を訪ねた。午前中にバスを乗り継ぎ仏国寺《プルグクサ》を訪ね、午後は国立慶州博物館から大陵苑《テヌンウォン》を散策、さらにバスで良洞村《ヤンドンマウル》といつも通りの強行軍。

朝鮮半島初の統一国家新羅王朝の都として六七六～九三五年の間栄えた慶州（金城）については、以前から気になっていた。というのも、わが国で古事記が七一二年、日本書紀が七二〇年に編纂され、そこに記述された国つくり神話に係る鹿島神宮～諏訪神社～出雲国府跡～神魂

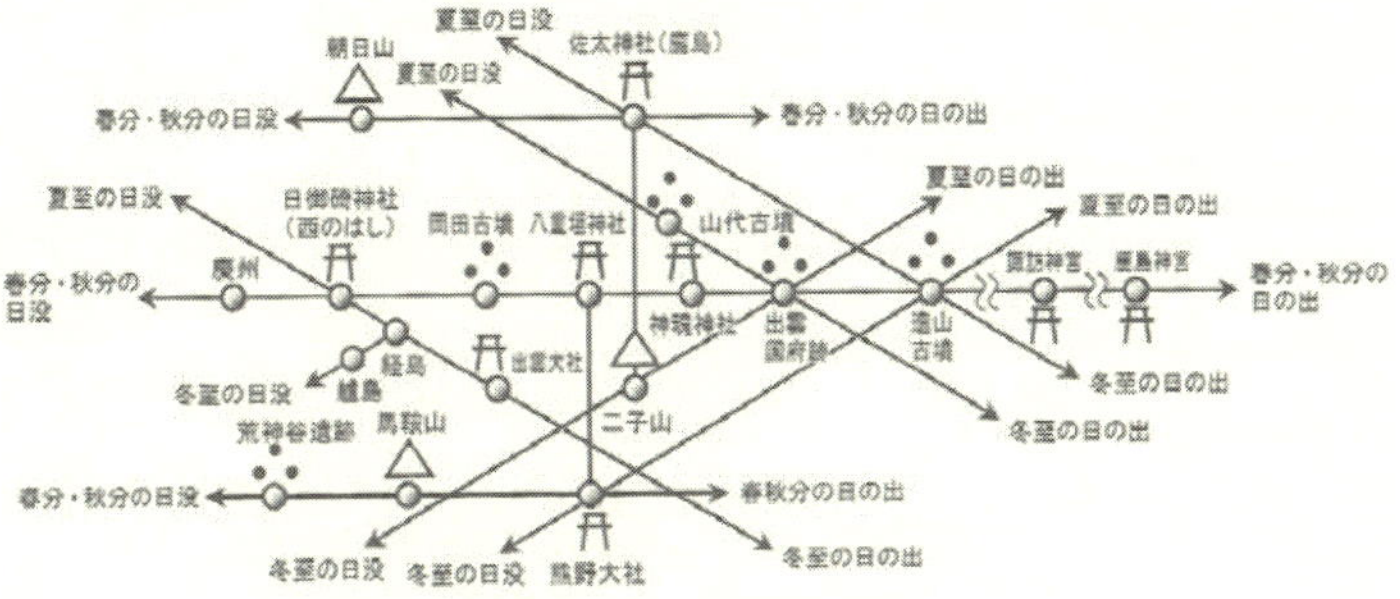

古代自然暦（神社配列）（出典：『神社の系譜』）

神社～日御碕神社が東西一直線上に並び、さらに西に延長すると、古事記・日本書紀の引用元といわれる出雲風土記に記載された国引き神話に登場する新羅の都・慶州の都城に至るという話が頭にあったからである。そのせいか、仏国寺や大陵苑の印象は、大和の古寺や陵墓の祖型を思わせ、前年にソウル歴史博物館で感じた古代史上での朝鮮半島と大和朝廷の近親性を博物館の外で再認識することとなった。

さらに良洞村では、前年に訪れた河回村と地勢的な特徴は異なるものの、風水に則った集落の立地の共通性を体感することができた。視察後バスで翌日の調査地である浦項のホテルに午後六時過ぎに入り、コンビニ弁当で夕食を済ませ、気持のよい疲労感で眠りに就いた。

世界第二位の製鉄会社ＰＯＳＣＯの企業城下町として知られる浦項市は、新潟県上越市との間で二〇〇〇年以降職員の相互派遣研修を行ってきた。最初の三年間は浦項からの受入れのみで、二〇〇三年からは毎年一人ずつ一年間相互派遣し、途中竹島問題での休止を挟み、当時浦項から九人目、上越から七人目の職員が派遣中であった。

過去の派遣経験者から事後評価を調査する目的で、市役所国際協力チーム国際交流日本担当を訪ねた。関係職員たちとの焼肉屋での昼食を挟み、段取り良く七人からインタビューで回答をえることができた。事前の上越市の事後評価調査では事業の見直しが示唆され、派遣経験者からも費用対効果を疑問視する等の意見が散見された。他方、浦項側からは、消極的な評価の声は聴かれなかった。むしろ、浦項市国際課戦略本部長に挨拶した際、会話の中で「日本は国際化の時代の中で、行政が軒並み国際交流を縮小しているのが残念」との苦言が述べられ、当該事業においても上越市側の消極的な姿勢が認識されていた。調査終了後、港に面した広大な竹島市場《チュクトシジャン》を歩き、浦項駅から再び鉄路で深夜のソウルに戻った。

翌帰国当日の午前、漢江の中州汝矣島《ヨイド》にある韓国労働総連盟会館を訪れ、新潟県労働者福祉協議会（以下新潟県労福協）と二五年に亘る交流を支えてきた八〇歳前後の韓国労組元国際部長のCさんにインタビューに応じて頂いた。

新潟との交流についての様々な話題が提供された後、ぽつりと「見てほしいとは言わないが、ソウルには抗日運動家たちの歴史を示す独立記念館と西大門《ソデムン》刑務所歴史館があることを知ってほしい」と言われた。いずれも日本のガイドブックには記載がないか、あったとしても小さく誇張気味の展示と記されている。帰国前にアポを取っていた最後のインタビューの時間までに、なんとか寄れそうなので、その足で刑務所歴史館に向かった。途中地下鉄乗り換えのついでに、前年改修中であった光化門を一目見ようと立ち寄ってみると、前景の光化門広場も含め工事が完成していて、青空の下に現代の都市景観と主山を背景として復元された景福宮の歴史的風水景観との幸福な出会いに遭遇した。地下鉄独立門駅から徒歩二分の刑務所歴史館での短時間の見学は、書物や人の話だけでは想像できない、われわれの先人の行為の韓国側からの見方を知ることができた。そして、国際交流に必要な負の側面を含む相互理解の意味を示唆してくれ、二回目の訪韓の意味をさらに増してくれたCさんに感謝した。

最後のインタビューは、ソウルの大学路《テハンノ》で、長年新潟蔚山少年親善サッカー試合の通訳をつとめる女性に応じて頂いた。直前の予定外の刑務所歴史館訪問とその感想を伝えると、何か済まなそうな反応を示しながらも、その後のインタビューで両国の子どもたちの成長についてより打ち解けた話をしてくれたと感じたのは、私の思い過ごしだろうか。彼女の案内でギリギリの空港行きのリムジンバスに乗り込み、充実した韓国五日間の旅から新潟に戻った。

北東アジアの欧化拠点都市

哈爾賓——ロシア人がつくった東清鉄道の拠点都市

中国はこれまで香港と上海・蘇州周辺を訪ねたことがあるが、黒竜江省は初めての訪問。二〇一〇年九月中旬、昼過ぎの便で新潟空港を発ち二時間余りで哈爾賓に着き、その近さを実感した。機内は満席で、幼子を連れて里帰りする中国人妻と思しき女性や、定年後定期的に旧交を温めに向かう高齢男性たちなど、新潟と黒竜江省のつながりを感じさせた。着陸前の機窓から果てしなく広がる農地と計画的開拓村らしき集落の点在する風景を眺めながら、亀田郷土地改良区による、黒竜江省の三江平原をはじめとする農業技術指導に思いを馳せた。

　降り立った空港には、新潟市武術太極拳協会のTさんに紹介いただいた哈爾賓市人民政府外事弁公室日本処処長のSさんとその甥が出迎えに来てくれていた。普段使いの古びた車で一路旧市内のモデルンホテルにチェックイン。早速早めの夕食をとりながらのSさんへのインタビュー調査を始めた。若い頃新潟大学や北海道大学に留学した経験を持つSさんは大の日本贔屓で、四半世紀にわたり親交を深めているTさんの紹介もあって、この旅の全般を仕切ってくれた。そのおかげで、連日新潟との交流を支えるカウンター・パートの方々との面会を果たせた。

　翌朝は、朝食後に歴史的建築が連なる中央大街を半分ほど探索。その後、毎年露中韓の子どもたちを新潟に招き、新潟の子どもたちとの交流を続けている「はばたけ21」という活動に長年哈爾賓から参加している通訳に話を伺う。子どもたちの国際交流とそれを支える新潟側の学生を中心とするボランティア・スタッフの成長を事業の最大の成果として挙げていた。

　インタビュー調査終了後、ぜひ哈爾賓の街を案内したいという申し入れを受ける。彼女の説明を聞きながら現在は建築芸術館として使われている旧ロシア正教会の聖ソフィア大聖堂や市民の集まる市場などを歩き、老舗の餃子店で昼食をともにする。午後は一人で中央大街から松花江にかけて、さらに松花江河岸の斯大林《スターリン》公園から裏街へと足を伸ばし、街歩きを楽しむ。

　ガイドブックによれば、一九世紀末まで小さな漁村に過ぎなかった哈爾賓は、清朝と帝政ロシアの不平等条約などによって敷設が許可された東清鉄道の拠点都市として、二〇世紀初頭にロシア人によってつくられたという。その後、ロシア革命を経て欧米企業が進出し、中央大街をはじめ、街には洋風建築群が立ち並び、さらに一九三二年満州国成立後、一九四五年まで日本の支配下に置かれた。

その夜は、Ｓさんのなじみの居酒屋に誘われた。集まったのは彼の友人夫婦二組、内一組は赤ちゃんを伴い、普段の友達の輪の中に初対面のわたしを招いてくれたのだ。酒席は日常的な生活の話題で盛り上がり、哈爾賓市民の生活観や価値観を知ることができた。

黒竜江省は、亡き父が学徒動員で辛い軍隊生活を送った地でもあった。ソウルでの西大門刑務所歴史館の体験もあったため、生前の父から聞いていた七三一部隊のおぼろげな記憶も蘇り、その戦跡を訪ねたいと思っていた。しかし、視察予定日が休館日と重なり、唯一訪問可能な時間は新潟県労福協との交流のカウンター・パート黒竜江省総工会のＳさんへのインタビューのアポが入っていた。当日ホテルに来てくれたＳさんに無理を言って、タクシーで片道一時間ほどの侵華日軍七三一部隊罪証陳列館を案内してもらい、インタビュー場所を往復車中に変更できないかお願いしたところ、心優しくしかも見識深い彼は快く応じてくれた。

インタビューで、新潟との交流の意義について「文化大革命の時代までは、抗日戦争に関する教科書での教育や毎日放映される映画を通して、日本に対する鬼（侵略者・強姦者）という強い印象を受けていた。今では満州開拓団も評価されはじめ、実際に日本人と接してさらに印象が変わった。それが人的交流の最大の効果であって、日中に限らず世界の各国との平和的交

侵華日軍七三一部隊罪証陳列館
細菌増殖用小動物飼育室跡

流が望まれる所以である」と語ってくれた。七三一部隊罪証陳列館では、頼まれなければ決して日本人を案内しないと言いながらも、細菌兵器開発と人体実験で三〇〇〇人もの中国人とロシア人が虐殺されたという施設跡を的確に案内してくれた。

　その日の午後は、新潟市民病院による医学研修生受け入れ事業のカウンター・パートである哈爾賓第一医院にインタビューに伺った。一九八一年に両院の友好関係が始まって以来、前年まで五九人の研修医が新潟で研修を受け、哈爾賓に戻った先生は部長級の中心メンバーとなって働き、そのうちの何名かは、国外・上海・北京で活躍し、初期の研修医はすでに定年退職している。事前の調整から当日の進行までお世話いただいた副院長他四名の医師の話を伺うことができた。一方的に新潟のみが研修医を受け入れるという事業の非対称性にもよろうが、事前のインタビューでの新潟側の事業評価には病院内での迷いが感じられた。

　一方、哈爾賓側の五名の医師の医学研修への事後評価は、いずれも実利性に裏付けられ、個人にとっても第一医院にとっても大きな意味があったことが感じられた。二〇年間の交流が経過する中で、新潟側の引き継ぎにやや義務感が感じられるのに対し、哈爾賓側は状況の変化を能動的にとらえながら継承してきている印象を受けた。その夜は新市街の宴会場で歓迎会を開いてくれ、インタビューに参加できなかった医師や別の部屋で宴会をしている知り合いの飛入りなども加わり、沢山の料理が並ぶ円卓を囲む盛大な中国式接待を体験した。

翌早朝、再びSさんとその甥がホテルから哈爾賓空港に送り届けてくれ、帰国の途に就いた。三泊四日という極めて短期間の滞在にもかかわらず、調査研究目的を遙かに超えた多くの成果をえることができた。奇しくも滞在中に尖閣列島事件が発生し、その後一層混迷を深め現在に至っているが、現地でインタビュー調査に応じて頂いた方々の人となりは、報道でイメージする中国人の印象とは全く異にしていた。

ハバロフスク──極東ロシアの中心都市

二〇一〇年一〇月から一一月にかけた極東ロシア行は、折悪しく新潟との直行便が航空会社の経営上の理由で休止し、成田発の少ない便数から選択せざるをえず、はじめから苦戦。しかも、ビザ取得の前提となるバウチャー制によって、すべての旅程と高額な旅費を一ヵ月以上前から固定しなければならない。関係者に一ヵ月以上前からインタビューのアポを要請するも、一向に返信無しの又裂き状態に陥った。一時はビザがとれてもアポが取れずに、インタビューなしの旅行を覚悟したが、再三の要請に出発一週間前にようやく三件中二件から了解をえることができた。周りに聞くとこれがロシア流なのだとか。

便数の制約から、インタビューのアポの三日前に現地入りしなければならなかった。空港ではバウチャーで予約したタクシー・ドライバーが私の名前を記したボードを掲げて待ち受けていたが英語は全く通じない。指定されたインツーリスト・ホテルにチェックインし、夕方のハバロフスクの街を歩くと、ロシア語表記以外に場所を示す表示がなく、英語もほとんど通じない。異邦人状態で手持ちの地図と現実の街を照らし合わせながらしばらくさまよっていると、地形に沿って街の骨格が組み立てられた巧みな都市計画と、街往く女性たちの美しさを発見して徐々に気が晴れてきた。夕食はツルゲーネフ通りにあるロシア料理レストランを探り当て、単品メニューをいろいろ注文し、安くておいしい料理と地元客の和気あいあいとした雰囲気を満喫して、人気の絶えた夜道をドストエフスキーの小説の主人公気分でホテルに戻った。

翌日からの土日の二日間は、初心に帰り街歩きでハバロフスクの都市デザインを検証することにした。比較的時間に余裕があるので、まず土曜の午前はホテルの近くに立ち並ぶ郷土博物館、極東美術館、赤軍博物館を回り、予備知識を仕込む。館の移動の途中に立ち寄ったアムール川を臨む展望台では、新婚さんを囲み記念撮影をする一〇名くらいの友人たちの輪に出会った。微笑ましく眺めていると、新婦の隣に加わるよう手招きされて、被写体に納まりロシア人へのアイスブレークとなった。博物館はいずれも歴史的建築のコンバージョンで、街路に面した目立たない玄関を入ると時代めいた展示が続く。各展示を見歩く中で、遅まきながら極東ロシア地域がアメリカの西部開拓史同様、先住民居住地域のヨーロッパ化の流れによって形成されたことに気づきはじめた。

ハバロフスクの歴史は、南下政策を進める帝政ロシアと弱体化した清国の間で一八五八年から一八六〇年にかけてアムール川とウスリー川に沿って国境が定められ、当地に国境監視所が置かれたことに始まる。一八六一年の帝政ロシアでの農奴制の廃止により、農民のシベリアへの移住が急増し、一八九一年に建設が始まり一九一六年に全通したシベリア横断鉄道によりハバロフスクは極東ロシアの最重要拠点都市となった。ちなみにアメリカ大陸横断鉄道は一八六九年に全通している。

一九一七年のロシア革命後には、革命軍、反革命軍、アメリカや日本をはじめとする連合国軍の進出などの攻防の末、一九二二年にソヴィエト連邦下に定まり、第二次世界大戦後にシベリア抑留者の収容所が設けられていた。赤軍博物館でも、ノモンハン事件から旧日本軍のシベリア出兵や関東軍との戦いに多くの展示が費やされていたのが、韓国や黒竜江省の戦跡展示の記憶と重なった。その日の午後は、月曜以降の行動の下見を兼ねてアムール河岸のウスペンスキー教会広場から目抜き通りのムラヴィヨフ・アムールスキー通り、レーニン広場、カール・マルクス通り、ティモナ公園、市役所、裏街、駅、アムールスキー並木通り、中央市場、そして再び河岸のムラヴィヨフ・アムールスキー公園と旧市街をほぼ一巡した。さらに翌日曜には、河港、スパソ・ブレオブラゲンスキー大聖堂、栄光広場、永遠の炎、レーニン通りをたどり、アムール川に直行する舌状大地の稜線と谷線に通りと緑地を配し、その間を坂道でつなぐという極めて明快な計画意図でつくられた都市デザインを堪能した。

週明けの月曜午前は、ソウル、哈爾浜に引き続き新潟県労福協との交流のカウンター・パートであるハバロフスク地方労働組合連合議長と青年対策・スポーツ・国際交流部長にインタビューを行った。交流事業の事後評価について新潟とハバロフスクの間での固有のプログラムである子どもたちの交流に触れ、「交流に参加した子どもたちも、強い印象と影響を受け、帰国後日本文化や日本語などへの興味が増大し、中には日本で仕事をしたいという子ども、日本の研究をしたいという子ども、日本語を始める子どももいる。親たちは、子どもが新潟（日本）へ行ったことを誇りにしている。国際的な経済危機の下で、国際交流をいかに継承するかが課題である」と語った。

子どもたちの交流に対する同様の事後評価については、翌火曜に行った「はばたけ21」のカウンター・パートであるハバロフスク行政府国際部長からも聞かれた。両日ともインタビュー以外の時間は街歩きを続け、ハバロフスクの旧市街はほぼ全域のイメージをつかめたが、火曜日は朝から雪が降り冬のシベリアを彷彿とさせ、前日までの青空の下とはうって変わって街並みは灰色に感じられた。夕刻の行政府インタビューが終了する頃には大雪の気配になり、通訳の職員が帰宅を急ぐ客で込み合うバスに同乗し、ハバロフスク駅前のリーズナブルなロシア料理店まで案内してくれた。そこでウラジオストク行の夜行列車の時間まで、料理とロシアワインで暖を取ることにした。

高校生の頃一気に読んだ五木寛之の「青年は荒野をめざす」の主人公が、横浜港からシベリア経由でヨーロッパに入った経路のかすかな記憶が何時しか脳裏に深く刻まれ、いつかシベリア鉄道に乗ってみたいと思っていた。バウチャーで予約されていた座席は二段式寝台車の下段で、隣の寝台の乗客はアジア系ロシア人の老人、上段には小柄な白系ロシア人の父親と小学生くらいの男の子だった。老人と二言三言、片言の英語で言葉を交わすうちに、車窓から町の灯は消え漆黒の森林が続くようになった。二、三駅目で上段の親子が下車し、代わりに乗ってきたのが黒いセーターとズボンをまとった身長二メートル、体重二〇〇キロはありそうな白系ロシア人の大男とその妻と思しきカップルで、私の上段にクマのような大男が横になり、何ともいえない重圧感の中で寝入った。翌朝目覚めると、明るくなった車窓から森と畑と街が交錯する風景が続くうちに終着のウラジオストクに着いた。

ウラジオストク――開放された軍港の町

まず駅近くで指定されたプリモーリエ・ホテルにチェックインして一階のレストランで朝食をとり、移動の緊張感がほぐれる。一一時にアポをとってある調査行最後のインタビューに徒歩で向かう途上で、極東探検家の名を冠したアニセーニエフ博物館をゆっくり観る。日本関係を含めハバロフスクの博物館以上に充実した展示の中で、特に目から鱗だったのが極東ロシアにあたるこの地域の先住民族に係る展示であった。さまざまな部族の分布とその特徴が地図上に示され、帝政ロシアの東征がアメリカ大陸同様に、先住モンゴロイドの世界のヨーロッパ化の歴史であったことを改めて認識する。

雪の中のシベリア鉄道夜行列車

博物館からオケアン通りを経てスハノヴァ通りの裏街にひっそりと建つ木造の事務所を見つけ、新潟県ウラジオストク連絡員から話を伺う。民間コンサルタントとして複数の自治体の仕事も兼務する彼からは、環日本海を巡る日本の自治体同士の競争やロシア側の思惑など、冷静な状況分析を聴くことができた。彼自身がロシア人妻と子育て中の親の視点から、「新潟と極東ロシアの交流で子どもたちの交流が盛んなのは、ロシアでは子どもの夏休みが三ヵ月程度と長く、かつゆとり教育で秋休み一週間、子どもの時間の過ごさせ方はロシア人家庭にとっては大きな問題である。その結果、親の意識が保養施設の利用や交流に向いていると思われる」との見解をえた。

　インタビュー終了後、車で金角湾を臨む鷲の巣展望台に運んでくれた。ソ連時代には軍港の街として外国人が見ることのできなかった風景を眺めながら、同年の八月に訪れていたイスタンブールでの金角湾の強い印象が残っていたため、ＧＯＬＤＥＮ　ＨＯＲＮがヨーロッパ共通の概念なのかと疑問に思った。後日調べてみたところ、ウィキペディアに「一八五九年にはニコライ・ムラヴィヨフ＝アムールスキーが外海から守られたこの地に軍港ウラジオストクを築いたが、コンスタンティノープルの金角湾に形が似ている

鷲の巣展望台から望むウラジオストクの金角湾

ことから、この湾にロシア語で『金角湾』を意味する名称を与えた。湾の南にある、ムラヴィヨフ半島とルースキー島の間の海峡は同じくコンスタンティノープルのボスポラス海峡にちなんで東ボスポラス海峡と名づけられた」との記述を見つけた。ロシアの南下政策上のアジア東西の関連が興味深い。

その後鷲の巣展望台からケーブルカーで下り、スヴェトランスカヤ通り、ニコライⅡ世凱旋門、アンドレイ教会、永遠の火、中央広場を経てスポーツ湾方面へ街歩きの足を伸ばした。ハバロフスクでも同様であったが、広場のモニュメントがソ連時代を彷彿とさせる。その日の昼食は魔が差して「七人の侍」という寿司屋に入ったが、当然味は今イチであった。

翌日は朝食後の散歩に、探検家アルセーニエフが晩年を過ごした家を訪ねた。つつましやかな木造家屋に展示された遺品と親切かつ誇らしげなボランティア・スタッフの対応が、ヨーロッパの東征を担った一人の探検家の存在を身近に感じさせた。その後、タクシーで空港へ向かい帰国の途に就いた。奇しくも滞在中に、メドジェーベフ大統領の北方領土訪問が行われた。

中国
蘇州
同里
上海
長江
イラワジ川
ビルマ(ミャンマー)
香港
マンダレー
パガン
チェンマイ
スコータイ
チャオプラヤ川
ラングーン
(ヤンゴン)
タイ
バンコク
インドネシア
バリ

第３章　東アジアを南下する

✺水郷江南

一九九九年の六月、天の声に促されるように五泊六日の行程で単身中国江南地方を訪ねた。中国本土に足を踏み入れるのは、この時が初めての経験であった。隣国の水郷都市や中国式庭園への興味とともに、同年二月に父を送り、子どものころ話を聞いていた軍隊生活の地・中国大陸への弔いの意識もあった。しかし、主な動機は、始終追われまくる日常業務から離れ、しばし心の整理をしたいという気持ちだった。その心を読まれたのか上海で遭遇したトラブルは、これまでの旅の中で唯一神秘的な経験として、中国の怪しい奥深さを垣間見た思いが記憶に残っている。また今振り返ると、長江（揚子江）という大河の氾濫原の水郷地域という意味で、スケールこそちがえ新潟との出会いを予感させるものがあった。

＊

上海国際空港からタクシーで三〇~四〇分、上海駅近くの華東酒店にチェックインしたのは夜半で、途中の高速道路の車窓から見る夜景に、アジア新興大国の大都市に着いたことを実感した。

翌朝は部屋のテレビでNHK-BSのニュースを流しながら旅程を確認後、朝食と蘇州へのチケット購入がてら駅周辺を散策した。大都市の中心とはいえ、日本より時間の流れが緩やかに感じられた。点心類のファースト・レストランに入るも全く言葉が通じず、店の女の子に付き添ってもらい厨房窓口で指さす品の食券を購入し、どうにか美味しい粥とビーフスープにありつくものの旅の行先が案じられた。

蘇州に移動する列車の軟席（日本でいうグリーン車）で向い合せになった穏やかな初老の夫婦が、中学生のころ父の本で読んだパールバックの「大地」や当時放映されていたNHK-TVの「大地の子」の養父母を想起させ、何か中国の豊かさを感じ、日本に近い車窓の風景も相まって、気持をリラックスさせてくれた。

蘇州と同里——歴史的庭園都市と水郷鎮

上海からの一時間強の列車の旅を経て、正午過ぎに蘇州の中心部からやや離れた静かな環境の蘇苑飯店にチェックイン。フロントで上海への帰路の列車を予約し、まちへ出た。

中国江南地方最大の潟湖である太湖の畔に開けた水の都・蘇州は「東洋のヴェネツィア」と呼ばれるが、その歴史はヴェネツィアよりも古く、紀元前五一四年に呉国王が堅固な都城を築いたのが始まりとされる。五八九年に呉州から蘇州に改名され、シルク産業により発展を遂げ、富豪たちが競い合ってつくった江南式庭園は、当時九カ所が世界文化遺産に登録されていた。

街路樹の影で覆われた人と車と自転車の行き交う街路を歩き、まず訪ねたのは拙政園。初体験の本格的江南式庭園に感激し、三〇分ほどスケッチしているうちにだいぶ蚊に刺された。ディテール的に面白かったのは、園路に沿って木の枝から吊るされた鳥籠の鳥の声が造園的要素として組み込まれていることや、園路の市松状の小石による舗装パターンが前年に見たアルハンブラ宮殿と共通していたことだ。造形的な扱いは異なるものの、日本の回遊式庭園における池と石橋や小石による磯のデザイン、東京の百花園の虫聴きをも想起させ、大陸から日本への影響に思いを致す。同時に、各国の庭にそれぞれの理想郷が映し出されることを改めて感じた。

庭園を一歩出ると、市街の至る所が工事中で、街の風景が大味なものに変わりつつあるように思えた。旅のテキストとして持参した陣内秀信編著『中国の水郷都市』に導かれ、拙政園からほど近い城壁内東北部に残る小運河に沿った伝統的な居住区を歩いた。ヒューマンスケールと使い込まれた時の痕跡が居心地のよいまちなみを形成していたが、変容しつつある中心部から想像するに、その存続は風前の灯火にも感じられた。

まさに発展途上の中国においては、歴史的環境が残る蘇州においてすら日本の二の舞で、世界遺産に指定された文化財としての庭園は持続管理されるものの、生活の場である庭的居住区は消え去る運命にあるのだろうか。まち歩き後に、拙政園の造園的要素としての水や橋は、現実のまちの風景を縮景し理想化したものであろうことに気づいた。

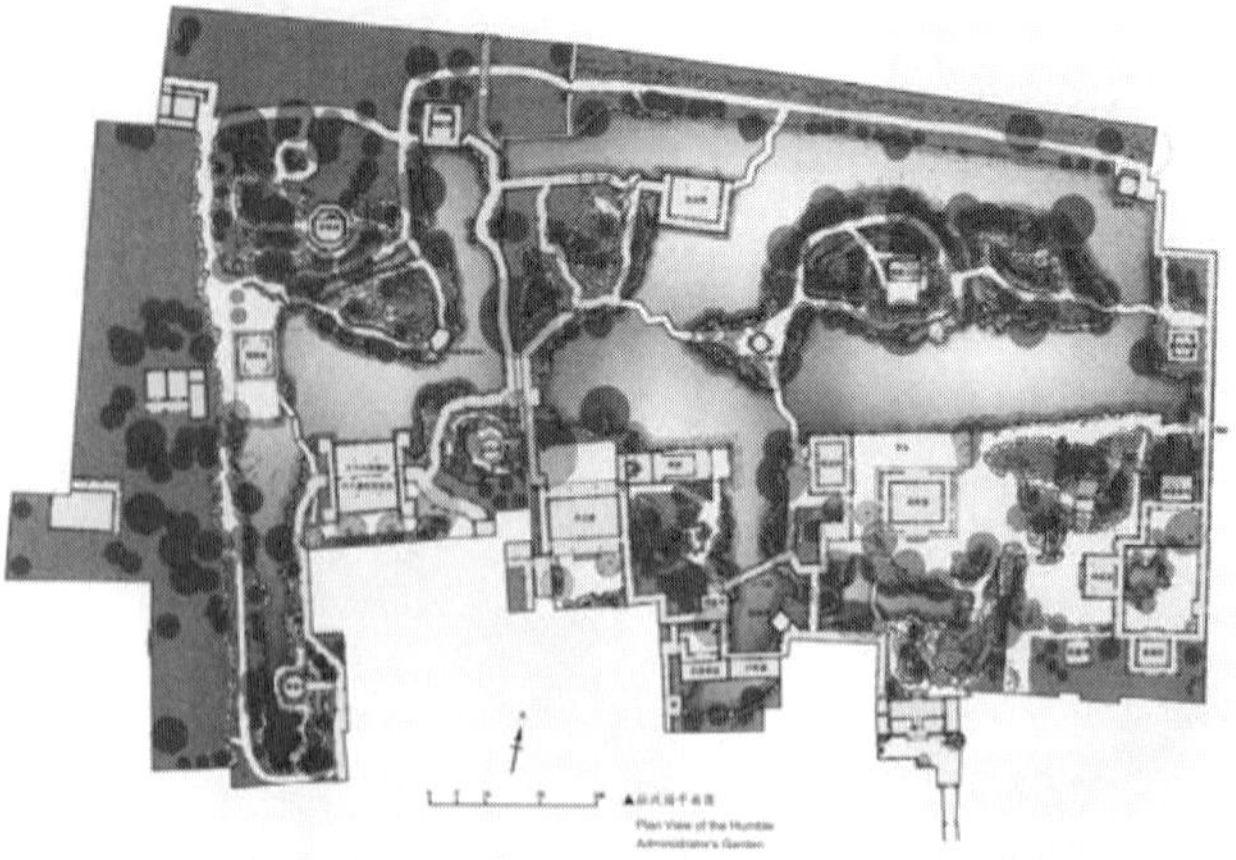

拙政園平面図(出典:『蘇州園林』)

滄浪亭平面図
(出典:『蘇州園林』)

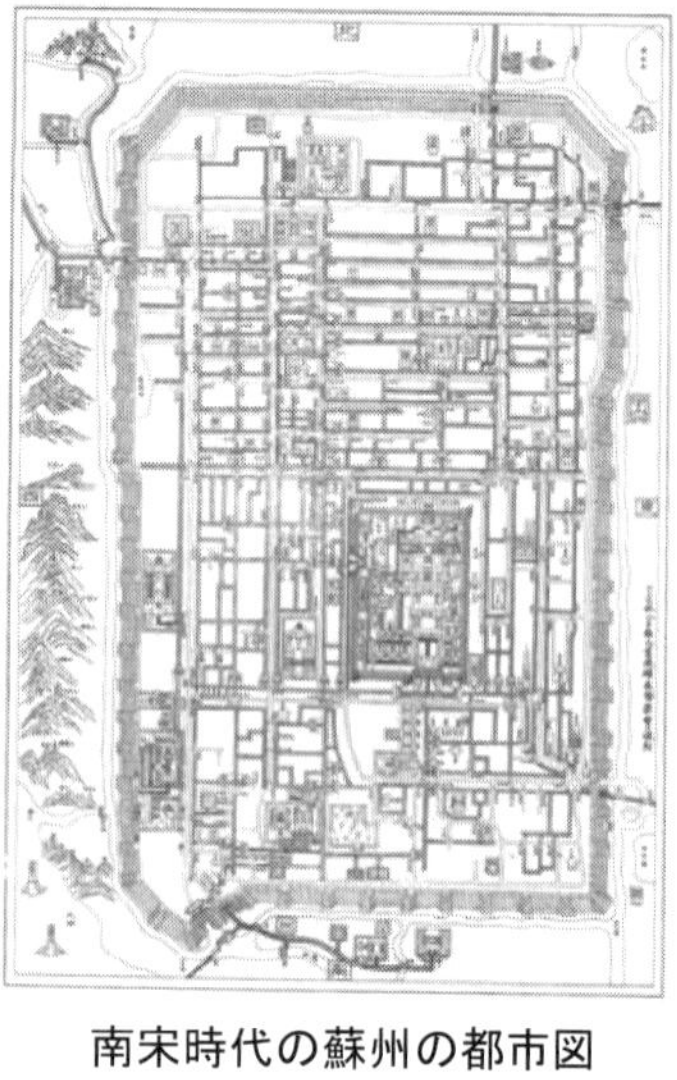

南宋時代の蘇州の都市図
(出典:『中国の水郷都市』)

翌日は朝一番に滄浪亭を訪ねる。中国式というべきか江南式というべきか、庭と建築の連続性に魅せられた。印象としては、塀で囲まれた大きな庭の中に柔らかな建築の断片が散りばめられているといった感じで、アルハンブラを典型とする環地中海世界でのコートハウスの概念と比べ、庭と建築の比重が逆転しているように思われた。

さらに徒歩で盤門へ移動。付近一帯が再整備中で、仏教寺院跡と思しき文化財の修復にコンクリートが使われている様子で、日本と発想が異なるようであった。また同じ木造の塔の意匠が日本と異なり、個別にみると違和感があるが、今、インド～ビルマ～タイ～中国～韓国～日本と塔の意匠を並べて思い浮かべてみると、その伝播変容過程に納得がいく。

盤門を出て、城壁に沿った京杭大運河に掛る高い橋の上から眺めると、運河と城壁に囲まれた蘇州旧市街が、昨日発った上海や午後に訪問する同里と運河によってつながり、江南地方の地域環境システムの一環として存在していることを実感できる。また今振り返ると、塀で囲まれた庭園そのものが、城壁で囲まれた都市という現実社会の理想的雛型なのかもしれない。

盤門からさらに徒歩で呉県バスターミナルに移動し、バスで約一時間の水郷鎮・同里に向かう。同里は唐代七世紀には豊かさを示す「富士」という名前で呼ばれ、その後課税を避けるために「富」の上下を分解し、下の「田」に「土」をつけて改名した由来があるという。明代（一三六八～一六四四年）に入り発展をはじめ、その後の盛衰を経て訪問当時約一万人の人口を有していた。

同里では歴史的なまちなみが観光に活かされ、バス停留場近くの運河には観光用の小舟が数隻待機していた。また、観光客が廻るルートは小運河の護岸も改修され、建築文化財の改修工事も行われていた。まず退思園で庭の魅力を味わった後、小運河に沿った小路を歩く。観光ルートを外れると生活感が漂うまちなみが続き、鎮の外縁部に至ると空き家や管理されていない空地も見られた。運河の護岸のそこここには水際に降りる石段が設えられ、食器や野菜を洗う人々、洗濯をする人々も見られ、運河沿いの並木にはロープを張って洗濯物が干されている。また、運河の要所には船が通れるような階段状の太鼓橋が掛けられ、橋詰には近隣の農村から来たと思われる野菜を積んだ小船が接岸され、商いが行われていた。さらに、運河に直行する小路には夜間に使われる便器・馬桶が干されているのを見かけた。

同里の運河風景

蘇州の伝統的居住区でも見られたが、清代からの住居にはトイレがないとのことで、運河沿いの公共厠所が共用されている。前掲『中国の水郷都市』によれば、馬桶の中身は公共厠所の脇に設けられた肥溜めに捨てられ、肥溜めには運河の壁面に排水口が設けられ、栓を抜くだけで横付けした船に糞尿を移せる仕組みになっているという。農村から来た船で糞尿が集められ、肥料として使われ、収穫物は農村から再び鎮に運ばれ住民の口に入るという循環システムが成立しているという。日本の都市部でも昭和中期まで続いたシステムである。しかし、同里でも旧市街を外れると全く表情の異なる雑駁な新興市街地が広がっている現在、水郷鎮がいつまで持続するのか複雑な思いを抱きながら蘇州に戻った。

夕食は、中心商業地区で人気のありそうな四川火鍋の店に入った。コーラの大瓶を飲みながら鍋料理を囲む家族連れで賑わう中、言葉が通じず悪戦苦闘しながら中国の鍋料理を体験し、一九時前にはホテルに戻ったものの、疲れてそのまま朝を迎えた。

蘇州最終日も朝一番で留園を訪ね、一時間ほど江南式庭園を楽しんだ後、北寺塔へ回り市内三六〇度を展望。塔の足元周辺地区には、石庫門と呼ばれる伝統的な低層集合住宅の家並が連なっている様子が見て取れた。上海行きの列車の時間までまち歩きを楽しみ、昔の日本にあったそれらしい感じの駅の食堂で昼食をとった。駅では若いカップルが別れを惜しみ日本では見ることのなくなった素朴な女の子が涙する姿や、今風の長髪の男子や日本と同じギャル風の眉の女子など、まさに当時の中国地方都市の世相を垣間見、二階式列車で蘇州を後にした。

上海——変貌する魔都

午後二時半に最後の宿、上海ＹＭＣＡホテルにチェックインした。

都市としての上海の歴史は蘇州よりはるかに浅く、上海浦という村が宋代に上海鎮と呼ばれるようになり、アヘン戦争終結時の一八四二年の南京条約により条約港として開港した。日本の開港五港に先んずることおよそ半世紀で、日本で半農半漁の寒村横浜村が開港し現在の横浜市に至る過程に似ている。

開港を契機に上海には列強の租界が形成され、一九二〇年代から三〇年代にかけて中国最大の都市として発展した。一九四一年の太平洋戦争の勃発と共に上海共同疎開は日本軍に接収された経緯があるが、現在でも人口規模で国内最大の都市として中国経済を牽引している。

街を歩く前にまず土産を調達してしまおうと南京路に出る。再開発まっただなかで工事の仮囲いばかりが目立つ街路を歩いていると、若い中国人が私の靴を指さして中国語で話しかけてきたので、"I can't understand chinese."と返す。"Where are you from?"とくるので"Japan"と答えると、日本語で自分は満洲から上海にきている学生で、建築を勉強していて九月には日本に留学し、埼玉県南に住む予定だという。私をてっきり福建省あたりの中国南部の人間と思い、履いていたハイキングシューズがかっこいいと思い声をかけたという。亡き父の軍隊生活地の満洲からやってきた建築学生ということで気を許し、自分も建築の仕事をしているというと、話を聞きたいのでお茶を一緒にしたいという。

中国茶の店で土産選びにつき合わせた後、彼の案内で街裏のレストランに入ると日本語を話す店主がお茶を持ってくる。学生に誘われるままに、酒と料理をとって三〇～四〇分話をして店を出ようとすると、請求金額が相場の一〇倍以上。ヤバイと思った時には後の祭りで、猛然と抗議をすると用心棒風のスタッフに取り囲まれる。学生にグルかと問い詰めると、知らずに案内したというがあまりに偶然が過ぎる。私が現金を持っていなかったので、店主に近くの銀行に連れて行かれ、引き出しを強要されるもキャッシングが受けられず、何回か試すうちにカードを機械に取り込まれてしまう。「明日の飛行機で帰る予定なのにどうしてくれる」と抗議すると、店主もややうろたえ、日曜にもかかわらずガードマンに行員を呼び出させる。行員を待つ間の小一時間店主と話をすると、三年前までさいたま市大宮区桜木町に住んでいて、埼京線で新宿のホストクラブに通い働いていたという。無事カードが戻ると、今度はシティバンクにタクシーで同行するから払えとくる。残念なことにシティバンクではキャッシングできた。支払い後タクシーでデパートまで送らせ、子供たちへの土産を調達し宿に戻った。

一人旅の薬としては安いものと思い直してベッドに入るも、以前「インディー・ジョーンズ」シリーズの映画で見た上海の読心術師の世界を思い起こし、二人の中国人の話の中で私の個人的な事情に共通する話題のどこまでが偶然だったのか不思議な気分で眠りに就いた。

今回の旅の中で、上海は蘇州・同里への中継都市としての意味が大きかったので、特に観るべき場所は予定していなかった。

早朝に目覚めた翌朝は、タクシーで黄浦江沿いの公園に散歩に出かけた。気功や社交ダンスを楽しむ年寄りが集まる中で、清代の治外法権エリアである外灘《バンド》をスケッチする。歴史的洋風建築群と対岸の未来都市まがいの光景の対比が、石庫門の旧居住区を矢継ぎ早に解体し広幅員の道路と高層住宅群を建設する現代の上海の都市のイメージを象徴しているかに思われた。

歩いてホテルに帰る途上、旧市街の街路で開かれていた朝市に遭遇した。たらいに入った大きな生きた魚やかごに入れられた生きた鶏は、他国の市場ではあまり見たことがなかった。売買が成立すると、かごから出された鶏は鋏で首を刎ねられ、血を抜いた後客に渡される。冷凍設備のない朝市では、確かに新鮮そのものの食材供給という意味で合理的なのかもしれない。

ホテルに戻り、ゆっくり朝食を済ませた後、上海でぜひ行ってみたかったヘルスクラブに電話をする。すぐ来ると良いといわれタクシーで宣化路の診療所へ急行すると、かつて上海市長の主治医であったという老先生の整体治療を受ける。気持ち良さを通り越して悲鳴を上げる直前までの約一時間の荒治療で、全身が軽くなる。女学校まで日本語教育を受けたというアシスタントの上品な初老の女性が、かつての日本と上海の関係を感じさせる。

治療を終えた足で、豫園を見学するも、蘇州の庭には到底及ばない。豫園界隈は、ちょうど浅草のような庶民的な街で、言葉の壁でホテルの朝食以外リスクが付き物だった食事が続き、そろそろ限界に達していたので、情けないがモスバーガーで昼食をとった。再び黄浦江へ歩き、クルーズ乗り場に行くとちょうど出発一五分前。三時間半の船旅は、黄浦江下流域に延々と立ち並ぶコンテナ埠頭と、Uターン地点の対岸が全く見えない海のような茫漠とした長江を見るだけでも、頭では理解していた中国のスケールといずれ経済が日本を抜くであろうことを改めて実感させるに十分であった。

下船後、最後に残しておいた垢すり体験にチャレンジする。以前、ドイツの温泉保養地バーデン・バーデンでヨーロッパ・スタイルの垢すりを経験していたので、今回は東西比較の意味も込めて東洋の垢すりで身を清めて帰国したいと考えたのだ。事前学習で目を通していた建築ガイドブックのあとがきで、著名な大学の先生が触れていた天津路の「浴徳池」をタクシーで訪ね当てる。古い建物の三階にある浴室で素っ裸になり、客一人で予浴～垢すり～マッサージ

・コースを体験。窓のない洞窟のような浴室は、大学の先生が紹介していたから安全な筈だと信じなければいられない、やはりスピルバーグの映画のワンシーンのような異様な雰囲気。ひとしきり垢すりが進むと、スキンヘッドで鬚面の筋骨隆々の垢すり師が、当初のコース料金の増額を求めてくる。致し方なくロッカー・ルームに戻り、札入れから現金を渡す。

浴後、南京路に出てローカルなレストランで最後の夕食をとる。魚を注文するが言葉の壁で単価が理解できていなかった模様。というのも、注文後ほどなくバケツに入れられた活魚を見せられ、その時には訳が解らなかったが、要するにこの大きさでよいか確認の意味であったであろうことが、最後に伝票を見て解った。旅の疲れが出て、注文した料理の半分くらいに箸をつけ、ホテルに戻った。部屋に戻るとなお疲れが出て腹を下し、腹と背中の下部が一晩中重苦しく何回か目覚める。朝になってぬるま湯の風呂につかり徐々に回復するが、一日二回の全身マッサージで揉み返しと体毒が内臓に回ったのだろう。

＊

翌朝帰国の途に着いたこの旅は短期間であったが、私の経験の中では西アフリカの旅・米国の旅とともにいまだ完結しない再訪を促す旅のひとつである。同里という小さな水郷鎮から蘇州という歴史的庭園都市、そして上海という現在進行形の世界都市が運河によってつながり、地域のシームレス性を示唆してくれたこと。上海でほんの僅か「魔都」的部分に触れたことによる、ある種社会の業としての都市の印象が思い出深い。

✺ 東洋の国際都市香港

一九九二年の四月一日から四泊五日で、香港へ家族五人の初海外旅行をした。長女一〇歳・長男六歳・次女四歳の子連れなので、行動半径はそれまでの旅に比べ半減したが、東洋と西洋が同居する国際都市を肌で感じたコンパクトな旅として記憶に残っている。

＊

成田空港から約四時間の飛行で啓徳空港に着き、先ずは香港島へ。空港のある九龍半島から香港島への移動は、スター・フェリーで一〇分ほどの海峡横断。フェリーのデッキから、背後の山とともに刻々迫りくる高層ビルの林立する都市景観を眺めて、国際都市香港に来たという高揚感を新たにした。

初日は、香港島北側の中心市街である中環《セントラル》から北角《ノース・ポイント》にかけて散策。

中環では、当時建築界で話題となっていたハイテク・スタイルの香港上海銀行本店や中国銀行本店も見歩いたが、何か寒々しい印象で、むしろごくありふれた高層ビルの工事現場で竹の仮設足場が使われていた様子や、ガイドブックには載っていない都会のオアシスといった香港パークで触れた英国式公園のほうが興味深かった。そして何といってもやはりまちが面白い。

北角の青空マーケットでは、日本で見るチャイナ・タウンと一味ちがうディープな店が軒を連ね、さらに路地の上空には住民が勝手に増築を繰り返した高層住宅の生活感あふれるバルコニーが並ぶ。上環《ジョンワン》の摩羅上街《マラションガイ》には、谷間に埋もれた路地空間に得体のしれない店が並び、通称キャット・ストリートと呼ばれる。ガラクタのことを中国語で「ネズミの物」というところから、それを求めて人が集まる街を猫の通りと呼ぶようになったという。初めて体験する異国の街の雰囲気に、子どもたちの戦々恐々とした表情が面白い。

　二日目はバスで香港島のハイライト・ツアーに参加する。島の南側のリゾート地・淺水湾《チンソイワン》からビクトリア・ピークを経て胡文虎花園《アウブンホウ・ガーデン》を回る。

スター・フェリーで香港島へ移動

香港の下町風景

　淺水湾は香港島の先入観とは異なる、どこにでもある田舎の観光地といった雰囲気で、何か拍子抜けしたような覚えがある。一方、ビクトリア・ピークからの街の眺めはスター・フェリーからの眺めとは反対に、海を背景に林立する高層ビル群を背後上部から俯瞰できる。夜景でなかったのが残念だが、狭い平地に高層ビルが密生する都市景観は圧倒的で、香港島の市街地がいかに高密度居住を実現しているのかが目の当たりに理解できる。しかもその多くは、一八四二年に清から英国に割譲されて以降、一世紀半にわたる海岸の埋め立てによってできた市街地であるという。佐渡島の一〇分の一にも満たない面積の同じ島の両側でこうも異なる環境が共存していることに当時は何も感じなかったが、今から思えば世界的に見ても極めて特異な島の姿であろう。

北斜面の中腹にある通称タイガー・バーム・ガーデンと呼ばれる胡文虎花園は、わが家でも愛用していた万能塗り薬「萬金油」で財を成した華僑の胡文虎が利益還元のため、文盲の人々にも仏教や道教の教えを伝えるために一九三五年につくられたという。極楽や地獄の様子が、コンクリート製の極彩色のジオラマとして山の中に展開していた。現在では老朽化に伴い閉園されているというが、私にはその時の強烈なイメージが華僑と結びついてしまい、華僑といえばチャイナ・タウンとタイガー・バーム・ガーデンのイメージが反射的に呼び覚まされるようになってしまった。

もうひとつ香港旅行といえば想い起こす家族の記憶がある。何日目か忘れたが、妻が選びぬいて買ったハンドバックに二階建てのバスの車中で息子が早速いたずら書きをした。お仕置きにバスを降りた海岸沿いの広場で彼を立たせたまま、私たちが立ち去ると、異国の地にもかかわらず直立不動で泣きながら見送る息子の姿が今でも忘れられない。

三日目に再びスター・フェリーで香港島から九龍半島に移動した。翌日にかけて九龍半島を散策。印象に残っているのは、ネイザン・ロード（彌敦道）と油蔴地《ヤウマテイ》の都市風景の対照であった。ネイザン・ロードには広い歩道に豊かな街路樹が配され、英国風のまちなみにロンドンでおなじみの二階建てバスが行き交う。そこから一歩入った繁華街油蔴地《ヤウマテイ》は、チャイナ・タウンの総本家を思わせるような色彩広告が渦巻き、ことに夜のネオンサインの下に裸電球が吊るされた店の並ぶ光景は、雑踏と相俟って不思議な郷愁を誘うアジアの街そのものであった。

最終日は、大規模なビルに様々な工場が雑居する工場ビル街を見学。当時はまだバブル経済の残り香の時代で、香港製の偽ブランド製品も話題となっていた。何やら怪しげな雰囲気を感じつつ、空港に向かい帰国の途に就いた。

＊

一九九七年に中国に返還される五年前の香港を訪ねたこの旅は、同じアジアでもタイ、ビルマなどに比べると日本との生活感覚的な差異はそれほどでもなく、初の海外子連れ旅行としてはちょうど良い旅程であった。子どもたちへの刺激という意味では、同程度の国内旅行に比べ効果充分といったところ。また、当時最先端の現代建築と住民がセルフビルドで増築した高層住宅が併存し、英国風の大通りと中国系繁華街が隣り合うこの街は、同じアジアの大都市である八年前に訪ねたバンコクとも後に訪れた上海とも異なる印象を宿している。一八三九〜四二年のアヘン戦争後の英国統治下でヨーロッパ化された街に東洋が息づく、いわばアジアならではの無国籍国際都市として、私の記憶に特別な位置を占めている。

✺ 神々の棲む島バリ

中国大陸から朝鮮半島経由の日本の源流と合わせ、南太平洋からの黒潮文化の源流として、日本と共通する群島国家インドネシアには以前から興味を抱いていた。

また、父の若いころの夢がインドネシアでプランテーションを経営することで、東京外国語学校マレー語科の学生時代に学徒召集を受け、敗戦によってあえなくその夢は消えた。その後外資系商社や個人規模の貿易会社を転々としながら最後に母と二人で個人貿易会社を営み、私と弟を育て上げてくれたことへの、生前伝えられなかった謝意も旅の発意のどこかにあった。

しかし現地では旧宗主国オランダの影響が見られたものの、日本の存在を感ずることはほとんどなかった。大東亜共栄圏という圏域の実態は何だったのだろうか。

＊

二〇一〇年三月末から四月頭にかけて、妻とともに三泊四日でバリ島を訪ねた。昼前に成田空港を発ち夕刻にローカル感覚あふれるデンパサール空港に到着した。宿は妻がインターネットの格安料金で予約したサヌールのバリ・ハイアットと、私たちらしからぬ老舗のリゾートホテル。夜半にチェックインすると、茅葺大屋根の東屋風のロビーからは、食事を楽しむ数か所のレストランから聞こえてくる音楽と楽園風の庭に溶け込んだプールの背後に、ビーチの潮騒を感じることができた。部屋に荷を解き、夕食に出る。ホテルの庭の半屋外レストランで飲み物を注文し一服するも、メニューの物足りなさと割高な料金にまちへ出ることにする。サヌールの通りを歩きレゴンという店でアラカルトメニューの夕食をとった。片言の日本語を話すウエイターから、アルバイトで日本語観光ガイドの申し出を受けるものの、その時は聞き流す。

翌朝は、高木のヤシの木陰に熱帯性の花々の咲く庭に張り出した、東屋風のレストランで至れりつくせりのバイキングメニュー。これまで経験した中で最もリッチな雰囲気の朝食を味わった。滞在客のほとんどが欧米系外国人であった。広大な敷地の中で管理の行き届いた庭やビーチを散策するが、不思議と虫がいない。恐らく誘引剤など徹底した虫対策がされていると思われる。

食後、通りに出てタクシーを拾いデンパサールのアート・センターを訪れる。来訪者は私たちのみで展示もごくプリミティブ。センター内の展示館で絵画・彫刻・面などの一通りのバリ美術に触れた後、約一・五キロほど離れたバリ博物館まで歩く。中心市街のププタン広場に隣接する博物館は、一九三二年に当時の宗主国オランダ政府によって建てられ、敷地内に分棟配置された四棟の伝統的な建屋に、バリ島の文化的遺産のコレクションが展示されている。入口でチケットを購入して入場すると、若い男が英語で案内を申し出てきた。ついてきて説明をするので、親切に任せて案内に従い回っていると、場内の実演者とも顔見知りの様子で土産工芸品の仲介もしてくる。あげくの果てに、一通り見終わって記念写真のシャッターを切った後に二〇ドルの案内料を請求してきた。公的有料施設内での不当な行為に不払いを宣言するも、そのように考えるのはお人好しの日本人くらいなのかもしれないと反省し、五万ルピー（約四ドル）で手を打った。

妻にさんざん無防備を責められながら、さらにデンパサール中心市街のまちを歩き、小さな川を挟んで隣り合う市場を回る。バティックの布とシャツを買ってからタクシーでサヌールの街にもどる。バリを個人で回る限界を感じ、昨夜のレストランのウェイターに翌日のガイドを打診すると、知り合いを紹介してくれることになった。明日の段取りがついて一息、バリ料理レストランで遅めの昼食をすませた後、妻のショッピングに付き合う。世界のリゾートだけあって、サヌールの街にはウィンドウ・ショッピングを楽しめるセンスのよい店が並んでいた。

夕刻のビーチでは、一瞬すべてがサーモンピンクに染まる素晴らしい夕映えに遭遇し、パラダイス感を味わった後、昨夜と同じ店でレゴンダンスを楽しみながらバリ料理の夕食をとった。インドネシア料理の基本は、中華料理とインド料理に通じ、日本人には馴染みやすい。滞在中、ナシ・ゴレン、ナシ・チャンプル、シーフード・グリルをはじめ極力地元料理を食べ、椰子の樹液から造る蒸留酒のアラック、バリの葡萄を使ったハッテン・ワイン、バリのビールを飲んだ。米はジャポニカ米。ワインは美味しかったが、魚はやはり日本が一番。

翌朝ホテルに迎えに来てくれたガイドは、バリで独学で習得したにもかかわらず、仲介してくれたウェイターよりはるかに上手な日本語を話し、かつさまざまな質問にも的確に答えてくれる見識の持ち主であった。私たちが住宅や寺院建築、美術や工芸さらに地域景観に関心があることを伝えると、ウブド方面ですべてのリクエストにこたえる行程を組立ててくれた。

まず、サヌールから車で三〇分ほどの集落にある一般的な島民の暮らす伝統的な住居に案内してくれた。石積の塀に囲まれた敷地に分棟形式で社、居室、台所などが有用植物や花々の植えられた庭を介して設えられている。お供え物の花の細工をつくり終えたおばあさんが、台所で揚げ物の料理をしながら会釈してくれた。バリ人は一般に、一棟一棟時間をかけて家を完成させていくという。車を運転しながらのガイドの話では、バリ島民のほとんどはヒンドゥ教徒で、バリの子供たちは小学校からヒンドゥの教えと文化を学び、年頃になると削歯（門歯と犬歯をヤスリで削って平らにする）儀礼を受け大人の仲間入りをする。成人後は結婚〜出産〜葬儀という人生の大きな節目を始め、祖先祭祀から祓魔儀礼に至るまで、バリ暦に基づき年中宗教儀礼を行うことがバリ人の生活であるという。

さらに午前中に伝統舞踏の面を中心とした木彫工房、バリ絵画コレクションで知られるアルマ美術館、バリ六大寺院のひとつとされる名刹プナタラン・サシ寺院、一一世紀ころの洞窟遺跡と沐浴場が残るゴア・ガジャと回った。昼食の時間に合わせてテガラランの棚田を臨む急斜面に階段状に設えられた簡易なテラス・レストランへ案内してくれた。同席を誘ったが、彼自身は車で待っているという。椰子の木と棚田の組合せが眼前に広がる不思議な景観は楽園的雰囲気を醸すものの、ガイドの話によれば、わが国同様農業は収入や後継者不足の課題を抱え窮地にあるという。

午後にはバリ絵画の名作を展示したネカ美術館、石彫の村、蔓細工工房、銀細工工房と濃密な行程に脱帽した。当日の収穫の一つが、織、染色、絵画、木彫、石彫、銀細工、蔓細工に共通して、バリ人の細かな手仕事の妙に出会えたこと。さらに、ガムラン音楽やバリ舞踊にも共通して感じられた繰り返しの連鎖による構成は、ヒンドゥの宇宙観の表出なのだろうか。特にアルマ美術館におけるバリ絵画のコレクションは、曼荼羅とアンリ・ルッソーの一連のジャングル作品を融合したかのような魅力的な宇宙観を感じさせてくれた。リーズナブルなガイド料に納得して、翌日の追加案内を依頼してガイドと別れた後、夕食はホテルの敷地内の中華レストランでとる。

滞在最終日は、朝食後タクシーでサヌールの朝市と二〇世紀半ばにバリに移り住んだベルギー人画家の住居兼アトリエであるル・メイヨール博物館を見学し、住民たちでにぎわう朝のビーチを散策した。大きく東側に湾曲して続く海岸線の奥には、バリ島最高峰三一四二メートルのアグン山の影が雲間に青く横たわっていた。ホテルに戻りチェックアウト後フロントに荷物を預け、再びガイドにバリで最も美しい寺院といわれるタマン・アユン寺院と観光コースには無い普通の集落の案内をお願いする。前日に私たちの興味を理解した彼は、道中で私たちの関心のありそうな風景を示しながら、バリの神々について自ら解説してくれる。水田の畔の角、家々、集落、街角とあらゆる場所に神々が祀られているのを見た。水田や集落内

銀細工工房

の大樹の下に設えられた社の風景など、一昔前の日本の田舎の風景にきわめて近いものを感じた。ガイドの話によれば、各集落には少なくとも必ず祖先・善神・死神を祀る三つの寺があるという。ただし、神々は常に寺に祀られているわけではなく、バリ暦の祭日（オダラン）にのみ降臨する。

さらにこの旅の参考書・文化人類学者の吉田禎吾著『バリ島民』によれば、日本の愛媛県ほどの小さな島の中に、控え目に見ても二万以上の寺院が存在するという。この他に三〇万はあると思われる各家庭の屋敷にある寺院、社、それに十字路、泉、大木、特定の木、個々人の水田などに祀られている無数の祭壇、社があり、バリ人にとって自分が祀る責任のある寺院や社は少なくとも二つはあり、人によっては一〇にもおよぶことが珍しくないという。

バリで見た水田に祀られたのと同様の神様が、田の神様として栃木県の雷電神社の雷《らい》さまをはじめ、日本各地に広く存在していることを帰国後に改めて知った。一方、タマン・アユン寺院や前日に回ったプナタラン・サシ寺院、ゴア・ガジャは、そのユニークな造形とともに山形県の羽黒神社や江ノ島の岩屋を想起させ、韓国慶州の仏国寺などが奈良の古寺に通底するのに対照的な、日本のルーツの海洋系と大陸系の複合性を感じさせた。また、ガイドが案内してくれたタマン・アユン寺院近くのデサ・ブハという集落の入口には、谷水を引いた沐浴場が設えられていた。集落に入ると、寺院、ガジュマルの大木のある墓地、小学校、広場などが道沿いに並び、さらに奥に社の置かれた三叉路を中心に集会所や商店、住居が並ぶ。

バリの住居や集落の形は、これまで見た中では沖縄の民家や集落と近似し、沐浴場は樋川《ヒージャー》を連想させ、太平洋の群島文化のつながりを感じた。サヌールに戻り、イタリアン・レストランでの遅めの昼食後、ホテルのビーチのリクライニング・チェアでのんびり日没から星空に移りゆく時を過ごす。夜半にホテルから空港に移動し空港内で夕食を済ませ、翌未明の便でデンパサール国際空港を後にした。

＊

バリの旅行ガイドブックでは、リゾートホテルとスパ（エステ）の紹介に多くの頁が割かれている。癒しと楽園のイメージの具体のパッケージとして、世界観光の売りとしているのだろう。滞在したバリ・ハイアットでは、敷地の出入り、広大な庭園、快適な施設など徹底した管理によって擬似的な楽園がつくられ、外国人滞在客がくつろぐ。島の経済を支える観光部門は、大半が外国系資本により経営されているという。

複数のバリ解説書によると、世界を魅了する現在のバリ文化は、二〇世紀初頭のオランダ植民地政府以降に、島外・国外からの地域理解によってつくられたという。一九〇六年島の制圧の際にオランダ軍の銃口の前に果てた王族・僧侶一門のニュースによって、オランダ植民地政府は国際的非難を浴びた。その後政府はインドネシア地域研究を行い、バリをかつてジャワに栄えたヒンドゥ文明が今に残る島と位置づけ、カースト制を含む土着の伝統を温存する地域政策を採った。その後、楽園を求めてバリに住み着いたヨーロッパの芸術家達が、現地のバリ人にインスピレーションを吹き込んで現在のバリ文化が形成されたという。

そのような状況を踏まえながら、私たちのガイドをはじめとする現在のバリ人達は、島の文

タマン・アユン寺院

羽黒山神社（山形県）

デサ・ブハ集落
の沐浴場

玉城村仲村渠樋
（沖縄県）

化に誇りを持って生きている気概を感じさせる。ヨーロッパ化の進行に伴いバリ固有の地域性が洗練強化されたという、不可思議な文化の在り様を感じるとともに、久しぶりに高層建築の見えない心地よさを味わうことのできた短い旅であった。バリでは高さ一五メートルを越える建築は許可されていないという。

✺ タイとビルマの都市を辿る

一九八四年の八月中旬、四歳になる長女を妻の両親に預け、入社二年目の研究所に長期休暇を申請し、一二日間に渡り夫婦でタイとビルマ（ミャンマー）を訪ねた。私にとっては、大学院の研究室での西アフリカの集落調査に参加して以来約五年ぶり二度目の、妻にとっては初めての海外旅行で、なぜタイとビルマにしたのかその訳は覚えていないが、自分たちなりのスタイルをつくった旅として記憶に残っている。

それは限られた期間で、歴史的経緯および立地環境等の異なる都市や地域を移動しながら写真を撮り回るというスタイルで、結果として常に忙しい旅となるのだが、おそらく私の最初の海外体験である通過型集落調査の強烈な影響によるものかもしれない。この時は一二日間で、東京～バンコク～ラングーン（ヤンゴン）～パガン～マンダレー～ラングーン～バンコク～スコータイ～チェンマイ～バンコク～東京という強行軍で、二カ国六地域の首都・古都・遺跡を訪ねた。

ビルマ（ミャンマー）――イラワジ（エーヤワディー）川を上る

東京からタイの首都バンコク経由で入国したビルマの印象は、タイ航空美人スチュワーデスのホスピタリティと対照的な社会主義国の官僚的そっけなさで始まった。ラングーンの空港の入管手続きで係官から闇両替やウィスキーの譲渡を持ちかけられるなど、腐敗の臭いと施設照明の暗さとが相俟って蘇る。実態としては、当時のビルマ経済が極度の外貨不足に陥り、国の経済までもが多くを闇市に頼らざるをえない状況にあったようだ。私の先入観なのかもしれないが、社会主義国の空港の独特の官僚的雰囲気には、二〇一〇年の哈爾賓やいまだロシアのハバロフスク、ウラジオストクにも共通する遺伝的なものを感じる。また、ビルマ政府のビザの発給を受ける段階で全ての旅程を固定された自由度のなさは、二〇一〇年のロシアの旅のバウチャー制にも共通していた。

一方で、この時のビルマの都市景観は、一九九二年に訪ねた統合前の東ドイツとチェコスロバキア両国の社会主義国の印象とも共通し、広告のない建築と公共空間が明瞭なシルエットを構成し、男女ともロンジーを纏った街ゆく人々の舞台として魅力的な背景となっていた。

ラングーンの街の記憶としては、五八五年に建立されたシェタゴン・パゴダの天空に起立する黄金の巨大仏塔や、建立が紀元前に遡るといわれる都市の基点としてのスーレ・パゴダのラ

ラングーン都市図（出典：観光地図）

ンドマーク性が強く印象に残っている。また建築の意匠に英国植民地時代の面影を宿したスコット・マーケットは、当時の役人の名を冠したといわれている。現地で入手した都市図を見ると、総督府がおかれたインドのニューデリーほどではないものの、グリッド・パターンとラウンドアバウトを配した街路から、英国統治による都市デザインを読み取ることができる。

　ラングーンから空路で移動したパガンは、一〇四四年から一二八六年にかけてビルマ民族による最初の王朝パガン朝の中心地として、四〇〇万のパゴダが群立し、まち中に仏教建造物のあふれかえる地であったという。馬車を雇って広大な平原に点在する遺跡群を巡った。片言の英語を話す車夫は無口で純朴な青年で、私たちの希望に応じてアーナンダ寺院をはじめとするいくつかの寺院や漆器工房を案内してくれた。

　高台から見晴らしたパガン全体の光景は、これまで経験した様々な文化的景観の中でもそのスケールにおいて圧巻であった。さらに、草深い荒野の中に静かに佇む巨大寺院の跡を訪ねると、その内部には今でも信者の寄進する金箔に覆われた輝く大仏が鎮座し、悠久の時間の流れが細々と継承されている様に何とも不思議な感興を覚えた。案内を終えた青年から、別れ際に

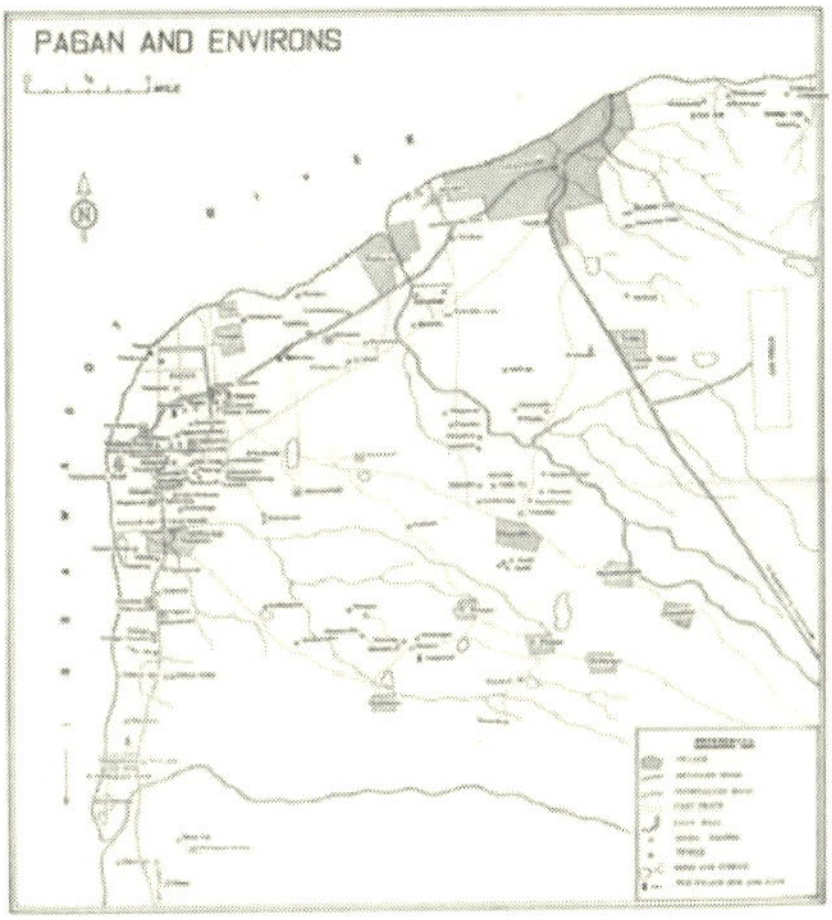

パガン都市遺跡図
（出典：PICTORIAL GUIDE TO PAGAN）

私の着ていたTシャツを譲って欲しいと懇願された。当日宿泊指定されたイラワジ川のほとりのバンガロー・スタイルのスリピチャッタ・ホテルのお湯の出ないシャワーとともに、パガンの切ない思い出として記憶に残っている。

翌日は再び空路で、ビルマ第二の都市マンダレーに移動。パガンからイラワジ川を約二〇〇キロ遡ったマンダレーは、一八五七年につくられてから二五年間ビルマ王朝最後の首都として栄えたという。パガンの寺院をまねてつくられたといわれる巨大な大理石造のチャウ・トオジイ・パゴダやクードォドー・パゴダ、建物全体に彫刻が施された木造のシュエナンドー僧院、市民の台所セジョー・バザールを見て回った。市場で扱われている品々や、顔に「タナカ」という白粉を塗った独特の化粧をして商う女性たちから市民生活を窺うことができ、アジアのローカルな市場の光景として鮮明に記憶に残っている。ビルマのラングーンやマンダレーの印象は、タイのバンコクやチェンマイと較べ、都市というより熱帯雨林に埋もれた巨大集落といった観があり、今思えばどちらかというと隣国のタイやインドよりも西アフリカのガーナやコート・ジヴォアールの都市や集落に近親性を感じるのは、記憶の底にあるスコールの体験によるものだろうか。

翌日、マンダレーから古都サガインを訪ねた。途中イラワジ川に架かる長大な鉄橋で、確か小学校就学前ではないかと思うが、父に連れられて見た「戦場に架ける橋」（映画の舞台はタイのクワイ川）の映像が脳裏に蘇った。また、小舟に乗って渡った遺跡の光景が、灰緑色の川面を渡る風の感触とともに、当時の写真から合成された断片化した記憶として残っている。

マンダレーから一度ラングーンに戻り、さらにラングーンからバンコクへ戻る帰路には一生

マンダレー都市図（出典：観光地図）

セジョー・バザール

忘れられない思い出がある。ラングーンの空港に着くと、予定していた小型機はすでに満席で、補助席が二席残っているのみ。私たちを含めリ・コンフォームを忘れた三組でジャンケンをして辛うじて搭乗することができたが、負けると三日後まで便がないという状況であった。

タイ――チャオプラヤ川を上る

私たちが訪れた当時のバンコクには高層建築は見られず、チャオプラヤ川右岸のワット・アルンから対岸の中心市街を望むと、無数の寺院の大屋根や塔が林立していた。その建築様式は大きく異なるものの、かつての奈良や京都の都市景観には近いものがあったであろうし、その後訪れたフィレンツェやボローニャにも共通する歴史的都市における宗教施設の存在感が顕著に見て取れた。また、まちなかを歩くとまだ多くの運河が生き残り、水運をはじめとするさまざまな側面で市民生活とかかわっている様子が見て取れた。かつての江戸や大阪や新潟、また特殊な都市かもしれないが蘇州やベネツィアに共通する都市と川や運河の関係に思いが致ると同時に、日本の都市が戦後いかに急速に変貌したかを思わざるをえない。

バンコクでは、ワットサイ水上マーケット、大理石寺院、ワット・ポー、ワット・プラケオ、王宮、国立博物館などを足早に回った。タイの仏教寺院は、ビルマに比較すれば建築的にやや日本に近いといえるのかもしれないが、現役の宗教施設としての生き様は、むしろビルマの仏教寺院やバリのヒンドゥ寺院、イタリアのカソリック教会に近いように感じる。街には活気があふれ、私は運河沿いの路上に並んだ屋台で小碗の麺類に好みのトッピングとパクチという香味野菜を薬味に加え好んで食べたが、妻はその衛生面にやや敬遠気味であった。

バンコクの街の歴史は、一三五〇年から一七六七年まで続いたタイのアユタヤ王朝時代に遡る。タイはアユタヤ王朝時代から貿易の中継地として栄え、チャオプラヤ川中流にあるアユタヤの都にはヨーロッパ人の居留地ができ、日本からの朱印船もこの地に寄港し日本人町もつくられていた。海路アユタヤに至るには、シャム湾からチャオプラヤ川を上るが、河口にバンコクと呼ばれる漁村があった。はるばるインド洋を渡り、シャム湾に入った商人や国使たちは一旦バンコクで休みアユタヤに上った。一七八二年からシャクリ王朝によって都がバンコクに移されて現在の首都に至っている。

バンコク都市図（出典:『都市史図集』）

バンコクから空路ピサヌロークを経由し、バスでスコータイを訪ねた。飛行機やバスの窓から眺めた集落や水田の風景は、高木の植生が熱帯的であるものの日本の田舎の風景に近い。スコータイでは、アユタヤ王朝に先立つ一二三八年から一四三八年に至るスコータイ王朝の都の遺跡が歴史公園として整備され、レンタサイクルで見て回った。南北一六〇〇メートル、東西一八〇〇メートルの城壁に囲まれたその中心部は、パガンと較べるとこじんまりとした印象であるが、近くに人が住んでいるらしく、屋根の朽ち落ちた壁と大きな仏像の残る寺院の廃墟が子どもたちの遊び場になっている様子が印象に残っている。

　翌日は、ピサヌロークから空路北部タイの中心都市チェンマイに移動。まちなかのワット・プラシンやナイトマーケットや郊外のワット・プラタート・ドイ・ステープを訪ねた。標高一〇七三メートルのドイ・ステープ山の山頂に建立されたワット・プラタートに参詣するには、両側の手すりに七頭龍を配した三〇〇段の石段を登る。眼下にチェンマイ市街が一望に見張らせる境内には、一四世紀末に建立された金色に輝くパゴダや背後に僧院が設えられ、多くの参詣者を迎えていた。周囲を標高六〇〇～九〇〇メートルの山

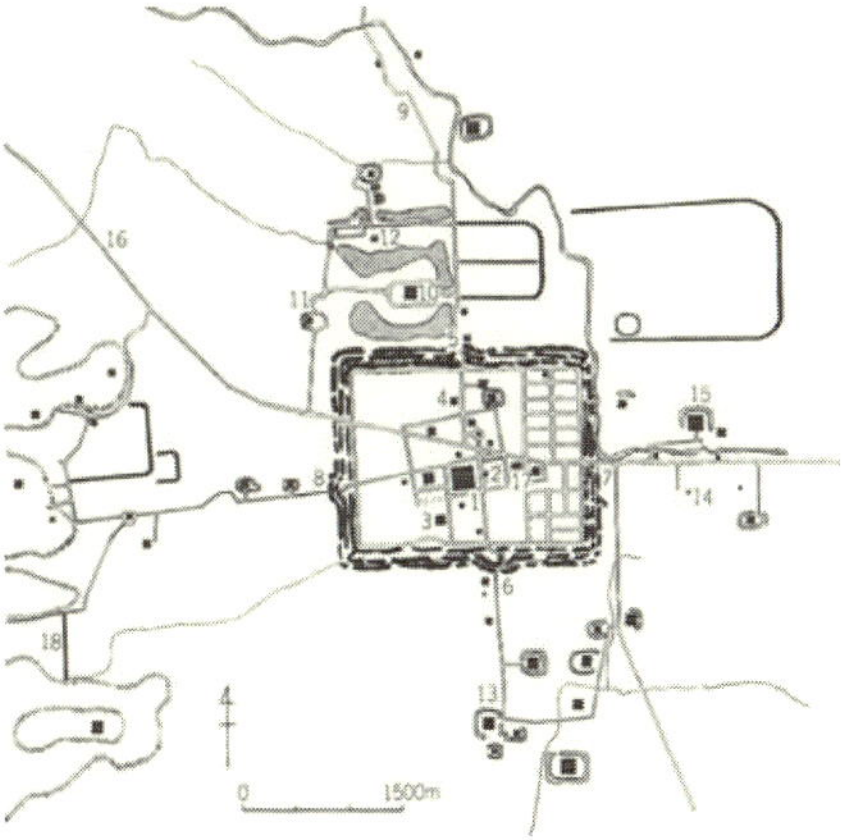

スコータイ都市図（出典：『都市史図集』）

スコータイの寺院跡で遊ぶ子どもたち

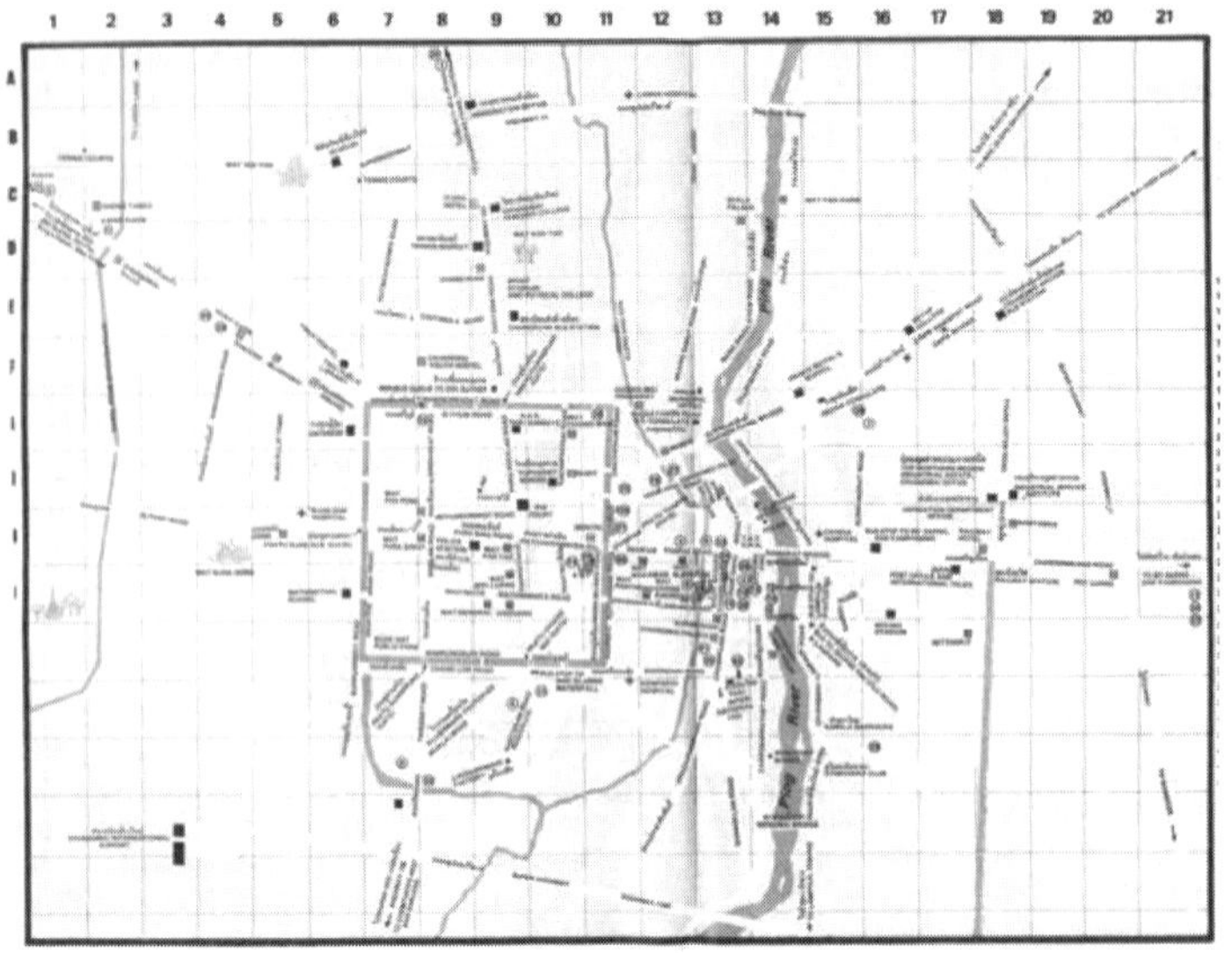

チェンマイ都市図（出典：観光地図）

々に囲まれたチェンマイの街は、スコータイ朝〜アユタヤ朝と並行した北部タイの王国の都として一三世紀後半から現在まで継承されてきた。当時タイ第二の都市チェンマイの人口は一一〇万人で、六〇〇万人のバンコクに比べ静かな地方都市の趣を呈していた。

また、マイクロバスで訪ねた少数民族メオ族の山岳集落ドイ・プイは、六〇戸四〇〇人の人口を擁し、茅葺木造平屋の住居は日本の中山間集落の民家を思わせる。中国雲南地方から南下してきたと伝えられる黒い民族衣装を纏うメオ族の顔だちはタイ族よりもはるかに日本人に近いように感じられた。

＊

すでに三〇年を経過したこの旅は、自分たちで企画した初の海外旅行として風化することなく再結晶化しつつある。隣接するビルマとタイの二国で、イラワジ川とチャオプラヤ川という国土を縦断する大河流域に立地する首都、第二都市、遺跡都市を巡り、都市と地域の変遷を意識する旅となった。旅先で、都市の歴史を集約した博物館や市民生活を覗くことのできる市場を訪ねることの意味を知り、その後の私たち夫婦の旅の雛形となった。

ドイプイの子どもたち

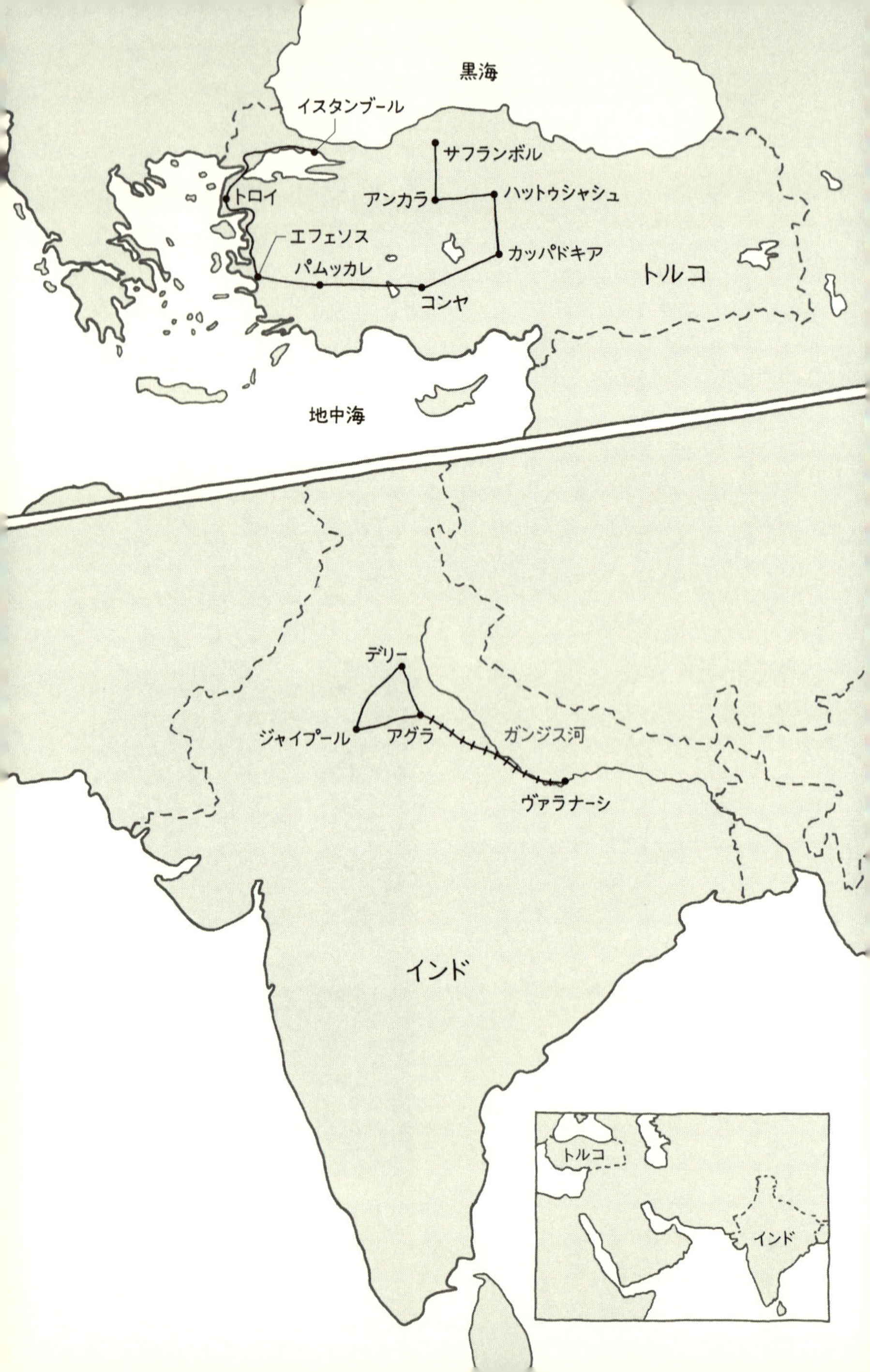

黒海
イスタンブール
サフランボル
トロイ
アンカラ
ハットゥシャシュ
エフェソス
カッパドキア
パムッカレ
トルコ
コンヤ
地中海
デリー
ジャイプール
アグラ
ガンジス河
ヴァラナーシ
インド
トルコ
インド

第４章　アジアを西へ

✺北インド四都を辿る

一九九四年七月に家族で北インドのデリー〜ジャイプール〜アグラ〜ヴァナラーシの四都を訪ねた。若いインド人青年の企画した八日間のパックツアーとはいえ、二年前の家族旅行五日間の香港パックツアーと較べるとハードな旅程であった。インドという宗教観や死生観を感じざるをえない風土の中で、当時成長期に入った中学一年の長女、小学三年と一年の長男・次女を連れ、老年に入り体調を崩しつつあった両親を残しての旅は、どこか人の一生を意識させるものとなった。東洋からやってきた微笑んでいるだけでものを言わない真ん丸ほっぺの次女が、どこへいってもほほをつままれ終始愛玩されていたのが忘れられない。

＊

成田からバンコク経由で約一〇時間、デリーに到着しホテルに一泊後バスで向かったのは、南西に約二六〇キロ、パキスタン国境に接する砂漠地帯ラジャスタン州の州都ジャイプール。まずはその北東一〇キロ付近の高い丘の上に築かれた旧都アンベール城を訪れた。

湖の中に佇むマハラジャの別荘ジャル・マハール（水の宮殿）を車窓から眺めた後、地形を利用した山城が現れた。垂直にそそり立つその城壁はインド砂岩とは異なり丘の露出した地質と同系の淡黄色の石積みで、堅固さを示す威容を誇っていた。麓でバスを降り、子どもたちへの思い出づくりを兼ねて象の背に乗って長い坂道を登城した。城門を潜ると大きな広場が設えられ、さらにその奥に中庭を囲む建築が幾重にも階層的に展開し、奥に向かって高位の空間が配されるという世界の城郭・宮殿に共通する空間構造が典型的に現れ、細部意匠の変化と併せて興味深かった。アンベール城は、一七二七年に首都がジャイプールに遷都されるまでの実に六〇〇年間ラジプート族の王国の中枢であり続け、ヒンドゥ建築様式の代表とされている。ヒンドゥ教徒のラジプート族はかつてムガール帝国（イスラム教徒）に対抗し勇敢に戦ったとされるが、私はヒンドゥ建築とイスラム建築の差異がいまだよく理解できないでいる。

ジャイプールは通称ピンク・シティーと呼ばれ、街中がインド砂岩のサーモン・ピンクに彩られている。ラジプートのマハラジャ（王侯）、サワイ・ジャイ・シング二世がヨーロッパの都市を参考に、一七二七年にインドで初めて新たな都市計画に基づいて建設した城郭都市で、ジャイプールの名はジャイの街という意味である。城壁と小高い丘に囲まれた街は、七つの城門とグリッド状の街路によって七ブロックに分けられて構成され、都市域の七分の一が王宮に

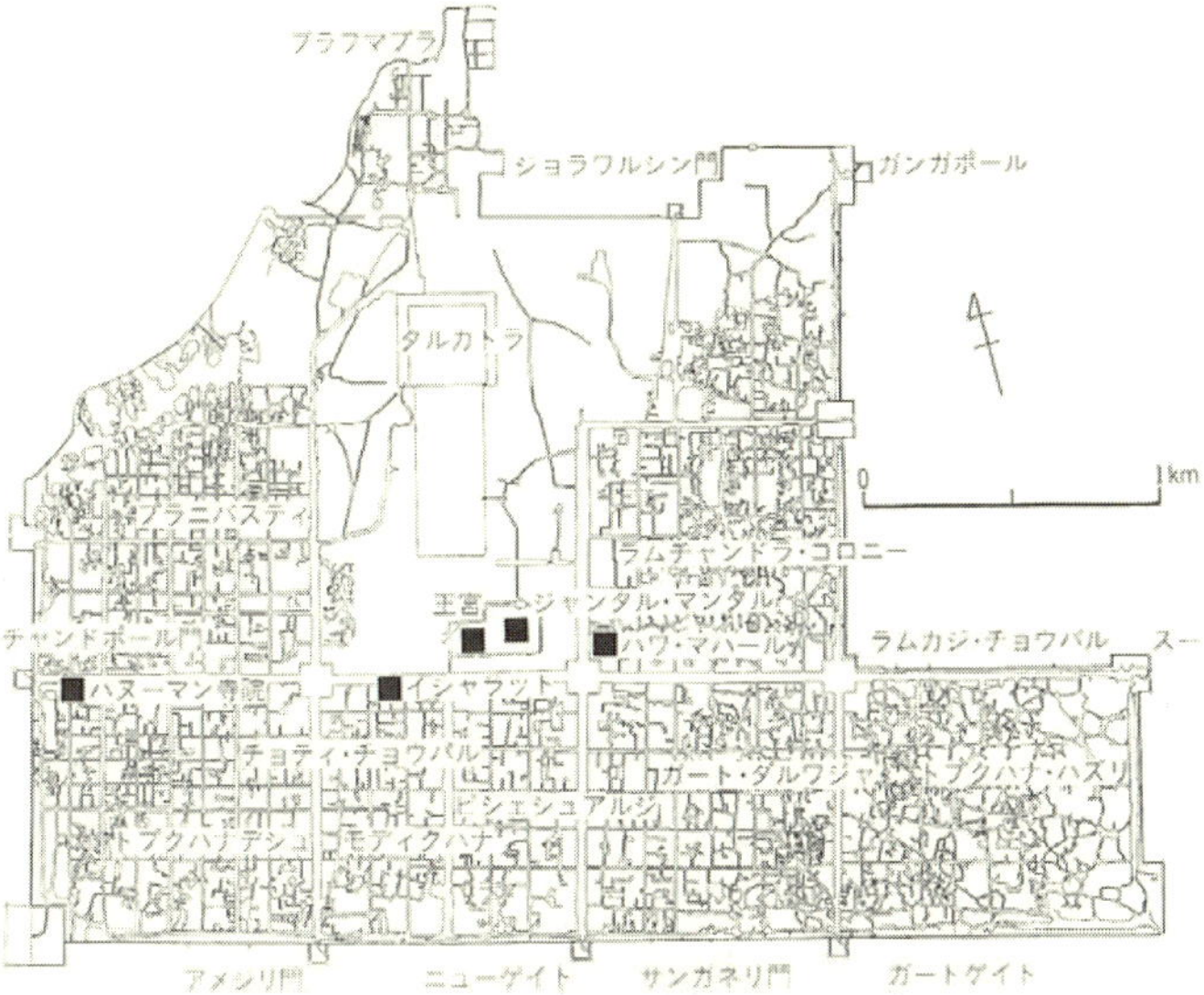

ジャイプール都市図（出典：『都市史図集』）

ハワ・マハール

ジャンタル・マンタル

充てられ、宮殿への入口も七つの門が設けられ、七という数に基づいて計画されている。王宮はアンベール城で蓄積された建築意匠が継承開花されているといわれ、さらに装置的建築が特異なランドマークを付加している。そのひとつがジャンタル・マンタルと呼ばれる天体観測装置群で、王宮に隣接する一画に特異な形態のさまざまな巨大装置が並ぶ様は興味深い。科学とくに天体学に知識の深いジャイ・シング二世は当時のムガール帝国の皇帝に重用され、デリーをはじめ帝国内五箇所にジャンタル・マンタルを設けたが、ジャイプールのそれが最大のものである。また、ハワ・マハール（風の宮殿）と呼ばれる五層におよぶ壁状の華麗な建築は、王宮の女性たちが自らの姿を見せることなく祭りをはじめとする街の様子を観察する装置として、極めて特異な意匠を誇っている。

次の訪問都市は、ジャイプールから東約二三〇キロ、デリーの南東約二〇〇キロに位置するムガール帝国の旧都アグラであった。ここでもまずアグラの西約四〇キロの都市遺跡ファテープル・スィクリを訪れた。

原野に忽然と現れたインド砂岩の赤い都市遺跡建都の云われには、聖者の預言がある。当時ムガール帝国第三代皇帝アクバルは、アンベール城からアグラ城に迎えたヒンドゥの妃に世継ぎの息子が生まれず、アグラ西郊のスィクリに聖者を訪ねたところ、三人の息子を授かるとの預言を受け、やがて妃は身ごもり一五六九年男子を出産、その後予言はすべて的中したという。世継ぎ誕生後、アクバルは五年間で聖者の地スィクリに新王都ファテープル（「勝利の街」の意）を築いたものの、水不足が原因といわれ、わずか一〇余年使用した後に廃都となった。遺跡の保存状態は極めて良好で、インド北部の王都の雛型として、モスクやハワ・マハールをはじめとする宮殿の構成を内包している。また地域は異なるものの、その遷都の云われなど、使われずに現在に残った朝鮮王朝の城郭都市・水原華城と相通ずる為政者の理想都市の宿命のようなものを感じる。

ところで私の父は、私が大学三年の時に独立し、母とともに小さな貿易会社を設立した。その直接のきっかけとなったのが、当時の勤務先に現れたインド人占い師の予言にあった。占い師は過去をほとんど言い当てた後、今がチャンスで大いなる人が援助するであろうことを予言したという。勤務先で開拓していたアメリカのバイヤーに独立した場合の取引を打診したところ、全面的な応援を申し出てくれて、独立後は長年にわたり顧客として会社を支えてくれた。そんな経緯もあり、その夜、アグラのホテルで夫婦で占い師に名前と生年月日と手相を見てもらった。私たちの場合も過去はほぼ言い当て、今のところ子どもたちの動向を含めその後の予言もほぼ的中している。

アグラの名前の由来は、アーリア人の住居の意味のアリア＝グリハからくるといわれ、三〇〇〇年前のインドの古代詩のマハバーラタにもアグラバンの森の名が出てくるように、その歴史は極めて古いといわれている。アグラでは、まずムガール帝国以前からラジプートの居城があった要衝の地に建つアグラ城を訪ねる。城内の高台に設けられた望楼からヤムナ川越しに望む白いタジ・マハールのシルエットは、アグラでの映像的な記憶の最も深いところに定着している。そして私たちがタジ・マハールを訪ねた時はちょうど雨上がりで、濡れた基壇の上で川風に吹かれながら名建築の誉れ高い霊廟を仰ぎ見た。ムガール帝国第五代皇帝シャー・ジャハーンは、愛妻の死を悼み二二年間の歳月をかけてタジ・マハールを完成させた。ペルシャの建築家の設計といわれるタジ・マハールは、その基壇に立ち細かな文様の象嵌された白大理石のディテールに手を触れて感じる存在感・重厚感と、離れて見る白いシルエットの軽快感・浮遊感のギャップが印象的であった。二日後にデリーで見たフマユーン廟などに比較し、全体的に縦長のプロポーションや胴部に対し破格の大きさの頭部が、絶妙な浮遊感を生み出しているよ

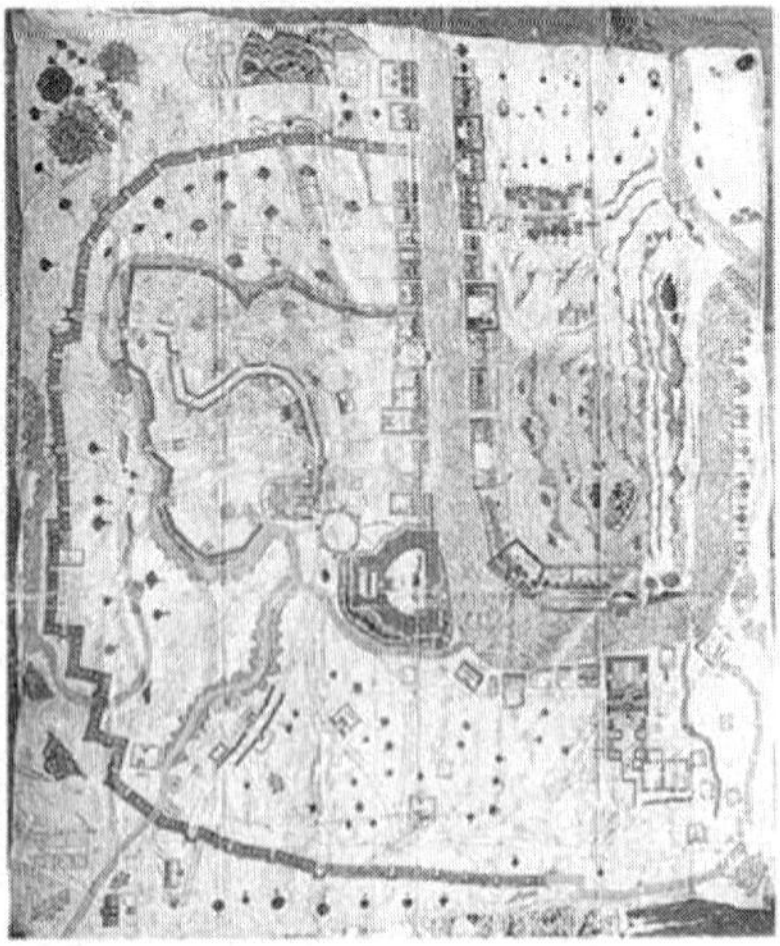

1

2

アグラ都市図およびアグラ城平面図
(出典:『都市史図集』)

うに思える。建設者シャー・ジャハーンが、ヤムナ川の対岸に黒大理石を用いたもう一つの黒いタジ・マハールを自身の霊廟として建て、白と黒の石橋で妃の霊廟とつなぐ壮大な計画を持っていたことや、王位継承の争いに敗れ息子の第六代皇帝によってアグラ城に幽閉され、タジ・マハールを眺めながら見果てぬ夢の生涯を終えた逸話は、本稿の執筆時に調べて知ることとなった。

その日はアグラのカント駅からヴァラナーシに向けて現地の人々で混み合う寝台列車で移動する。熱湯で入れるチャイの車内販売の光景と匂いが、記憶の奥から蘇る。また、ほとんど不透明に近い鉛色に汚れたガラスの車窓から眺めた集落の風景は、アジア的というよりも、高木と日干し煉瓦の土壁の混成する、西アフリカのサバンナから熱帯雨林にかけての風景に近い印象であった。

ガンジス河（ガンガ）中流域のヒンドゥ教の聖地ヴァラナーシの歴史は、古代詩マハバーラタの時代に遡るといわれる。ヴァラナーシで一日過ごした翌早朝、ガンガ西岸に無数に並び建つガートと呼ばれる沐浴場で、日の出を合図に沐浴を始める人々を見学するオップションに参加した。ベッドでぐっすり寝入る子どもたちをホテルの部屋に残し、妻と二人でダサシュワメードのガートから観光客用の乗り合いの手漕ぎの

ガートから沐浴を始めるヒンドゥ教徒たち

ボートに乗った。雨季で水かさの増した赤茶色に濁った河で沐浴する無数の教徒たちの姿は圧巻で、全国から集まる遺体の焼き場の煙と相まって、アジア的無常観を感じざるをえない。下流のマニカルニカのガートで下船し、ホテルに戻るバザールの細い路地には土産物屋が並び、さまざまなバティックや交接する無数の男女が極彩色で細密に画かれた曼荼羅が目を引いた。学生時代に傾倒した実相寺昭雄監督の「曼荼羅」を含むＡＴＧ三部作を想い起こし、今は失われた夜這いの慣習など、映画に描かれた前近代の日本の村社会にも通ずる現世と彼岸の表裏一体の死生観を感じた。

朝食後にバスで訪ねたヴァラナーシから北方約一〇キロのサルナートは、ブッダが最初に説法をした仏教の聖地で、最盛期には一五〇〇人余の修行僧がいたといわれる。発掘された大僧院の礎石や、グプタ朝時代の五世紀に建立されたダメーク・ストゥーパを始めとする各時代の仏教遺跡が、明るい公園として保存されていた。隣国ビルマのパガンやマンダレーの寺院やパゴダと組み合わせてみると、その形態や仏教の存在感のちがいが面白いが、ヴァラナーシのヒンドゥの生々しさの後ではいかにも過去の残影としての空虚さを感じた。

その日の夜、ヴァラナーシからデリーまで、再び寝台列車で移動する。今考えると子ども連れでかなりの強行軍であったと思うが、限られた旅行日数で充実した観光を果たすためのインド的な合理主義といえるのかもしれない。

朝方にデリー駅に着き、人・自転車・リキシャ・オートリキシャ・車であふれかえるチャンドニ・チョウク界隈の雑踏を行き来しながら、ラール・キラーやジャーミ・マスジットを巡り、そのスケール感とともにムガール様式の塔屋の異国情緒や赤錆色のインド砂岩の存在感に心が揺さぶられた。特に、インド最大のモスクといわれるジャーミ・マスジットから望む城塞ラール・キラーのシルエットが、その塔屋群の意匠によってか軽快に見えたのが印象に残っている。デリーのラール・キラーを訪ねたことにより、数日前に訪ねた同じヤムナ川沿いの下流二〇〇キロに建つアグラ城を相対的に理解することができる。共にレッド・フォートとも呼ばれるインド砂岩でつくられた二つの城塞、第三代皇帝アクバルの一五七三年創建を第六代皇帝の時代まで改修・増築を繰り返したアグラ城と第五代皇帝シャー・ジャハーンが一六四八年に創建したラール・キラーから、ムガール様式のアーキタイプ（建築型）の存在とその継承関係を感じることができる。

その日は比較的長い自由時間の中で、パハルガンジ（メインバザール）の高密市街地を探索した。屋階増築を重ねた四・五層の密着した家並の間の狭小な路地には、人と牛と車が混在し、路上のいたるところには汚水や牛糞が放置され、息子が「お父さんはなんで僕たちをこんな汚い所に連れてくるんだ！」と泣き叫びながらも、子どもたちが戦々恐々としながらついてきたのを憶えている。インドの旅を題材とした息子の夏休みの自由研究を取り出してみると、そこにはデリーの街について「牛、やぎ、犬などがはなしがいになっている。それで、すてられたゴミをあさっている。いたる所に動物や人間の便がしてあり、ゴミとこうのにおいでとてもくさい。はえが多い。ゴミをあつめて売る人もいる。車は左がわ通行だけど、信号や横だん歩道などが少なくて交通ルールが守れていない。人もオートリクシャー、じんリクシャーなどはお

穏やかな手術:現状(左)と改善後(右)(出典:THE CITY SHAPED)

しのけて走る。周りを見ていないとなにかがきそうでとてもこわい。とても歩けないぐらいきたない」との記述が見られた。さらにインドの子どもについて「インドは日本とちがってぼくの年齢くらいからはたらく子どももいる（紅茶や綿花を売ったりする。外国人を相手におみやげを売ったりする子もいる）。路上でねる子どもも多い。小さい子どもははだかの子もいる。学校にいける子どもはゆたかな家の子どもだけ。全体の五〇％の子どももしかいっていない。学校に行けない子どもたちはかわいそうだと思った。でも、ぼくぐらいの年からはたらくのはすごいと思った」という記述もあったことを幼い息子の名誉のため、追記しておこう。

当時の日本はバブル経済期の真最中で、再開発事業による界隈的木造密集市街地のクリアランスが全国で推し進められていた。仕事で歴史的市街地の保存再生にかかわり始めていた私は、都市生態学の草分け的存在であるパトリック・ゲデスという英国のエディンバラ大学の学者が、一九一〇年代にインドの密集市街地の環境改善に提唱した「穏やかな手術」という考え方に魅かれていた。そして、既存の環境に最小限の手を加えることにより環境の改善と継承を両立させるという、彼の提案を生んだフィールドを見てみたいと思っていた。とりわけ精密な調査を行わなくとも、現場を自分の目で見ることにより確信をえるという父親の道楽に家族が付き合わされたわけだが、その後の子どもたちの旅の仕方を見ると、あながち教育的な意味がなかったわけでもなさそうである。また、当時零細事務所を営みながら数次にわたる子連れ海外ツアーができたのも、バブルの恩恵といえよう。

デリーで面白かったのは、オールド・デリーとニュー・デリーの新旧対照である。デリーは、紀元前九〇〇年ころにガンジス河の支流のヤムナ川沿いにつくられた町に起源がもとめられ、一一世紀に当時の支配者によって築かれたラル・コート要塞が直接の始まりといわれている。その後、一六三八年にアグラからデリーに都を移したシャー・ジャハーンがジャーミ・マスジットやラール・キラーを建設し、現在のオールド・デリーの基礎を築いたといわれている。ちなみにシャー・ジャハーンは、タジ・マハールの建設者としても知られ、当時デリーはシャー・ジャハーンバッドと名付けられていた。デリーのジャーミ・マスジットから、後に見ることになったイスタンブールのモスクと異なった印象を受けたのも、建設者の意向によるムガール様式の影響によるものかも知れない。あるいは、まだ見ぬイラクやイランのモスクを見ることにより、その地理的変遷を理解することができるのかも知れない。

一方のニュー・デリーは、英国式大ロータリーのコンノート・プレイス以南の計画的市街地を指し、都市図上の街路パターンも実際の都市景観も北東に隣接するオールド・デリーとは全

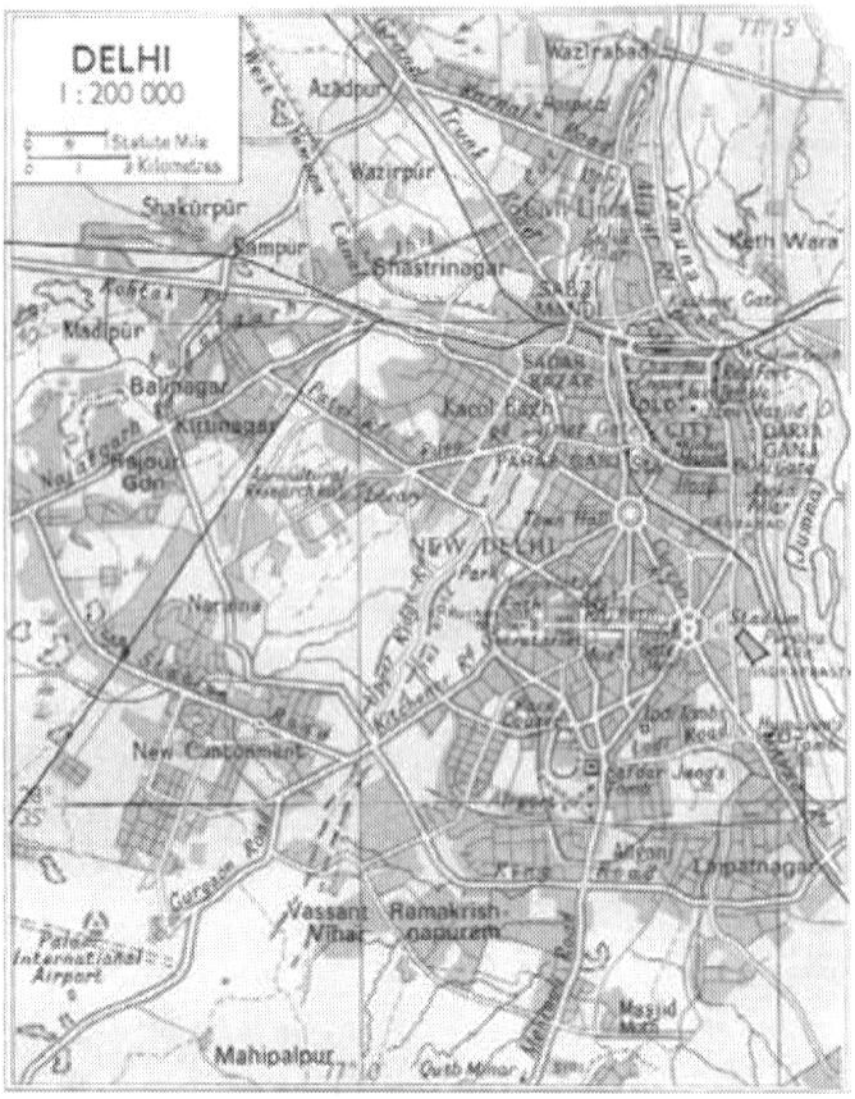

デリー都市図（出典:BARTHOLOMEW WORLD TRAVEL MAP）

く異なる様相を呈している。ラシュトラパティ・バーワン（インド総督府）とインド門を結ぶラージ・パス通りを基軸とするニュー・デリーは、英国植民地支配の首都がカルカッタからデリーに移された一九一一年に本国から乗り込んできた二人の建築家によって設計された街である。一部塔屋のデザインにムガール様式を採用しながら、当時の本国で隆盛を極めた新古典主義様式の建築とシンメトリーを基本とする権威的な都市デザインは、植民地の中枢に支配者側が持ち込む都市デザインとして、スケールこそちがえソウルの今はなき朝鮮総督府のモデルともいえよう。

デリーで強い印象が残る場所として、ムガール帝国第二代皇帝フマユーン没後の一五六五年に妃の一人によって完成されたフマユーン廟がある。後のタジ・マハールにも影響を与えたといわれる初期ムガール様式の庭園霊廟の傑作として観ておきたかったので、朝の自由時間に同行を希望した息子を伴い、タクシーでジャンタル・マンタル近くのホテルからニュー・デリーの整然とした街路を走り抜け、今は市街地の外れにある現地を訪ねた。朝靄の中に佇む霊廟には人影もなく、静謐な空間との対話を味わうことができた。

そして、もうひとつ思い出深い光景が、ツアーで訪ねたヒンドゥのラクシュミ・ナラーヤン寺院の一室で信者がシャーナイと思しきインドのリード楽器で奉納していた演奏である。まさにジョン・コルトレーン後期の前衛ジャズの演奏そのものに聞こえた。穿った見方かもしれないが、信者がコルトレーンの影響を受けたとは思えず、インド音楽に影響を受け「オム」（インドの奥義書で宇宙の根本原理を象徴する聖音）というアルバムまで制作したコルトレーンが出会い啓示を受けたかも知れない音楽ではなかったかと思われた。

✳トルコ西部の都市を辿る

二〇一〇年八月下旬の九日間、夫婦でトルコを訪ねた。若いころから私にとってはイスタンブール、妻にとってはカッパドキアがトルコへの引力であった。実際に現地を回ると、基層にヘレニズムから古代ローマが広がり、カソリックとイスラムがせめぎあうヨーロッパ世界の東端とオリエント世界の西端が重なるイメージを強くした。そして、遺跡から見晴らす大平原やその背後の山並み、海から眺めるモスクのシルエットなど、要所で往時の人々と自分の眼差しが同化したような錯覚に陥った。今思えば、このような眼差しとトルコに対して抱くオリエン

サフランボルのバザール

タリズムは、成長する環境の中で無自覚的にヨーロッパ化されてきた私自身の意識の産物であろうことに気づいた。

＊

広範囲に散在する歴史的環境を効率よく見て回るため、夫婦旅行としては初めて唯一旅行会社のパックツアーを利用した。成田を昼過ぎに出発し、直行便で一二時間かけ現地時間の夜半にイスタンブールに到着。ホテルで一泊後、翌早朝に国内便で首都アンカラに移動し、さらにバスに乗り換え約二一〇キロを三時間。強行軍ながら旅の始まりは日本の日常とのギャップから、眠気も感じずに車窓の新鮮な風景を楽しんだ。

最初に訪ねたのはサフランボルという、かつて香料のサフランの花が群生していたことから名付けられた街である。一一世紀に歴史に登場し、黒海と地中海をつなぐ交易路上の要衝として一七~一九世紀に繁栄したサフランボルは、冬の寒風を避けるため谷間に広場、モスク、ジンジ・ハヌ（ケルヴァン・サライ／隊商宿）、バザール、ジンジ・マハム（公衆浴場）などによって構成される中心街を設け、その周辺斜面に木造軸組の大型民家群による住宅街が迷路状に取り囲む。さらに多くの富裕階級は、夏に風通しのよい少し離れた高台に、夏の家を建てて夏の街を形成した。まさに季節移住が形になった街である。

その後二〇世紀前半に産業構造や交通手段の変化により交易路が衰退し、街も廃墟化しつつあったが、一九七〇年代に文化省が中心となって民家の保存運動が始まった。一旦廃墟化したせいか近代化の兆候が全く見られず、凍結後に解凍されたような現在のまち並み観光地区に至っている。冬の町の近景と夏の町の遠景が一望できるフドゥルルックの丘からの眺望や街歩きで遭遇したまちなみは、過度に観光化することなく、タイムマシンで訪ねた過去の風景のように見飽きることがなかった。

アンカラに戻り一泊し、翌日はバスで一路東方へ二二〇キロのハットゥシャシュを訪ねた。紀元前二〇〇〇年頃、インド・ヨーロッパ語族の一派が移動してきて、もともとこの地に住んでいたハッテイ人を支配し、史上初めて鉄器を使用する大帝国ヒッタイトを興したという。紀元前一八世紀から一二世紀の間のヒッタイト帝国の首都遺構ハットゥシャシュは、外周六キロの城壁に囲まれた北向き斜面に広がり、スフィンクス門と呼ばれる最高地点の城門からは城壁内はもとよりアナトリア高原を順光のもとに見張らせる広大な支配景域を持つ立地となっていた。ステップの草原にほとんど覆われた礎石の石組のみが残るが、発掘が続けられている大神殿ビュユック・タプナウからは、シリアの覇権をめぐり古代エジプトのラムセス二世とヒッタイト王ハットゥシリシュ三世の間で結ばれた世界最初の平和条約といわれる不可侵条約を示す粘土板が発見されている。紀元前一二世紀、「海の民」と呼ばれる諸集団の侵略により崩壊したとされる民族や帝国の興亡を今に伝えるに足る壮大な遺構である。

午後には進路を南方に向け約二一〇キロ、カッパドキアのギョレメにある横穴式洞窟ホテルに宿をとり、夕食は大きな洞窟内のレストランでまろやかな赤ワインと地元料理に喉の渇きと疲れを癒した。カッパドキアとはアンカラを中心とする中央アナトリアの地方名称で、六〇〇〇万年前の火山活動による火山灰の堆積で形成された凝灰岩層が浸食された特異な地形が広がっている。その中に、七世紀にアラブ・イスラム勢力の侵入から逃れたキリスト教徒によってつくられた洞窟教会や地下集落の遺構が南北五〇キロにわたり分布している。

翌朝、洞窟に設えられた部屋から朝食会場のテラスへ出ると、見渡す限りの奇岩群の上に無数の気球が浮かんでいた。予期せぬ壮観に出会い、ギョレメが気球観光のメッカであることを知った。この日は、約三〇の洞窟教会が集まる谷を公開したギョレメ野外博物館、九世紀から一〇世紀にかけてイスラム教徒の迫害を逃れたキリスト教徒が暮らした蟻の巣状の地下都市の一つで地下八階におよぶカイマクルを訪ね、キリスト教の根強さを実感した。その後一四世紀にキリスト教徒がギリシャに移住後は、洞窟教会や地下集落は廃墟化したといわれるが、横穴式住居はこの地域の風土に即した住居形式として、日干し煉瓦造の住居と併存している。

歴史的な隊商宿（ケルヴァン・サライ）の建築を再利用したレストランで昼食をとった後、進路を西方に向け約二二〇キロ、休憩地のスルタンハンで文化財としてオリジナルな形が保存されたケルヴァン・サライを見学して古都コンヤに投宿。

コンヤは一一〜一三世紀セルジューク・トルコの首都であった。現在は観光都市というよりも地方中枢都市といった雰囲気で、夕食後、寝酒の仕込みに街に出たが、食料品店にも大型スーパーにも全く酒類が置かれておらず、さすがイスラム神秘主義教団「メブラーナ教」発祥の地だけあると妙に納得せざるをえなかった。メブラーナ教は、一三世紀にイスラム神学者メブラーナによって創始された教団で、くるくると旋回しながら踊ることによって神と一体になれるという教えを持つ。一九二五年の改革により宗教活動は停止されたが、旋舞は毎年一二月に観光用に公開されるという。

ヒエラポリスの野外劇場

翌日は、現在博物館として公開されているメブラーナの霊廟を見学後、今回の旅の最長スパン約四三〇キロ、六時間の行程でトルコ有数の温泉地パムッカレを目指し、到着した時には陽が西に傾きかけていた。急傾斜地に段々に連なる石灰棚に、温泉水の溜まった真っ白な棚田のような池群に人影が長く伸び、ゆったりと足湯と奇観を楽しんだ。

石灰棚を抱く丘の上には、ハドリアヌス帝やカラカラ帝も訪れたといわれる古代ローマ時代の都市遺跡ヒエラポリスが広がっていた。紀元前一九〇年ペルガモンの王が戦功でえた町を発展させ、二〜三世紀にローマの直轄統治領として最盛期を迎え、一三五四年に震災で崩壊するまで都市の命脈を保ったという。遙か彼方まで高原を望む丘のエッジに、斜面に埋め込むように設えられた急勾配の野外劇場の遺構は保存状態も良く、一万人収容の客席上部に立った時の奈落の底を覗きこむような迫力は強烈であった。夜はホテルで水着着用の温泉プールに入ったが、かつて入ったことのあるドイツの温泉保養地バーデン・バーデン同様、癒され感が全く無く、日本の温泉の魅力の足元にも及ばずであった。

翌日はさらにバスで西方に向かい約二一五キロで、エーゲ海沿岸で最大の古代ローマ都市遺跡といわれるエフェソスを訪ねた。紀元前二〇〇〇年アナトリアの地母神キベレの神殿を持つ集落から発したエフェソスは、一四世紀のオスマントルコ時代にマラリアの恐怖から人々が逃げだし町が衰退するまで、長期にわたり生命を保った港湾都市である。中心となる遺跡は、一世紀から四世紀の間のローマ時代のもので、高低差のある地形の中に通りの軸線とアイストップや視点場が織り成す当時の都市景観を彷彿とさせる。特に二万四〇〇〇人収容の野外劇場上部からの眺めは圧巻で、古代都市と地形の邂逅の妙を満喫させてくれた。

その日は、さらにバスと鉄道を使い約三〇〇キロ北上したエデレミットのエーゲ海に面したホテルに宿泊した。ヒエラポリスからエフェソスと続けて見ることで、古代ローマ帝国共通の都市インフラの一端を実感した。同様の古代ローマ都市遺跡は、訪れることのできなかったヒエラポリス近傍アフロディシアス、エフェソスの北に位置するエーゲ海沿いのペルガマ他、トルコ国内に点在するという。

翌日はさらにバスで一五〇キロ北上し、ギリシャ神話「トロイ戦争」の舞台であるトロイ遺跡を訪ねる。ドイツの実業家考古学者シュリーマンの発掘によって発見されたといわれるトロイ遺跡からは、ヒエラポリスやエフェソスの古代ローマ都市遺構に比較すると空間的に地味な印象を受けた。しかしトロイ遺跡の迫力は、地上に現われた空間にではなく、その展示にも示されている紀元前三〇〇〇年からＡＣ四〇〇年の間に地下の地層に積み重ねられた九層にわたる都市遺構の時間の重みにある。トロイ遺跡見学後、チャナッカレからフェリーでダーダネルス海峡を渡りバスで三二〇キロのイスタンブールに到着したのは夜半で、ほとんどの時間を車中で過ごすパックツアーの最後の移動日を終えた。

旅程最後の二日間は、トルコ最大の都市イスタンブールで濃密な時間を過ごした。

現在のイスタンブール市街は、まず大きくボスフォラス海峡の東に広がるアジアサイドと西に広がるヨーロッパサイドに分けられる。さらにヨーロッパサイドは、ボスフォラス海峡から西に切れ込んだ金角湾の南側の旧市街と北側の新市街に分けられる。旧市街は紀元前三〇〇〇年紀前半から紀元前二〇〇〇年紀はじめのトラキア人の定住都市に発しているという。紀元前八世紀以降古代ギリシャの植民都市ビュザンティオン、四世紀には東ローマ帝国の首都コンスタンティノポリス、さらに一五世紀からオスマントルコ帝国の首都イスタンブールと名前を変えて紀元前から現代に生き続ける旧市街地は、三方を海に囲まれた天然の要害を利用した防衛的な都市の立地の極みといえる。

初日にはまず、古代ギリシャの植民都市時代のアクロポリスが立地していたトプカプ宮殿を訪ねた。

オスマントルコ時代に四〇〇年間皇帝の居城として使われたトプカプ宮殿は、現在も遺構が

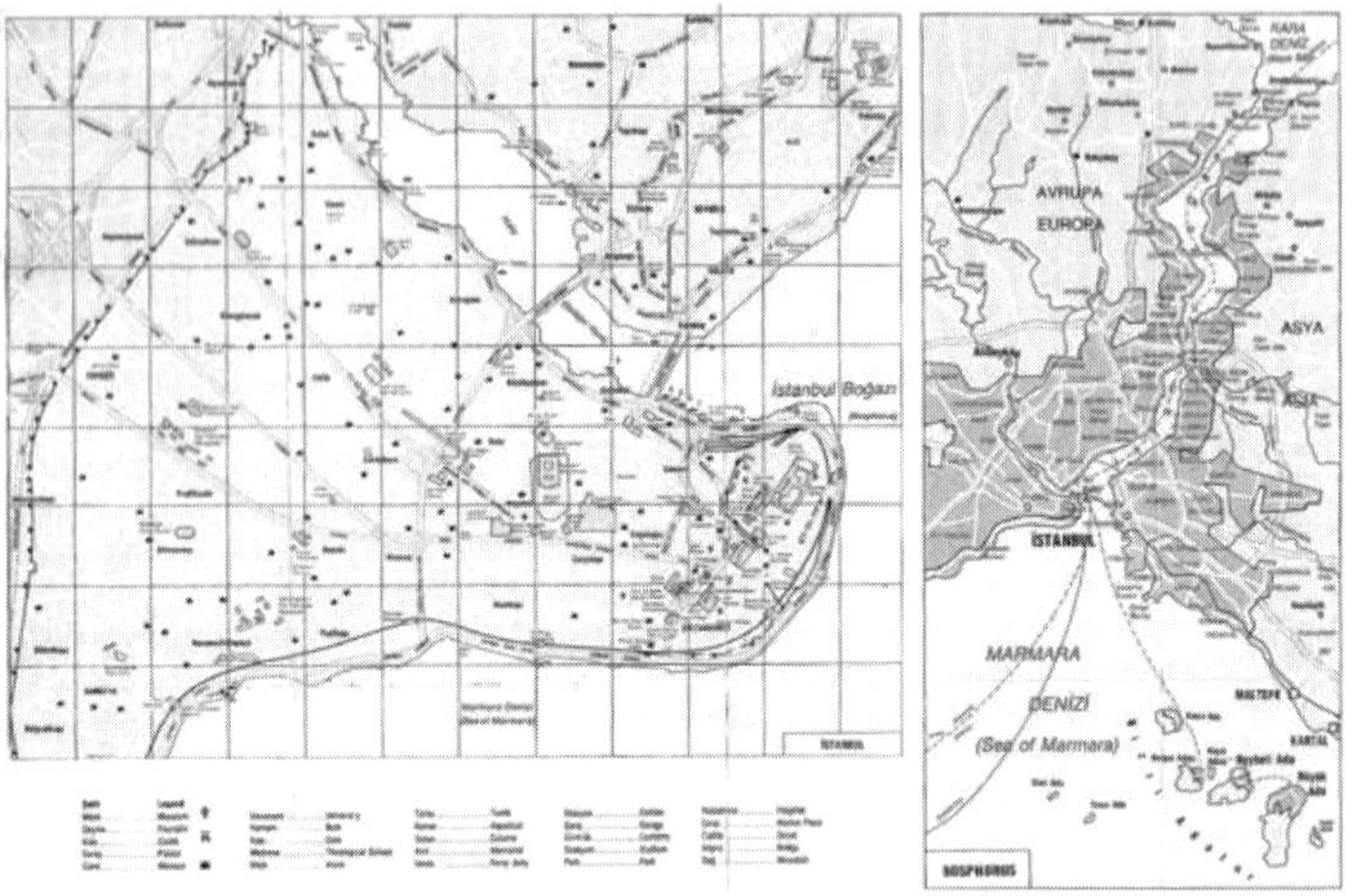

イスタンブール都市図（出典：TOURISTIC MAP OF TURKEY）

残るローマ時代の水道橋や地下宮殿と呼ばれる大地下貯水池がその水源となっていたという。現在は広大な敷地全体が博物館として活かされ、その一画からはボスフォラス海峡と金角湾を前景に、アジアサイド市街とヨーロッパサイドの新市街を見晴らすことができる。そして午後には、学生時代からの念願の、一七世紀オスマントルコ時代の傑作で通称ブルーモスクと呼ばれるスルタン・アフメット・ジャミィを訪ね、本格的モスクの内部空間を堪能した。さらに、夕方の海峡クルーズと下船後に登った新市街に位置するガラタ塔からの旧市街の眺めが、イスタンブールの都市イメージを脳裏に刻むこととなった。夜はディナーショーで、踊り子によって全く印象の異なるベリーダンスの妙を楽しんだ。

最終日には、ハギア・ソフィア大聖堂、グランバザールを訪ね、シーフード街で最後の昼食をとり空港へ向かった。二日間のイスタンブール探索において、圧巻は何といってもハギア・ソフィアで、その内部空間の圧倒的な迫力、外部の存在感と複合性は他の建築をはるかに凌ぐ。ハギア・ソフィアの献堂は五三七年、前身の教会堂は三六〇年に献堂。震災等によるドームの崩落を繰り返し、内部の高さ五六メートルの現在のドームは一四世紀の修復工事によるものであるという。古代キリスト教会堂が一四五三年以降モスクに転用され、近年イスラム文様の下からキリスト像他のモザイクが再発見されたハギア・ソフィアから、地中海世界のカソリックとイスラムの興亡を垣間見る思いがした。

イスタンブールの旧市街地は、これまで私が見てきた都市建築複合体として最上位の完成度を示す。しかし現地人ガイドによれば、かつて厳しい景観コントロールが課せられていたイスタンブールも近年の規制緩和によって超高層ビルが増え、そのスカイラインが変化しつつあるという。遅まきながらの建築の高さ制限を英断した京都を想い起こし、グローバル化世界における都市の価値選択について考えさせられた。しかしそれにもかかわらず、ボスフォラス海峡を挟みヨーロッパとアジアを結節する世界都市イスタンブールは、私の記憶の中に最も魅力的な都市の光景のひとつとして印象を宿している。

金角湾から望む旧市街のシルエット

実質二日間の滞在でヨーロッパサイドのごく一部を見て回ったのみだが、初日午後約一時間の海峡クルーズが決定的な記憶を私の脳内に記述した。今振り返ると、いくつかの記憶との連合によってその時間の体験に深度が与えられたように思う。

まずは、前後に回った旧市街の歴史的建築物群をはじめとする都市建築複合体を金角湾〜ボスフォラス海峡〜マルマラ海の三方海上から都市の立面としてぐるりと見回せたこと。さらには、前日にフェリーで渡ったマルマラ海南方のダーダネルス海峡をさらに南進すると、環エーゲ海のいまだ訪れたことのないギリシャ世界に通じているという思い。そして、クルーズ船はボスフォラス海峡北方の日本の技術協力によって架橋された第二ボスフォラス大橋でUターンしたのだが、そのまま北上すると旅のはじめに訪れたサフランボルが陸路でつなぐ黒海に至り、ソヴィエト連邦崩壊の一舞台となったクリミア半島や最愛の映画のひとつ「ピロスマニ」の舞台グルジアにつながるという、まさに記憶の中の時空を巡る思いが錯綜した。

ところでトルコ料理は、中華料理、フランス料理と並び、世界の三大料理と言われるとのこと。滞在中、朝食以外はトルコ料理を食べ、トルコのワイン、ＥＦＥＳビール、葡萄から造る蒸留酒のラクを飲んだ。オリーブオイルで炒めた野菜と肉が中心の料理は、最初の二日はいけると思ったが、日を重ねると種類が異なっても同じ味に感じられ、最後は食が進まなくなった。だが、種類の多いオリーブの実やチーズ、トルコ風ヤキトリといったチョプ・シシやトマト味のイワシのマリネは美味しかった。ラクは学生時代に山旅に持参し強烈な印象が残るアブサン同様、水で割ると透明な酒が白濁し強い芳香を発し、一回飲めば十分だが、カッパドキアの赤ワインは酸味と渋みが調和し、酒の味にこだわらない私としてもお薦めだ。

＊

トルコ族はバイカル湖とアルタイ山脈の間に遊牧民族としての起源を持ち、六世紀以降西進を始め一一世紀にアナトリアにセルジュク朝王国を樹立し、一三世紀末から二〇世紀初頭にかけてのオスマン朝王国を経て現在のトルコ共和国に至る。ガイドにトルコ人のルーツと東ローマ帝国以前の歴史との不連続性についてどう思うか尋ねてみた。彼女曰く「トルコの学校では民族の起源が中央アジアにあることは教えるが、歴史的に混血が進み同じトルコ人といっても親類でさえ目や髪、肌の色もさまざまで民族意識はあまり強くない。現在のトルコ共和国に住んでいる人がトルコ人であり、国土に重層している歴史がトルコの歴史である」とのこと。バリ島のガイドによる強固なバリ人意識やわれわれの日本人意識との差異は、島国と大陸とのちがいにあるのだろうか。

- UK-1 チェスター
- UK-2 グラスゴー
- UK-3 ヨーク
- UK-4 バース
- UK-5 コッツウォルズ
- UK-6 レッチワース
- UK-7 ケンブリッジ
- UK-8 フェリックストー
- ES-1 グラナダ
- ES-2 ミハス
- ES-3 ロンダ
- ES-4 セビリア
- ES-5 コルドバ
- G-1 カッセル
- G-2 ハノーファー
- G-3 ライプチヒ
- G-4 ドレスデン
- C-1 プルゼニ
- G-5 ニュルンベルク
- G-6 バーデンバーデン
- S-1 グリンデルヴァルト
- S-2 ツェルマット
- F-1 シャモニー
- I-1 ボローニャ
- I-2 ラヴェンナ
- I-3 ヴェローナ

第5章　ヨーロッパの諸相

＊北伊六都巡礼

イタリア旅行は、一九九一年の夏に子ども連れでの渡航を目前に、家庭の事情からキャンセルした経緯があり、私たち夫婦にとって長年の夢であった。妻の強い希望によって実現したのは二〇年後の二〇一一年の夏で、すでに子どもたちは社会に巣立ち、北イタリアの六つの都市を巡る熟年夫婦旅行となった。都市建築の歴史的継承の現場を見て回りたいという私の旅の目的は、充分に達成された。予測できなかったのは、その背景にカソリックの意識操作性を強く感じてしまった、自分自身の反応であった。

フィレンツェ――意識誘導装置としての都市

八月下旬、早朝に自宅を出発し、成田からフランクフルト乗り継ぎ便でフィレンツェのペレ

ドゥオモとフィレンツェ街区俯瞰

トラ空港に到着したのは現地時間の午後六時前。シャトルバスで駅前に移動し、地図を頼りに暮れかかった街を歩き、ネットで予約しておいた三ツ星ホテルのモランディ・アッラ・クロチェッタを探す。捨て子養育院の裏路地に面した素気ない入口には何のサインもないが、内部は修道院を改修したこぢんまりとした快適な宿で、滞在期間中他の客と顔を合わせることはほとんどなかった。

翌日は朝一番に、ルネサンス建築家の巨匠ブルネッレスキ設計のドゥオモを訪ねようと街に出る。細街路のアイストップとして圧倒的存在感を示すドゥオモの存在に、最初から建築的に組み上げられたヨーロッパの歴史的都市の神髄にぶちかまされた思いがした。

ドーム内部の狭い階段を上り頂部の展望室に出ると、そこからの眺めには、近代建築に侵されることなく、歴史的集合住宅による街区という「地」に、強烈なファサードを持ったカソリック教会という「図」を埋蔵する、中世から近世に至るヨーロッパ都市建築装置が手に取るように広がっていた。

さらに新市場のロッジア、ヴェッキオ橋、サント・スピリト教会と見歩き、近くのレストランでイタリア初のパスタとリゾットの昼食を味わう。午後は最初に、ピッティ宮とボーボリ庭園を訪ねる。広大なボーボリ庭園では、高低差の著しい地形にオーバーレイされた強引な透視図法的景観設計を体験するが、東洋の回遊的、イスラムの迷宮的景観設計とは全く印象が異なる。これが個人主義の出発といわれるルネサンス的視覚世界なのだろうか。

すでに相当歩き疲れていたが、この日中にアルノ川南岸を回りつくそうと、ミケランジェロも讃えたといわれるサン・ミニアート・アル・モンテ教会に向かうが迂闊にも道をまちがえ、遠回りの一本道を目的地に達するまでに一時間以上かかった。しかし、夕日を浴びて輝く色大理石と金彩のファサードやゴシック教会堂とは異なる内部空間の軽やかさからは、優れた近代建築に接した時のような心地よい新しさを感じ、一瞬疲れを忘れさせてくれた。近くのミケランジェロ広場から夕景に沈む旧市街地を眺めた後、途中のレストランでワインとパスタの夕食を済ませ、宿に帰った時には初日にもかかわらず、すでに肉体的にも精神的にも疲労の限界に達していた。

翌日は、終日アルノ川北岸のフィレンツェ旧市街を歩いた。午前中にドゥオモ付属美術館、ジョットの鐘楼・洗礼堂、チョンビ市場のロッジア、サンタ・クローチェ教会をはしごした。昼食はパン屋のオープンカフェで済ませ、午後にシニョリーア広場、ヴェッキオ宮、オルサン・ミケーレ教会、サン・ロレンツォ教会、アリエント通り、メディチ・リッカルディ宮、サンマルコ美術館と歩き回った。

この日最も充足感を味わったのは最後に訪ねたサンマルコ美術館で、もともと修道院の修道士のための各個室の壁に描かれたジョットのフレスコ画を一般公開する場として改装された、いかにもイタリアらしい美術館である。これまで海外を旅する際には、美術館や博物館はその建築そのものが目的である場合や展示内容が訪問地の歴史や産業にかかわる場合を除き、敬遠してきた。せっかくの限られた時間を、遠方から収集した作品や展示品を見ることに充てるよりも、その場所固有の環境そのものを味わいたいと思うからであった。

日が傾き始めた頃、歩くのもつらい状態で一旦ホテルに戻り、妻がベッドでひと眠りする間、近くのサンティッシマ・アンヌン・ツィアータ広場で捨て子養育院のファサードをスケッチして楽しむ。旅に出たときのみのへたくそなスケッチは、急ぎがちなペースに少しでも緩やかな時間を織り込み、カメラで一瞬を切り刻むのではなく、対象の細部に眼をやるためである。捨て子養育院の壁面に埋め込まれた陶製メダイユの一つ一つの捨て子の絵柄は、スケッチをする時間の中ではじめて意識的に見ることになる。

日の暮れる頃、夕食がてら翌日のイタリア初の鉄道乗車に備えたチケット購入と近代建築初期の名作見学を兼ね、フィレンツェ・サンタ・マリア・ノヴェッラ駅へ向かった。イタリアの近代建築は、ドイツやフランスのそれと一線を画し、どこか歴史的な連続性や地域性を感じさせる作品が多いが、この駅舎も地味ながら、周囲の歴史的街区と対照的でありながらも違和感のない都市建築の佳作であった。

フィレンツェ最終日はホテルをチェックアウト後、タクシーで駅の近くのサンタ・マリア・ノヴェッラ教会を訪ね、イタリア国鉄のユーロスターで次の訪問都市ボローニャに向かった。今思えば、三泊でフィレンツェの街を踏査できると考えたことに過ちがあったが、この強行軍が北イタリアの都市が持つ意識操作性を強く印象づけることになった。

ボローニャからラヴェンナへ――個人意識の発生前後

ボローニャでは、第二次世界大戦後イタリアでいち早く取組まれ現在も続けられているチェントロ・ストリコ（中心市街地）の統合的保存政策の現場を見ることが目的であった。

まずは街の中心に位置するマッジョーレ広場に出て、市庁舎界隈から歩き始めた。ボローニャで最も強く印象に残った光景が、街の中心に位置し、ヨーロッパ最古の大学として一一世紀に創設されたボローニャ大学の解剖学大階段教室であった。教会の反対をものともせず世界初の人体解剖が行われたといわれる教室には、中央に白大理石の解剖台が置かれ、教壇背後に皮を剥がされた二体の人体彫像が屹立し、科学的真理探求思考としての近代合理主義の出発を宣言しているようであった。

ボローニャ大学を出た後、サンタ・ルシア教会からサント・ステーファノ教会群や広場界隈にかけての歴史的街区再生を見回った。「都市住宅」というすでに一九八

ボローニャ大学の解剖学教室

六年に廃刊となったクリエイティブな雑誌の中で、イタリアの歴史的環境保全を特集した一九七六年七月号は私にとって大切な蔵書の一冊である。そこに掲載された記事の現場を辿ったのであるが、驚くべきはいまだに保全再生工事が継続されていることであった。中心広場から一キロも離れていないが、この辺りのアーケードでは店舗の多くは店を閉め、駅と中心広場をつなぐアーケードの賑わいとは全く異なる様相の街が続いていた。

一旦大通りに出て、妻がカフェで休む間に疲れた足に鞭打ちながらボローニャの斜塔に登り、ところどころに中世の栄光を宿した塔が建つ旧市街地全体を俯瞰する。紀元前二世紀の古代ローマの植民市ボノニアに始まり、中世には自由都市として成長し一三世紀半ばには市の中心部に有力者が建てた一八〇を超える塔が林立したといわれる。ルネサンス期には芸術都市として名を馳せ、現代でもエミリア・ロマーナ州の州都として命脈を保つボローニャは、イタリアの歴史的都市の典型ともいえる。

翌朝も前掲雑誌の記事を辿り、旧タバコ工場跡地を利用した公園の都市デザインを視察した。優れたデザインのサインにもバンダリズムの落書きが残り、文献で読むのとは異なる成功と失敗の混在する歴史的環境保全の現実に触れることができた。

昼前にボローニャを発ち、ローカル列車で八〇分のラヴェンナに向かった。駅からバスに乗り換え訪ねたのは、畑の広がる小集落に建つサンタ・ポッリナーレ・イン・クラッセ聖堂。フィレンツェやボローニャの教会堂とは異なる、中世ロマネスクの素朴な内部空間の魅力をじっくりと味わった。畑の中のバス停から再び駅に戻り、徒歩でポポロ広場にほど近い三ツ星ホテ

ネオニアーノ礼拝堂のモザイク画

ルにチェックイン。コスタ広場のオープンカフェで昼食をとったのち、レンタサイクルを借りて、国立博物館、ガッラ・プラチーディア廟、サン・ヴィターレ教会、ネオニアーノ洗礼堂、ドゥオモを巡る。街全体に埋蔵されたヒューマン・スケールのビザンチン・モザイクの空間は、個人意識のない中世世界観に満たされ、そこに立つ者の心を解きほぐしてくれる。夕食も街角の小さなレストランの路上テラスで、リーズナブルなワインとパスタを楽しむ。

翌日は再びレンタサイクルを借りて、アリアーニ洗礼堂、サン・フランチェスコ教会、ダンテの墓、サンタ・ポッリナーレ・ヌーヴォ、さらに駅裏のガンディアーノ運河周辺やテオドリック王廟を回った。昼過ぎにラヴェンナからローカル線で一度ボローニアに引返し、ユーロスターに乗り換えヴェネツィアに向かった。車窓には穏かな農村風景が続き、ラヴェンナはそのこぢんまりとしたスケール感も相俟って、今回の旅で最も居心地の良い街となった。

ヴェネツィアからヴェローナへ――レスタウロの建築家カルロ・スカルパ賛

ヴェネツィア駅の改札を出ると目の前に大運河の乗船場が並び、まさに水の都に降り立った実感がする。宿泊予定日の適当な宿が見つからず、やむなく私が日本からネットで予約した駅にほど近い一ツ星ホテルにチェックインするが、トイレバスが共用で三泊過ごすに耐えられないと、旅の思い出を大切にする妻の機嫌が急降下した。

街歩きを始めて早速マイ・フェイヴァリット・アーキテクトの一人カルロ・スカルパの改修した小品カルミニ教会とサン・セバスティアーノ教会を訪ね当て嬉しがる私に対し、レデントーレ教会やサン・ジョルジョ・マッジョーレ教会を対岸に臨むザッテレあたりでついに妻の堪忍袋の緒が切れた。そこからは妻の命に従い、翌日からのホテル探しに奔走することになった。あいにくヴェネツィア映画祭の会期中もあってか、ガイドブック頼りに何軒か電話するもどこも満室。致し方なく歩いて妻の許容限度内のホテルを一軒一軒チェックするが、なかなかこれといったホテルが見つからない。どうにか一〇軒目くらいで細い路地の奥に歴史的建築を再利用して最近始めたらしいリーズナブルな二ツ星ホテルが見つかり、機嫌が直ってホテルの近くのレストランで遅めの夕食となった。

翌日の午前は大運河のヴィボレット（水上バス）に乗って、いわゆる名所といわれるカドーロ、魚市場、リアルト橋、サンマルコ広場・鐘楼・ドゥカーレ宮殿と一通りはしごした。午後にはカルロ・スカルパの晩年の円熟作クェリーニ・スタンパーリア美術館と出世作オリベッティ・ショールーム、そしてサンマルコ寺院をゆっくり訪ね歩いた。スカルパの作品は、長年作品集で見慣れていたものの、そのディテールの魅力は実物を見ることで初めて充足感を満たしてくれた。若いころからのあこがれの作品に出会えたその夜の夕食は、魚市場裏の庶民的なレストラン、ヴィーニ・ダ・ピント。臨席したリールから来たフランス人老夫妻とお互い片言の英語で世界旅行体験を語り合ったが、彼らの一押しはフィレンツェとやはり車のないヴェネツィアであった。

ムラーノ島の運河に接岸された八百屋

確かにヴェネツィアの最大の魅力は、大通り（車）のない心地良さ、即ち大運河のヴィボレットにゆったり流れる時間感覚だった。そのことを確信したのは、滞在三日目にヴィボレットで訪ねたムラーノ島とリド島の印象のちがいからであった。護岸を打つ波音の中、運河沿いに延々とガラス工芸品店が連なり、ヴェネツィアの素形を髣髴とさせるひなびたムラーノから、ヴェネツィア映画祭の会場となっていたリドに渡ると三日ぶりに車の走る道に再会し、車のない街の魅力を改めて気づかせてくれたのだ。夕食はリーズナブルな値段で美味しい魚介料理が満喫できたので、昨夜の店でリピート。

翌朝ほとんど観光客の訪れることのないゲットー（ユダヤ人街）を散策し、普段着の街を楽しんだ。

そしてヴェネッツィアからミラノへの移動の間にヴェローナに途中下車したのは、ひとえにスカルパの代表作カステル・ベッキオ美術館見たさ故であった。駅に荷物を預け、バスでブラ広場へ移動し、ローマ遺跡アレーナからエルベ広場・シニョーリ広場と歩くに程よいスケールの街であった。その中で、ヴェローナ銀行とカステル・ベッキオ美術館で今回の旅のスカルパ実作体験はダメ押しとなった。いずれもレスタウロと呼ばれる、歴史的建築の改修設計で、独自のディテールの構成の妙は、文章はもとより写真ですら伝えることは難しい。それらに加え、ヴェローナでの拾い物は、大味なフィレンツェのボーボリ庭園の名誉挽回となるイタリア式庭園の佳作ジュスティ庭園とトルコのそれとは一味違うヒューマン・スケールのローマ遺跡テアトロ・ロマーノであった。

ジュスティ庭園

ミラノ——現代建築のコンテクストを想う

ヴェローナからミラノ中央駅に着いたのは夕暮れ時で、折しも雷鳴轟く激しい夕立のさなか。雨宿りした駅のコンコースでは、ムッソリーニ時代の様式主義建築の威圧感が、ほぼ同時代のフィレンツェ駅舎のモダニズムとの好対照を示していた。ミラノ駅を出ると、駅前でいきなり近代建築の秀作といわれたピレッリ・ビルと遭遇するが、すでに夕闇が迫っていたため、足早に駅から徒歩圏内の四ッ星ホテル・メディオラヌム（ラテン語でミラノの意）に向かう。強烈な色彩を心地よく使った客室の大胆なインテリアは、歴史的建築の外観とコントラストを成し、最後の宿でイタリアのモダンデザインの醍醐味を味わうことになった。夕食は近くの食料品店で果物などを買い込み、部屋で簡単に済ませる。

ガララテーゼ集合住宅

帰国前の二日間は、終日ミラノ市街見学に充てる。一日目は午前にドゥオモ、ガッレリア、メルカンティ広場、スカラ座、ポルディ・ペツォーリ美術館といった定石スポットを巡り、午後にはヴィラ・ネッキ・カンピーリオで近代企業家の邸宅と庭を見学、最後に二〇世紀美術館を訪ねた。

これまで回ってきた五都市では、ほとんど近世以前からの歴史的環境を巡ってきたためか、ドゥオモの屋根の上から偶然見つけた地域主義的近代建築の秀作といわれたヴェラスカの塔のシルエットや、近代邸宅ヴィラ・ネッキ・カンピーリオからは、妙に懐かしい新鮮さを感じた。

二日目は朝から電車を乗り継ぎ、郊外に建つガララテーゼ集合住宅を訪ねる。大学院時代に近代建築の単体主義から現代建築のコンテクスチュアリズム（都市的文脈主義）への転換を示す話題作として一世を風靡した、カルロ・アイモニーノと弟子のアルド・ロッシの共同設計の集合住宅である。ジョルジョ・デ・キリコの絵画作品「通りの神秘と憂鬱」を想起させる詩情は、写真からの方が強く訴えかけてくるものの、ある種中世に通じるイタリア現代建築のデジャヴ的魅力は築後三〇年以上経過した今でも伝わってくる。再び中心市街地に戻り、サンタ・マリア・デッレ・グラツィ教会、スフォルツァ城、運河の残るナヴィリオ地区を巡り、昼食は場末のトルコ料理店に入る。午後にサンタン・ブロージェ聖堂を見学した後、ドゥオモの隣のデパートで土産を見繕い翌日の帰国に備えた。やはりサンタン・ブロージェ聖堂のロマネスクの空間的意匠が、キリスト教会という建築的コンテンツを超えて心に訴えてくるのは何故なのだろうか。

帰国予定日朝一に、イタリア統一の歴史を学ぼうとリソルジメント博物館に寄った後、高速バスでマルペンサ空港に着くと人があふれ異様な気配。イタリア全土に繰り広げられた労働ストライキにより、私たちの予定便を含め多くの便が欠航とのこと。朝から夜まで街を歩き、ほとんどニュースを見ていなかったため、状況を理解するのに手間取った。結局航空会社の用意

ソマ・ロンバルド風景

した空港近くのホテルで一日延泊となり、ホテルのあるソマ・ロンバルドという小さな集落で予定外ののんびりとした半日を過ごし、期せずして旅の最後にイタリアのふつうの田舎町の豊かさに触れることとなった。

北部イタリアの中心都市ミラノは、首都ローマに次ぐイタリア第二の都市で、今回訪れた六都の中では最も現代的な都市であるとともに、空間的な魅力が最も乏しい都市であった。勿論東京などに較べれば、はるかに歴史的都市空間の継承ができていて、日本でいえば京都くらいの感じか。

ミラノで想ったのは、建築学科の学生の頃に頭に叩き込まれた金科玉条としての近代建築の意味である。ミラノ駅前で出会ったピレッリ・ビルとイタリアン・ゴシックの頂点ドゥオモの屋根から発見したヴェラスカの塔は、高校で建築学科進学を目指したころ、モダニズムと歴史主義という対照的な作風の近代建築の話題作として書籍で取り上げられていた。そしてミラノ滞在二日目に訪ねたガララテーゼの集合住宅を含め、いずれも歴史的都市建築にどのように対峙するかという近代建築以降の命題を背負った作品であった。

大学の同級生でローマ大学の大学院に留学した友人が、日本に帰国後話してくれたイタリア建築事情は、建築学科を卒業して設計の仕事に従事しても、イタリアでは新築の設計に携われるのは一生に数件でほとんどは歴史的建築の改修とのことであった。そして書籍で参照していた新築の作品に、時代の波を経て今現地で立ち会うと、やはりその短命を思わざるをえない。そして、物量的な規模においてこれらの作品とは比較にならないスカルパのレスタウロの小品群に、建築における地域の歴史的継承の意味を見る思いがした。

帰国直後の予定をキャンセルし、翌日一日遅れでミラノのマルペンサ空港を発ち、機内一泊で成田に戻った。

＊

北イタリアの六都を巡るこの旅で、洗礼堂や修道院を含めおよそ三〇カ所のキリスト教施設を回った。いずれも十字架のイエスを配した空間からは、無宗教の私には集団意識の誘導装置としての、まさにヨーロッパ化の延長線上のグローバル化の原動力をいやというほど見せつけられる思いがした。旅の結果思い出したのが、三五年以上前に書いた卒業論文であった。ルネサンス以降の個人意識の発現が、近代建築・都市デザインの作品主義を助長した結果、環境の全体性崩壊を招いたことをヨーロッパの建築家の設計理念の変遷から説明しようとした若き拙稿であった。三五年経ってもヨーロッパの歴史との対峙という同じ思考を、螺旋的に繰り返している自分を再認識したわけである。

✺ 中欧の都市と集落の旅

一九八九年七月下旬から二二日間にわたり、再統一直前の東西ドイツ～チェコスロバキア～

スイス～フランスを訪ねた。当時仕事でお世話になっていた長年ヨーロッパの木造建築を研究されているO先生に、自ら企画した「ドイツ木造建築の旅」に誘っていただき、珠玉の街々を巡るツアーに参加したのだった。総勢三五名のメンバーは、「木造建築研究フォーラム」という大学の研究者を中心に組織された研究会の会員に、私のような部外者が若干名加わった専門家集団で、当時三七歳になったばかりで最年少グループに属していた私にとって、学部・大学院の恩師を含む錚々たる布陣であった。以下手元に残された当時のノートと資料によって、私にとって初の本格的なヨーロッパ体験となった四半世紀前の旅を遡りたいと思う。

フランクフルトからハンブルグへ——ヨーロッパ都市との出会い

昼過ぎ成田発の直行便でフランクフルトについたのは七月二二日夕刻。ホテルに荷を置き、早速マイン河岸に繰り出し、掘込河川の岸辺や歩行者専用橋で日曜の夕べを寛ぐ市民を見て、ヨーロッパに来たことを実感した。夕食は、地元の家族連れで賑わうマイン川の南岸に広がる飲食街ザクセンハウゼンで。路上に並べられたテーブルでビールとソーセージとザウワークラウト、そして初体験のリンゴ酒は、ヘルマン・ヘッセの「車輪の下」を思い出させた。

翌日の朝に専用バスでホテルを発ち、まずは歴史的街並みに建築の高さやデザインを合わせた再開発地区や四車線道路を歩行者プロムナードに改修したツァイル通りを見学した。当時話題になり始めていたものの、日本では目にすることのなかった「持続可能な都市開発」の姿を実際に見て、目から鱗の衝撃を受けた。さらに驚いたのは、次の目的地に向かうアウトバーンに、なんと自転車専用道が設けられていたことだった。しかも日本の高速道路で見られるガードレールや照明灯などの無骨な道路施設がほとんどなく、周囲の農地の風景に溶け込んでいる。

その日は、伝統的建築によって中心市街地が形成され、メルヘン街道を構成するアルスフェルト、マールブルグ、フリッツラーの街々を見学しながらカッセルへと約二〇〇キロを移動した。メルヘン街道とは、グリム兄弟の生誕地ハーナウから、彼らの童話「ブレーメンの音楽隊」で名高いブレーメンまでを結ぶ全長約六〇〇キロのルートを観光街道として制定し、途中七〇以上の街々が参加し一九七五年に組織されたものであるという。初めてヨーロッパの小さな街々を見歩くことによって、教会とマルクト広場を旧市街が囲む都市の祖型を認識するとともに、木造軸組の四〜五層の歴史的建築物群による日本とはあまりにも異なる美しい町並みに圧倒された。

当日の宿泊地カッセルの旧市街では、第二次世界大戦中の英国軍空爆による破壊後、他の多くの都市とは反対に当時の同時代の様式による復興が計画され、歴史的建造物の廃墟が取り壊され、典型的な一九五〇年代の建築群からなっている。カッセルの歴史的建築様式からの過激なまでの離反は、現在では議論の的となっているという。

一方旧市街とは対照的に、市街西部に隣接するベルクパルク・ヴィルヘルムスヘーエは一七〇〇年頃、ヘッセン＝カッセル方伯カールの下でバロック庭園として設けられた世界的に知られた公園施設で、公園内には二つの城とこの街の象徴的建造物であるヘルクレスの像が残されている。特に展望台から見下ろしたカッセル市街地内を真っ直ぐ延びる道路景観が、権力を象

地ビールトラック

徴するようなバロック式造景として、今でも強い印象に残っている。

　翌朝カッセルを発ち、ハン・ミュンデン、アインベック、ゴスラー、ブラウンシュバイクの街々を見学しながらハノーファーへ二二〇キロを移動した。いずれの街も旧市街の木造軸組による歴史的町並みが見事に保全され、この旅の中でも白眉の一日となった。街から街への移動は、すでに黄金色に実った緩やかな起伏の麦畑の中を並木に導かれながら曲がりくねった地方道を走る。たびたびバスの前を行く地ビール運搬用のトラックには各地方のトレードマークが記され、ドイツの地方の豊かさを伝えてくれた。昼食をとる店は旅のコーディネーターであるO先生のホスピタリティによって厳選され、毎日それぞれの地方料理とともに美味しい地ビールを味わった。

　当日の宿泊地ハノーファーは、フランクフルト以来の大きな都市で、第二次世界大戦で街の三分の二が焼失したといわれながらも、新古典主義建築のオペラ座など歴史的な景観とショッピングモールなど現代的な都市デザインがうまく両立していた。

　翌日もいつも通り朝九時にハノーファーを出発し、ツェレ、エーゲストルフ、ヨルクの街々を見学しながらハンブルグへ約二〇〇キロ移動した。ツェレの旧市街は第二次世界大戦の戦災を受けることなく木造軸組の歴史的町並みが歩行者空間として保全され、「北ドイツの真珠」と呼ばれ、平日にもかかわらず多くの観光客が街歩きを楽しんでいた。エーゲストルフは町並みというよりも小ぶりな田舎町といった印象で、ゆったり離れて建つ大きな木造建築と当時仕事で関わっていた鋳物の街川口との絡みで見つけた素晴らしい鋳鉄製の門扉がその印象として残っている。エルベ川沿いのヨルクもまた、それまでの都市壁に囲まれたまちの印象とは異なり、茅葺の大型民家や風車のある風景として未だ訪ねたことのないオランダやデンマーク

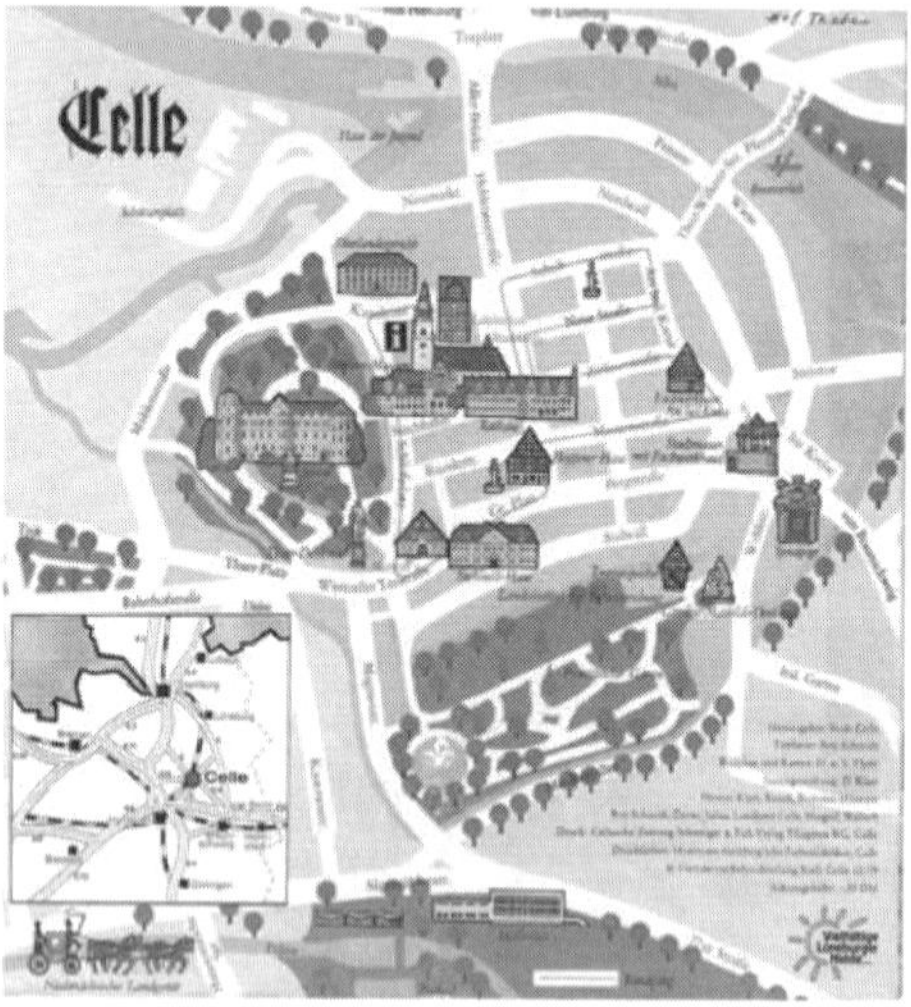

ツェレ都市図（出典：観光パンフレット）

エーゲストルフで見つけた門扉

を想像させた。

その日の宿泊都市ハンブルグは、現在人口規模においてベルリン特別市に次ぐドイツ第二の都市である。ということは、当時の西ドイツでは最大の都市であったのかもしれない。短時間の滞在で全体像が掴めず、ホテルで同室になった若い研究者と自由時間に出かけた歓楽街レーパーバーンの「飾り窓の女」が強烈で、それ以外ほとんど印象に残っていない。見事に熟れた裸身を露わに、無表情で客を待つ女たちに、色気というより即物的な商品を見せられているような感覚で、先輩から聞き及んでいた赤線の、ある種隠微で情緒的なイメージとは全く異なっていた。

北海沿岸の港町に多く見られたという飾り窓地区では、娼婦は個人契約で部屋を借りて春を売っているという。今から思えば、ある種ボローニャ大学の人体解剖にも通ずる物質合理主義というか、どこかヨーロッパ個人主義の極みともいえるのかもしれない。

東西ベルリンから東ドイツを経てチェコスロバキアへ——社会主義都市風景の魅力

翌七月二六日は、午前中に空港へ移動し、昼過ぎの便に乗り約四〇分のフライトで西ベルリンへ到着。翌日の午前にかけて、グロースジードルング・ジーメンスシュタット、ユニテ・ダビタシオン、ＩＢＡ（国際建築展）、ベルリンフィル・コンサートホールなどの近現代建築の話題作を見学した。自由時間にはベルリン自由大学で教鞭をとっていた高校時代の同級生に会い、これまた現代建築の話題作である同大学のキャンパスを案内してもらい、夕食を共にして旧交を温めた。

フランクフルトからハンブルグの間、木造建築による歴史的環境に浸りきった後では、近現代建築が新鮮なものとして感じられた。同時に、歴史との断絶から再融合へと変化しつつあった当時の現代建築の考え方を、実際の作品を通して感じ取ることができた。今から振り返ると、街区への再帰を目指したＩＢＡの建築群と、ベルリンフィル・コンサートホールでのハンス・シャローン設計の内部空間、およびベルリン自由大学でのある種都市的なシステムとしての建築の空間体験が、その後の私の建築の見方に大きな影響を与えたように思える。

翌日の午後、ベルリンの壁を通関して東ベルリンへ入った。その日半日の滞在ながら、国立博物館や国立オペラ座などを見学し、一部戦災の名残を感じさせる煤けた新古典主義の建築群が織りなす旧市街の風景に強い衝撃を受けた。同じ来歴の都市が、たかだか四〇年間の政治経済体制のちがいによって大きく姿を変える、というか東ベルリンが変わらなかったのであろうことは、翌日からの行程が知らしめてくれた。

サンスーシ宮殿の回廊から望む人工廃墟

翌日からの東ドイツのバスには、現地人女性ガイドが同行した。いつも通り九時にホテルを発ち、まずポツダムのサンスーシ宮殿を訪ねた。私にとって初めてのヨーロッパの宮殿体験として、シンメトリーに配された建築と庭園の複合体としての完成度や、学生時代に西洋建築史の授業で聞いていたロココ式というインテリアの概念を白と金の実体空間として味わえたのが印象深い。また、ホールから半円状の回廊の切れ目を通してアイストップとして遠望できた人工廃墟という造園的な要素は、ヨーロッパの時間や歴史へのオマージュとして興味深い。後日、いくつかのヨーロッパの宮殿を体験することになったが、サンスーシ宮殿への好感は、そのスケール感や精緻な意匠など、この宮殿の特異性によるものだと知る。

ポツダム宣言が発されたツェツィーリエンホーフ宮殿もまた、美しい木軸による親密な空間が好印象として残っている。ライプチヒへの途上に立ち寄ったデッサウのバウハウスも、近代建築の黎明期の傑作として書物で繰り返し頭にたたき込まれていたが、その実体が実にヒューマンで手作り感を醸していることに感激した。

約一八〇キロの行程を経て、夕刻前にライプチヒに到着した。ヨハン・セバスチャン・バッハが教会音楽監督を務めた聖トマス教会や旧市庁舎によって囲まれたマルクト広場からは、それまでの西ドイツの都市とは異なるどこか陰影を帯びた印象を受けた。その質実とした落ち着いた印象によって、商業主義が都市景観へ与える影響について初めて思いを致すことになった。殊に市街の中心であるマルクト広場のマッシブな石造建築で囲まれた夜の暗さに、軽い戦慄さえ感じたことを思い出す。

翌日も九時にライプチヒを発ち、途中マイセンを見学し、ドレスデンへの約一四〇キロの旅を続けた。マイセンでは、エルベ川を眼下に見下ろすアルブレヒツ城で、初めてヨーロッパの城を体験した。錬金術の延長線上でマイセン磁器が開発されたという説明とその暗く閉鎖的な内部空間の符合が、今も妙に脳裏に巣食っている。

午後ドレスデンに到着し、エルベ川河畔に広がるツヴィンガー宮殿をはじめとするマルクト広場周辺の中心市街地を散策し、ライプチヒで受けた社会主義体制下における近世都市の印象を改めて深めることとなった。また、東ドイツ国内を旅する間に、バスの車窓から数多くのクライン・ガルテンを垣間見た。ガイドの話によれば、菜園で家族や友人と余暇時間を過ごすライフスタイルが市民生活に根づいているとのこと。当時、仕事でリゾート地や週末住宅の計画などに携わり菜園付き住宅の提案もしていたが、日本での議論が宅地開発や観光開発といった経済政策的な観点からなのに対し、現地の余暇生活を楽しむ様子が羨ましく感じられた。

翌日は八時半にドレスデンを発ち、チェコスロバキア国境を越えて一六〇キロの道のりをプラハへ直行した。昼過ぎにプラハに到着し、ヴルタヴァ川越しに臨む都市景観に「百塔の街」と呼ばれるに相応しいスケールを感じた。プラハ城見学後、重厚なアーケードが続く旧市街の街路やカレル橋を歩き、旧市街広場へ出た時の空間的な解放感から、都市空間に込められた演出性のようなものと、東独の都市には感じられなかった華やいだ雰囲気を強く感じることができた。また、プラハに展開された近代建築史の傍流キュビズム建築を見学したことも記憶の片隅に残っている。

翌朝も九時にプラハを発ち、西に向かい九〇キロ。昼前にはピルゼン（ピルスナー）ビールで名高いプルゼニに到着した。市内見学後、東独国境地帯の小さな村ホルショヴスキーやクラトビの街を一巡りして、西側とは時間の流れがちがう東ヨーロッパの田舎ののどかな沿道風景を満喫した。

ニュルンベルクからスイスアルプスそしてパリへ——初の海外一人旅

八月一日は八時にプルゼニを発ち、再び国境を越えて約二〇〇キロを一路西ドイツ・バイエルン州第二の都市ニュルンベルクへ向かい、昼過ぎに到着した。午後は見学に充てられ、旧市街を囲い込む城壁と城門の存在感、マルクト広場で開かれていた青空マーケットの活況、都市の中心に取り込まれた河川など、ヨーロッパの歴史的都市に共通する空間構造を強く印象づけられた。さらに公開されているアルベルト・デューラーのアトリエやペグニッツ川に架かる木橋をはじめとする歴史的建築物によるディテールが、都市の印象をより強固にしている。

一〇五〇年の神聖ローマ帝国の記録に街の名が登場するニュルンベルクは、中世から近代に至る歴史の中で、バイエルン地方の中枢を担ってきた。しかし、ナチス党台頭期に党大会が開催され、ナチス政権を象徴する都市として第二次世界大戦の爆撃を受け、旧市街のほとんどが破壊された。「東京裁判」と並び戦勝国によって戦争犯罪人を裁く「ニュルンベルク裁判」が開かれた都市でもある。戦後元通りに再建されたというその旧市街に立会い、ドイツをはじめとするヨーロッパ社会における歴史継承への執念を感じた。

翌日は八時にニュルンベルグを発ち、バート・ヴィンツハイム、ローテンブルグ、シュヴェ

歴史的な建物配置に則したシュツットガルト近代美術館（右）

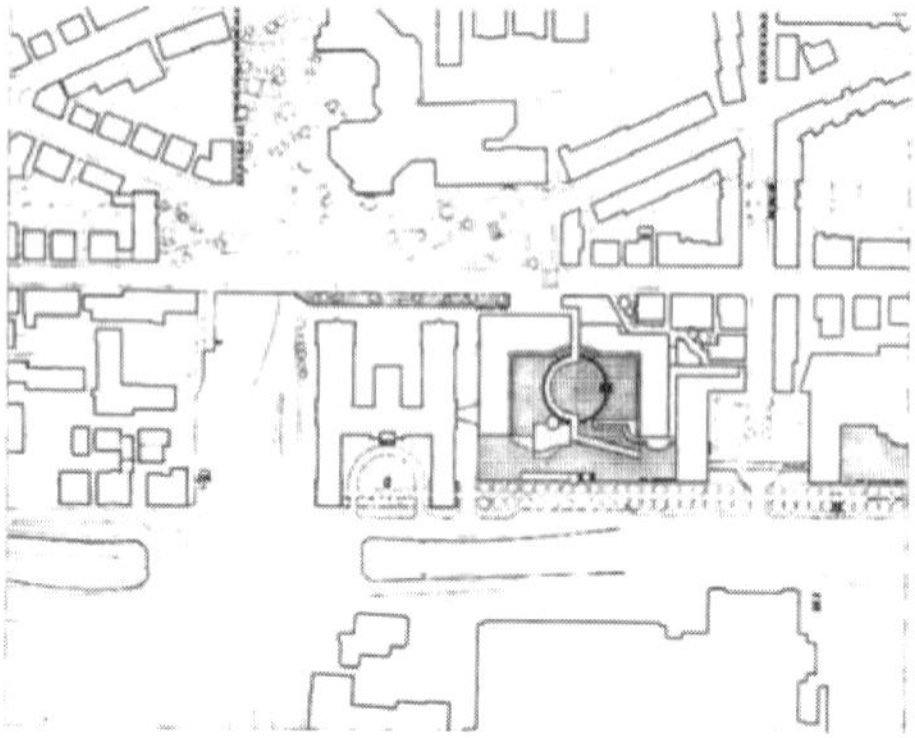

周辺街区配置図
（出典：James Stirling Buildings and Projects）

ービッシュ・ハルなどの街々を見学し約三五〇キロの行程を移動し、夕刻にシュツットガルトに到着した。特に印象に残っているのが、バート・ヴィンツハイムという小さな町の郊外に訪ねたフランキッシェス野外博物館で、日本でいうところの民家園に近いが、民家建築に重きを置いたわが国の展示と異なり、民家とその周辺の農地を含む集落環境や民俗生態を保全した野外博物館という概念が新鮮かつ非常に魅力的に感じられた。

翌日は、午前中にまずシュツットガルト近郊のワイゼンホフ・ジードルングを見学した。一九二七年に開催された実験住宅展の会場がそのまま保全されていて、学生時代に近代建築史図集で見慣れたグロピウス、ミース、コルビュジェなど二〇世紀の巨匠といわれた建築家たちの実作が、目の前に実物として並んでいること自体に感激を覚えた。

引き続きその足で訪ねたシュツットガルト近代美術館は、当時の世界的スター・アーキテクトのジェームズ・スターリングの設計で、ポストモダニズム建築の傑作として話題を集めていた。五年前に竣工したばかりの新作に接したこと以上に、日本の雑誌で写真のみを見るのとは異なり、前日に体感したニュルンベルグの城門や城壁を現代的にアレンジした外部空間や、大通りに面して並ぶ歴史的建築物に合わせた配置など、歴史や都市の文脈の中で建築を継承しようとする姿勢を実感できるのが現地の醍醐味である。

午後シュツットガルトを発ち、夕方ツアーの最終宿泊地バーデンバーデンに到着し、初めて同じホテルで二連泊した。

当時温泉リゾート計画の仕事にかかわっていたので参考までにと、翌日の午前中にクアハウスを訪ねた。古代ローマ風を模した数種のサウナバスで、いかつい大男に素っ裸の体を預け、垢すりを初体験。ゴルフボールほどの大きさの垢がとれた。クアハウスも悪くはないが、やはり無為に時を過ごす日本の温泉情緒の魅力を再認識した。浴後は、窓辺に花の飾られた街並みや街を流れる小川の上流を散策し、のんびりとした時間を楽しむ。林間の小川の自然な景観が、当時興味を抱いていた親自然工法によって人工的な護岸から再生された河川であることを知り、百聞は一見に如かずの観を新たにした。

その日の午後は、バスでシュヴァルツヴァルトの森を一巡した。ルール工業地帯の煤煙による酸性雨で一時枯れてしまった森を再生した話を聞きながら、木造建築の材料を供給する林業の現場などを見学する。その中でひときわ記憶に残っているのがグータッハ野外博物園で、大学院時代に集落調査行で訪ねた山形県庄内地方の兜屋根造りに酷似した十数軒の大型木造民家とともに、農業や林業などの生業の動態保存がなされていて、実際に農夫が保全種の麦の種を撒いている光景に、何か目を覚まされたような思いがした。

翌八月五日の朝、バーデンバーデンでツアーが現地解散された。フランクフルト経由で帰国するメンバーと、一週間後にパリからの帰国便に乗るまで自由行動するメンバーに分かれ、私は個人旅行として、アルプスを訪ねる鉄道の旅に出発した。バーデンバーデンの駅から初めての海外一人旅の緊張感を車中で味わいながら、スイス国境の町バーゼルを経由しインターラーケンで下車して一泊した。街中を勢いよく流れる川の水が青みがかって白濁し、スイスに来たことを実感した覚えがある。

翌日は早朝にインターラーケン・オスト駅を発ち、登山電車で小一時間のグリンデルヴァルトに入る。背後に山々を抱いたグリンデルヴァルト駅は、霧雨模様であったが、小さいながらもまさにアルプスのターミナル駅という雰囲気で、いよいよ登山基地の街に入った気分の高まりを覚えた。街中のベルナーホフという三ツ星ホテルに荷を預け、再び駅に戻り別路線の登山電車に乗る。晴れ上がってきた青空の下、牛の放牧されたのどかな山麓を登り、途中のクライネシャイデック駅で乗り換える。徐々に山岳的な風景を経て最後はアイガーの岩山をくりぬいたトンネルを通り、約一時間三〇分でヨーロッパ最高標高三四五四メートルのユングフラウヨッホ駅へ到着した。冷え冷えとしたトンネル駅からエレベーターで展望台に上ると、眼前にヨーロッパ最長のアレッチ氷河が遥かかなたに下る圧倒的な山岳景観が広がる。ここが実に一九一二年に開発されたと聞き、アルプス観光開発の歴史に感じ入る。帰路は、クライネシャイデック駅で下車し、グリンデルヴァルトまで明るい山並みの展望を味わいながら約二時間半の定番ハイキングコースを下る。

翌日、グリンデルヴァルトから再びインターラーケン・オスト駅経由で、車窓にアルプスの山と街や村々を眺めながら、鉄道で四時間強のツェルマットに移動した。日本ではお目にかかったことのないマイカーを積んだカー・トレインと頻繁にすれちがったのが新鮮な驚きであった。ツェルマットでは一九三一年から始まったマイカー規制で、二つ手前の駅に広大な駐車場が設けられ、訪問者は最後は鉄道で街に入る。さらに街中では馬車と小型電気自動車が使われ、日本の一歩先を行く環境対策を肌で感じた。また、宿泊した一ッ星ホテル・バンホフをはじめ街の中の建築は、景観規制によると思われる山小屋風の屋根や木製のバルコニーに花が飾られたシャーレと呼ばれるスタイルに揃い、アルプスの街のイメージを醸し出していた。

翌日は朝からロープウェイを乗り継いで、標高三八八三メートル、世界最高峰の展望台クライン・マッターホルンを訪ねる。展望台からのマッターホルンをはじめとする山並みは勿論のこと、途中広大な氷河の上空を通過する時の圧倒的なスケール感は、登山電車では味わえない特別な記憶として残っている。

再び同じルートをツェルマットに引返した後、今度は地下ケーブルカーに乗って五分のスネガの展望台に上り、前々日に続く二度目のハイキングに臨む。前回同様ほとんど登りのないルートを歩き、四五分程でグリンジィゼーというマッターホルンを映す小さな湖に至る。持参した昼食をとりながら高山植物が花咲く湖畔でのんびりとした時間を楽しんだ後、ルートを引き返し途中の分岐からフィンデルンという集落に向けて下る。なだらかな牧草地の中に天然スレート葺き切妻屋根の農家や小屋が点在する集落を通り抜け、ツェルマットまで約二時間のハイキングを楽しんだ。

スイスで過ごした四日間の短いけれども珠玉の経験は、ヨーロッパにおけるアルピニズムの意味を教えてくれた。日本での登山の人力的・歩荷的イメージと異なり、登山電車・ケーブルカー・ロープウェイといった機械によって展望台に上り、緩やかな山下りのみを楽しむハイキングという世界が、アルピニズムのすそ野に広がっている。大学時代から山歩きを始め、富士山を除く日本の大方の三〇〇〇メートル峰を登攀し、忍耐の結果として稜線の快楽をえるという私の妙な精神主義を転換する、まさに目から鱗の経験であった。

翌日は、ツェルマットから鉄道を乗り継ぎ約五時間、フランス国境を越えたシャモニーに移動した。シャモニーに一泊したのはハイキングが目的ではなく、この旅に携帯した山岳ガイドブックに挙げられていた、アルプスの三大登山基地を比較体験したいという理由からであった。街の印象は、コンパクトで実直なグリンデルヴァルトや少しわざとらしさを感じるがアルプスらしいツェルマットに比べ、大きめで統一感に欠けやや大味で、スイスとフランスの国民性のちがいのようなものも感じられた。一方で、街の背後に氷河の舌状先端部分が遠望され、どこか魔的な印象も受けたが、街中にある山岳博物館で地球温暖化による氷河の減退の展示を見たことが強く印象に残っている。街歩きで見つけた骨董屋で土産を探し、当時工事に入っていた住宅設計の施主への洒落た真鍮のドアノッカーと妻へのオシドリの番いのデゴイを買い求めた。宿の名は記録に残していないが、街中の安ホテルの一室でワインとフランスパンとピクルスで夕食をすませた記憶がある。

翌日シャモニーからジュネーブを経由して、開業間もないＴＧＶ（フランス国鉄超特急列車）を利用し、半日がかりでパリ・リヨン駅へ移動した。パリには、ちょうど一〇年前に西アフリカの集落調査の帰路に立寄ったことがあるが、主体的に見て回ったのはこの時のみである。カルティエ・ラタンの安ホテルの屋根裏部屋に連泊したが、パリの街には正味一日半の滞在で、シャンゼリゼやセーヌ川、リュクサンブール公園といったお決まりのスポットから、ラ・ヴィレット、レ・アール、ポンピドゥ・センターといった再開発プロジェクトまで目まぐるしく見て回った。セーヌ河で遊覧船に乗り、アレクサンドル三世橋をはじめとする橋のデザインに魅せられたことと、当時建築界で話題となっていたグラン・プロジェなどの建築物

シャモニーの街角にのぞく氷河

にはどこか物足りなさを感じたことなどが思い起こされる程度である。
八月一二日の昼前にドゴール空港に集合し、モスクワ経由の帰国便に乗って、二二日間の中部ヨーロッパの旅を終えた。

社会主義都市風景のゆくえ（出典：『ＲＩＲＩ流通産業』一九九〇年八月号）

「ドイツ木造建築の旅」から帰国した年の一一月、ベルリンの壁の崩壊がトップ・ニュースで世界を駆け巡った。以下に再載する文章は、当時、私にとってのこの旅の重さを自覚した論考でもあり、現在もその思いはほとんど変わっていない。

〈東ドイツの都市風景の復元に触れて〉 昨年の夏、東西ドイツ、チェコスロバキアの都市と集落を訪ねる機会に恵まれた。その後、東欧諸国の急転回をニュースで追うことになったのだけれども、市場経済vs計画経済における西側の勝利を謳歌する雰囲気のニュースを私は必ずしも楽観的に見ることはできなかったし、今もそう感じている。

夏の短い体験と年末のニュースがオーバーラップして私の頭に浮かんだのは「都市風景が危ない」という感覚だった。というのも、私には西側諸国の中では景観的に最も良くコントロールされているといわれる西ドイツの都市や集落の風景よりも、東ドイツやチェコのそれに魅せられたからだと思う。たしかにそこには西側の都市の活気や洗練はみられない。しかし、不思議と気持ちを無防備に開ける空間の広がりと時間の蓄積が感じられた。旅行者の感傷もあろうが、それ以上に商業主義に強く彩られることのない質実とした都市の表情と、高層建築の影に占有されない都市の空に起因するところが大であろう。東ベルリンでもライプツィヒやドレスデンでも、停滞すると評される計画経済のもと、未だ第二次大戦の戦火の跡の残る町中で、一〇年単位の計画で、都市全域の歴史的建造物が少しずつ復元されつつあるのを目の当たりにして、日頃見慣れている都市のつくられ方とのあまりのちがいに大きなカルチャーショックを覚えた。

現地人ガイドの話によれば、自家用車や先端電気製品は手に入りにくいものの、住宅や公共交通は西側に比べ格安である。確かに指導部に問題があったり、個人の努力による生活レベルの、あるいは、さまざまな側面での能力の展開に制約があり、生活意欲や競争に欠ける不満はあるだろう。けれども、西側競争社会そのものが導入されたならば、あの魅力ある都市や集落の風景はくらしのサイクルとともに失われるだろうし、果たして人々はそれで幸せなのだろうかという疑問が残る。

〈都市風景の進化論〉東欧からのニュースが、これまで訪ねた幾つかの都市風景を連鎖的に想い起こさせてくれた。

五年ほど前に遡るが、タイからミャンマー（ビルマ）にかけての都市を訪ねたときも、アジア的活気にあふれるバンコクやチェンマイの都市風景よりも、緑に包囲された中で、質実と人間活動の場を表現しているようなヤンゴン（ラングーン）やマンダレーのそれに魅せられた。

さらに遡るが、地中海からサハラ沙漠を経てギニア湾に至る都市や集落を訪ねたときにも、魅力ある都市風景は、アルジェ、インサラー、ガルダイヤなど、社会主義国アルジェリアの都市のものであった。

町歩きで採集した私の都市風景の標本箱の中を見ると、社会主義都市風景には質実素朴な表情、人間的なスケール、風土的な感覚といった共通項がみられる。ここ半年間のテレビニュースでは、社会主義国の都市が頻繁に映し出されたが、テレビの映像によるソ連、ポーランド、ルーマニア、中国、モンゴルなどの都市風景からも、これら共通項を垣間見ることができた。

社会主義都市風景と自由主義都市風景のちがいがあるとすれば、それはどこに起因しているのだろうか。そう考えると、何か都市風景の進化論といった仮説をたててみたくなる。ロシア革命以前に、世界各地に固有の歴史風土に培われて形成されていた都市の風景が、政治経済体制のちがいの中で異なる進化の過程を経た結果が、現在のそれぞれの都市風景に表れているのではないだろうか。だとすれば、私の魅かれる社会主義都市風景とは、商業主義や市場経済原理による変容を免れ、相対的に地域の歴史風土性を保存した、ある意味では時間の凍結された過去の都市風景であるのかも知れない。

〈経済（商う）原理から環境（住まう）原理へ〉 しかし社会主義都市風景の魅力が単なるノスタルジーではなく、都市や集落の構成には、経済原理以上に環境固有の原理を優先すべきことを示唆しているとするのは贔屓めに過ぎるだろうか。限定的に、超高層、高密度、高度情報発信、賑わいなどの現代的な都市風景が存在することは魅力であるが、私の感覚からすると、商業主義や市場経済原理による都市風景の変容が、世界中でこれ以上無制限に拡大・拡散するとすれば、そこに住まう人間への影響がとりかえしのつかない形で発現するような気がする。

進化を遡ることができないとすれば、商業主義や市場経済原理に対抗しうる都市風景の構成原理を至急に確立する必要がありそうだ。おそらくそれは、地球環境問題と同様、空間の生態系の維持といった方向に見いだせるものだろう。都市風景の進化の過程は、歴史風土的都市（エスノポリス）から経済優先都市（エコノポリス）を経て、空間生態的都市（エコロポリス）の方向へ向かうだろう。

超高層居住がテレビコマーシャルで美しく脚色され、景観を売りものにする観光という経済性によって担保された一部の例外を除き、都市や集落のあらゆる時空間に広告宣伝が蔓延した日本。そして都市や居住環境や住宅やリゾートまでもが、民間企業の市場経済原理、あるいは省庁間の単年度補助事業の競争のもとで、騒々しく、慌ただしくつくられ、ますます都市や地方が趣きのない薄っぺらな表情になっていく日本の中で、東欧からのニュースが都市風景のゆくえについて考えるきっかけを与えてくれた。

✳ ランドスケープの島・ブリテン

二〇一三年の八月下旬から九月上旬にかけて、妻と二人で還暦記念の一九泊二〇日の充実した英国探訪を果たした。この旅では、意識的に四つの目的を定め、旅程を編んだ。最も専門的な目的は、産業革命以降に英国で発展を遂げた理想主義的郊外住宅地計画の系譜をたどること。そして最も個人的で三〇年越しの夢の実現が、シングルモルト蒸留所巡り。その中間に、歴史的都市環境と英国の美しい田舎を訪ねるという目的があった。以下、旅程に沿ってブリテン島を巡ってみよう。

ロンドン〜チェスター〜ポート・サンライト〜グラスゴー——ブリテン西部鉄道の旅

八月二二日の昼前に成田を発ち、夕刻にロンドンのヒースロー空港に到着。ヒースロー特急でパディントン駅に移動し、駅から徒歩で予約しておいた、いわゆるタウンハウスの一画を使ったホテルにチェックイン。部屋はエレベーターのない五階の屋根裏で、ヤード側に向いた小窓からは街区裏の低層住宅が眺められた。

翌日は、まず予定していた鉄道の旅の準備として日本の周遊券に当たるブリットレイル・フレキシーパスの購入と下見を兼ねて出発駅に出向くが、チケットは駅では発行していないということで、急遽トラファルガー広場近くのチケット・ビューローに回った。チケット購入後路線バスで移動し、ウェストミンスター寺院を見学する。日本語オーディオガイドの解説から伝わる凄まじい権力闘争に、英国王室に対する違和感を感じ始めた一方で、忌まわしい過去の歴史をこれほど露わに公開する王室の姿勢には、ある種の敬意も抱いた。

国会議事堂界隈を歩いた後、再び路線バスでリージェント・ストリートへ移動。大学院時代に近代建築史の授業で、一九世紀ピクチャレスクの建築家ジョージ・ナッシュによるリージェント・ストリートの都市デザインを分担レポートして以来、頭にこびりついていたその現地の景観的なシークエンスをまさにバスの二階から目の当たりにするゾクゾク感を味わった。

オクスフォード・サーカスで下車し、ソーホーを歩いて当夜の予約をしにソーホー・スクウエアに程近いジャズクラブに立寄った。というのもロンドン滞在中にジャズを楽しもうと、主だったライブハウスのスケジュールをチェックし、ちょうど滞英中のスコット・ハミルトン・クァルテットがピザ・エクスプレス・ジャズクラブに出演することを知ったからである。

ホテルに戻り一休みし、夜になって再び店を訪ねると、イタリアン・レストランの地階に一〇〇席強の落ち着いたライブハウスが設えられ、すでに中高年のカップルを中心に満席状態であった。日本のライブハウスとは異なり演奏中は食事のオーダーができないので、開演の一時間半前から食事と会話を楽しみながら開演を待つという、夜長を楽しむ余裕の雰囲気が漂っていた。ライブフィーが金曜の夜で二三ポンド（約三五〇〇円）と、東京の著名ジャズクラブに比べ圧倒的に安い。

二一時開演に登場したスコット・ハミルトンは、私より二歳年下の白髪の好紳士。リズムセクションも全員ほぼ同年代の白人で、レギュラー・カルテットと思しき和気あいあいとして息の合った演奏を堪能させてくれた。バラッド中心の選曲は、最新ＣＤから選んだとのことで、レスター・ヤングやベン・ウェブスターの流れを組む暖かで深みのある音色に身を預ける。面白かったのは、曲によって演奏の合間にリードを替えてトーンの微妙な変化を表現していたこと。はじめは演奏の合間にマウスピースを外してリードを替えているのを見て、なにか調子が悪いのかと思ったが、よく聴くと微妙に音色の張りが変化していて、それが何曲にも及ぶのを見ると、意図的に替えていることがわかった。今まで四〇年以上ライブに通っているが、このような場面に遭遇したのは始めてのことだった。それと、聴衆の乗り方がやはり日本とは異なり、ごく自然に拍手が挿入されるのは予想通りだが、演奏を聴きながらカップルが愛の接吻を交し合う光景がまたごく自然なわけで、何とも大人の雰囲気を楽しんだが、会場の様子から見てこれはスコット・ハミルトン・クァルテットの常連客が多かったことによるのかもしれない。

翌日の土曜から鉄道の旅を始めた。午前にユーストン駅から最初の目的地チェスターに向かった。特急列車はほぼ満席で、日本のように自由席車両は満席にもかかわらず指定席車両が空席だらけで走る列車に較べ、指定席料金がかからず車両によらず指定席が個別に表示され、指定者が不在であれば自由に座れるシステムに感心しながら二時間二〇分でチェスターに到着。駅で翌日の指定席を確保した後、まずは駅から歩いて一〇分ほどのノースゲイト（北城門）近くのホテルに荷を解く。

城壁内に入りタウンホール前の広場の屋台でホームメイドのヘビーなミートパイを買って昼食を取る。午後は、その日の第一の目的である理想主義的住宅地計画の先鞭としての工業村（industrial village）の視察に向かうため、チェスターに妻を残しイーストゲイトを経由して駅まで歩く。途上、週末もあってかごったがえす観光客の中を、木造軸組み建築の一階道路側をセットバックしアーケード化したザ・ロウズを歩きながらも、中世の伝統的街並みに軒を連ねて入居する世界的ブランド店に何か違和感を覚える。

チェスター駅からリバプール行きのローカル線で約二〇分、ポート・サンライト駅に到着した。昼の時間帯だからなのか下車一人という小さな駅前は閑散としていたものの、飾り気のないインティメイトな駅前の空間が住宅地の質を予感させた。サンライトという名前の石鹸を製造していたウィリアム・レーバーが、一八八八年に工場に併設してポート・サンライトと名付けられたモデル・ヴィレッジの建設を開始した。レーバーは、会社が発展していくために、労働者の働きによってえられた収益を、労働者の低家賃住宅に充てることを選んだという。

ポート・サンライト全体図
（出典：British Style 170 years）

一九〇九年には、レーバーの寄付によってリバプール大学の建築学部に英国初の都市デザイン学科が創設され、後にポート・サンライトの拡張・変更計画を行い、村の中心に直行するモニュメンタルなブールバールを設け、特徴的な景観がつくられたという。

今も操業している工場側から村を歩き始めると、ゆったりとした家並と見事に管理されたオープンスペースが織りなす風景の中で、住人たちが散策やローンボウルズと思しき球技を楽しんでいた。家並の一画には、村の建設過程を展示するミュージアムとティールーム

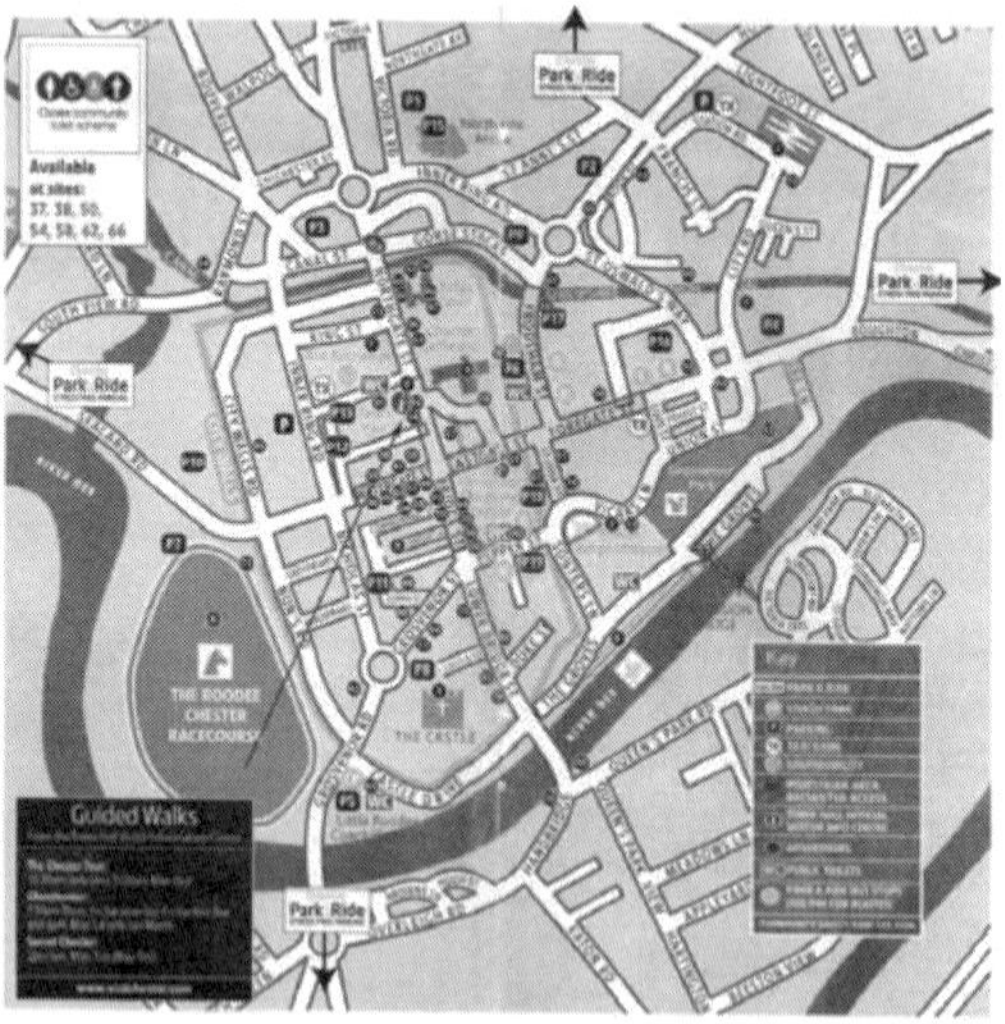

チェスター都市図（出典：観光地図）

が設えられ、モデル・ヴィレッジとしての自負を感じさせた。

　約三時間のポート・サンライトの視察を果たした後、再びチェスターに戻り大聖堂で妻と合流し城壁を巡ることにした。まちを囲む延長三・二キロの都市壁はほぼ完全に保存されていて、上部の歩道からは内包された静かな住宅街を俯瞰することができた。夕刻になると街中の人影は一気に途絶え、日帰り観光客が大半を占めている様子であった。夕食はパブでエールと英国定番のフィッシュ＆チップスに初挑戦したが、あまり美味いとは思えなかった。翌日は朝食前の散策で、人気のないザ・ロウズをはじめとする建築的な表情が創り出す、ヨーロッパ中世都市の彫りの深いまちなみを味わった。

　朝食後、チェスターから特急列車で約三時間のグラスゴーに移動し、マイ・フェイヴァリット・アーキテクトの一人チャールズ・レニー・マッキントッシュの代表作グラスゴー美術学校の見学ツアーに参加した。よくあることだが、当日外部は改修工事中で一部養生シートに覆われていた。必見はそのインテリアにあるものの、昔から作品集を思い入れて見ていたためか、現物が想定範囲をそれほど超えず、グラスゴーというスコットランド最大の都市も何か色あせて見えた。

アイラ島――シングルモルト蒸留所巡り

翌八月二六日月曜の早朝、グラスゴー・セントラル・ステーションにあるレニー・マッキントッシュ・ホテルにトランクを預け、シャトルバスで空港に移動。八時三〇分発の小型機で四〇分ほどのシングルモルトの聖地アイラ島を訪ねた。

三〇年以上前にシングルモルトに魅かれたのは、液体からではなく蒸留所の写真の醸し出す建築的な表情と詩人の文体からであった。お気に入りの詩人の田村隆一のフォトエッセイ「生命の水を求めて」に導かれ、試しにいつもの安ウィスキーから離脱して、高価な一瓶を購入し味わったのが何だったのかは

アイラ島全図

記憶にないが、そのスモーキーな香りとまだ見ぬスコットランドへの憧憬にはまった。

その後、ミシュランのスコットランドの地図と各種シングルモルト・ガイドブックを肴に徐々に飲み進む中で、ラガヴーリン一六年との決定的な出会いに至る。何度か蒸留所巡りの旅を画策するものの実現せずに、やっと還暦を機に旅の奥座敷に組み入れることができた。佐渡と同じくらいの大きさの島に約三〇〇〇人が暮らし、世界的なファンを持つ八つの蒸留所が立地する。着陸前の機窓からは、池沼が散在するピートの原野に羊の群れが草を食むのどかな風景が広がっていた。

ブルイックラディ蒸留所

ネットで予約しておいた島で唯一のレンタカーを空港で借り受け、まずは中心集落ボウモアに向け霧の原野を走る。気温が低く感じられ、鉛色の雲も地平線に低く垂れこめていた。開いたばかりの観光案内所で地図を購入し、ランベス・ゲストハウス（B&B）を紹介してもらった。案内所では、自転車で時間をかけて蒸留所を巡るという日本人青年と出会った。ほかにも車や数少ないバスを使って蒸留所巡りをする数人の欧米人がいた。私たちはまず、寂れた墓地に囲まれた小さな教会を改装した「アイラ島暮らしの博物館」に立ち寄り、さらに島の西端の岬までドライブし、西から順に蒸留所巡りを始めることにした。

小さな集落ポート・シャーロットのパブレストランで海を眺めながらゆっくりと昼食をとった後、最初に訪ねた蒸留所は一八八一年創業のブルイックラディ。海沿いに走る道路に面し、スティルマンがポットスティルに頭をつっこんでいるユーモラスなサインが一気に気持ちを和ませてくれた。まだ、味わったことはないが、平澤正夫著『スコッチへの旅』によれば、アイラモルトにしてはピート臭が薄くさらっとしたのどごしとのこと。

次に訪ねたキルホーマンは、唯一海に面していない蒸留所で、広漠とした農地ともピートの原野とも見まがう平原の中に建つ農場の建物をリースして二〇〇五年に創業。その味わいについての情報はないが、小さな蒸留所の周りには、心地よいピート臭が漂っていた。

キルホーマンから車がすれちがえない（すれちがう車さえない）農道でさまざまな種類の羊や山羊や牛たちと出会いながら、信号のない片道一車線の幹線道路を経て、一八八三年創業のブナハーブンに着いたのは夕刻で、すでにレセプションは閉まっていた。隣のジュラ島との間の狭い海峡に面した人気のない蒸留所に佇み、はるばる訪ねた旅の実感が込み上げてきた。帰国時にヒースロー空港で購入し、翌正月に味わい始めたが、なかなか重みがあり、ピート臭とバニラ臭のバランスの良いモルトだと思う。

ブナハーブンを出て車で一〇分ほどの、やはりジュラ島との間の海峡に面して建つ一八四六年創業のカリラを訪ねた。平澤正夫によれば、カリラの名の原義はゲール語で「アイラの音」を意味し、昔の船乗りがここで聴く風の音に島と本土を往復するときの哀感を込めて名付けた

ボウモアの漁港から蒸留所(右)を望むスケッチ

この海峡の名であるという。スティルハウスの大きなガラス窓から海峡を望みながらのテイスティングを期待したが、到着した時には、最後のツアー参加者がレセプションに出てきたところであった。二日後にエディンバラのスコッチウィスキー・エクスペリメントで購入し旅路で味わったが、ピート臭が効いているのにすっきりとしたクリアな印象のモルトであった。

宿への帰路に、湿地の中に佇む一二世紀から一六世紀にかけての遺跡ロッホ・フィンラガンに立ち寄った。寂寞とした草原に散在する遺跡の中の沼に流れ込む小川の水は、ピートの褐色に染まっていた。夕食はB＆Bの女主が紹介してくれた近くのパブレストランで、郷土食の鹿肉とアイラモルトのストレートを味わった。翌朝の朝食で同席した南イングランドから来島した私たちと同年配の夫婦は、やはり蒸留所巡りが目的で、いろいろな情報を教えてくれた上、近々に決まる二〇二〇年オリンピック開催地での東京の幸運を祈ってくれた。来年長野を訪ねるとのことで、こちらも片言の英語を駆使して、ガイドブックに載っていないとっておきのローカルな情報を伝授し、食卓は盛り上がった。

アイラ島二日目の朝一番にスケッチに立ち寄ったのは、島で最古の一七七九年創業のボウモア蒸留所。集落の中心広場に接して、朝霧の中に独特の形態の建築群が海沿いに並ぶ景観は、他の蒸留所にはない魅力だ。日程の関係で、フロア・モルティングのツアーに参加することはできなかったのが残念。

次に訪ねたのが、スモーキーでヘビーなコクのあるマイ・フェイヴァリット・モルト、一八一六年創業のラガヴーリン。ツアーの予約にレトロな木造のレセプションに出向くと、ちょうど良いタイミングで早速テイスティング・グラスを購入した。各国から集まったと思われる若い男たちを中心にした三〇人ほどの同好の面々と、数えきれないほどの古い樽が眠る暗い熟成庫に案内され、名物男らしき小柄で饒舌な案内人を囲む。彼がカスクと呼ぶ樽から直接口で吸引する大きなスポイトで、大きなメスシリンダーに樽の種類（シェリー樽やバーボン樽など）や熟成度の異なる五種類ほどのモルトを順次抜き取り、蘊蓄を語りながらみんなのグラス

ラガヴーリン蒸留所

テイスティングに興じる面々

に注ぎまわる。一同至福の」気分の中で、一時間ほどのテイスティングと質疑応答を繰り返した後、蒸留所の機能を形態化した美しい複合建築の順路を巡る。蒸留所は森に囲まれた小さな入り江に面し、積出し用の桟橋に出ると、時間が止まったような別世界が広がっていた。完全にほろ酔い気分で憧れの蒸留所を後にする。

アルコールを嗜まない妻と車の運転を交代し、道の行き止まりのケルト十字架のあるキルダルトン教会跡に至る。羊の群れが草を食む島の外れに残された遺跡に、辺境に流れるひっそりとした中世からの時間を感じた。

キルダルトン教会跡

往路を引き返し立ち寄った一八一五年創業のアードベッグは、二〇世紀に入り何度もオーナーが変わり、生産は不定期になり、一九八〇年から八九年までは完全に操業停止した。その後再開しさらに停止。一九九七年にグレンモーレンジ社が買収し、見事蘇り現在に至っているという。

ラフロイグ蒸留所

一八一五年創業のラフロイグは、アードベックと同じように幹線道路から奥まった入江に面し、ラガヴーリンに劣らず美しい蒸留所建築群が立ち並んでいる。ここ数年は味わっていないが、ピーティーな香りでチャールス皇太子御用達のモルトとのこと。

ボウモア以南の四つのモルトは、比較的日本国内に流通している。単身赴任宅の近くの輸入食料品店で購入したボウモア一二年とアードベック一〇年を較べて味わうと、アードベックのほうがややピーティーな香り強く、佐渡出身のウィスキー研究家土屋守が『シングルモルトを愉しむ』に書いているように、ボウモアは「アイラ島の中心に位置するせいか、南のヘビーな酒と北のライトな酒の中間的な、地域の全体像を把握するには最適なモルト」なのかもしれない。地域性を凝縮した実にローカルなアイラ島のシングルモルトの魅力は、佐渡に生き残る四つの酒蔵をはじめ、日本酒と地域のつながりにも共通している。

現在操業中の八つの蒸留所を足早に回った後、島で二番目に大きな集落ポート・エレンを訪ねた。砂浜に面した二階建ての街並みが美しい。街角のホテルのレストランで、遅めの美味しい魚介の昼食をとる。街外れの海辺に佇む一八二五年創業のポート・エレン蒸留所は、現在は麦芽製造工場のみが稼働し、ストックのみの幻のモルトだという。今は入手できないが、将来蘇るかもしれないポート・エレンとの出会いを期待し、アイラ島を一八時過ぎの便でグラスゴーに戻った。

ニュー・ラナーク〜エディンバラ〜ダーラム〜ヨーク〜ロンドン——ブリテン東部鉄道の旅

翌日は、グラスゴーから世界史上最も先駆的な工業村であるニュー・ラナークを経由して、エディンバラに移動した。ニュー・ラナーク村は、一七八五年に建設されたクライド川の水力を使った紡績工場と工員用の集合住宅の複合した産業共同体である。グラスゴーからローカル電車で約一時間のラナークで下車、駅から徒歩二〇分で谷あいの小川に沿って地元の砂岩を使った何棟もの石造の中層建物が並ぶニュー・ラナーク村に到着した。一七八五年といえば日本では江戸中期の「天明の大飢饉」の同年。現場に立って違和感を覚えたほど、あまりの新しさに愕然としたが、ビジター・センターで入手した資料によれば、紡績工場は一九六八年まで稼働していたという。

ニュー・ラナークを語るに欠かせないのが、一八〇〇年から一八二五年にかけて進歩的経営を実践した創業者の義理の息子で理想主義的社会主義者として著名なロバート・オーウェンの存在である。彼は事業でえた利益を労働者たちの生活の改善に充て、ことに教育に力点を置き、世界初の幼児学校と夜間学校を村内に設立した。現地では彼の住まいと学校施設の跡を見ることができた。二〇世紀の社会主義の芽が、英国の片田舎に生まれたことへの畏敬の念と世界史的な歴史的事実が実際の空間的事象として目の当たりにできることにあっけなさを感じるとともに、これが英国なのだろうと思った。

ニュー・ラナークから再びローカル線を乗り継いで、夕方エディンバラに入る。あまり予備知識を持たずに訪ねたエディンバラでは、旧市街と新市街の間の谷に設えられたウェイヴァリー駅に降り立ち、両市街をつなぐノース・ブリッジに上ったとたんに、眼前に屹立する旧市街の劇的景観にまずは圧倒された。この旅で唯一の四ツ星のオールド・ウェイヴァリー・ホテル

エディンバラ都市図　上部新市街／下部旧市街（出典：観光地図）

に二泊し、旧市街のエディンバラ城をピークにホリルード・ハウス宮殿に向けて下るロイヤル・マイルと呼ばれる尾根上の都市軸、さらに尾根から南側の下町に下降する急斜路や階段、新市街の東西街路の西側にアイストップとして設えられたカールトン・ヒルのモニュメント群などを歩き回る。

　カールトン・ヒルのネルソン記念碑からはアーサーズ・シートと呼ばれる小高い丘から北海から切り込まれたフォース湾に至る市街とその周辺を三六〇度遠望できた。原地形を建築的に装置化して視点場を連続させることにより、圧倒的な都市のイメージを形成しているこの街の魅力に気づかされる。

　市街地内に埋め込まれたそれぞれの歴史的建築物の魅力もさることながら、歴史的に形成された都市の骨格そのものがエディンバラの醍醐味である。かつてエディンバラ大学の植物学担当教授であったパトリック・ゲデスが都市の生態学的研究に転じ、一九一五年に「進化する都市」を世に問うたことも納得できる。しかしこの頃になると英国の食事は気が進まず、夕食は二夜連続でホテル近くのリーズナブルな中華レストランに通うことになる。

翌朝、ウェイヴァリー駅から特急で約二時間のダーラムへ向かう。大学の英国人の同僚から事前のアドバイスを受け、エディンバラからヨークへの移動の間に途中下車して、ダーラム大聖堂を訪ねることにしたのだ。朝日を浴びたのどかな田園風景が車窓を流れ、遠く海沿いに原子力発電所らしきシルエットが小さく散見された。

ダーラム駅に降り立ち歩いて旧市街に向かうと、まずウィアー川の屈曲部に囲まれた高台に建つ大聖堂の威容が現れてくる。さらに坂道を上り、教会広場にあるインフォメーションで、隣接するダーラム城を案内するツアーがあることを知り参加した。城内には一〇七八年頃に建てられたノルマン様式の礼拝堂から一八四〇年に再建された要塞部分に至るまで、八〇〇年近くの時間の中で、多くの人の営みによって歴史的空間が生き継がれてきた。その事実を眼前に、城を学生寮として管理するダーラム大学のスタッフが質疑を含め解説をする。多くの見学地で導入されている音声案内で一方的に日本語の解説を聴くよりも、貧しいヒアリング能力にもかかわらず少人数のグループでのフェイス・ツー・フェイスの会話によって、英国の歴史的環境の本質とそれに対する英国人の敬意に直接触れる機会となった。さらに、同年伊勢神宮と出雲大社で重なった式年遷宮に示される日本の歴史的環境に対する意識との対比に、ある種の国民性のちがいが現れているようで興味深く思われた。

ヨーク都市図（出典：観光地図）

午後ダーラムから特急を乗り継ぎ、車中で遅めの昼食をとりながら四五分でヨークに移動した。駅から歩いて一〇分ほどのブーサム城門近くのB&Bに荷物を置き、大聖堂から中世の家並シャンブルズにかけての中心部を散策し、地元の人が集まっていそうなパブで夕食をとる。そして翌日の朝食で初めて食べたキッパー（ニシンの燻製）が気に入った。

ヨークの印象は、都市のエレメントの共通性と差異においてチェスターと対をなしている。都市壁に囲まれた街区と大聖堂と広場の存在は、今回の旅ではヨークとチェスターに顕著であったものの、ヨーロッパの歴史的都市に共通するエレメントである。チェスターと較べ、ヨークに特化したエレメントとして、都市壁の内部に取り込まれた河川と舟運によって繁栄した一四世紀半ばの歴史的木造建築のギルドホール、さらに一三世紀に建てられ要塞として機能したクリフォード・タワーが印象に残っている。

見ごたえのあるヨーク城博物館やその

周辺で夕方まで過ごし、特急で約三時間、一週間ぶりにロンドンのキングスクロス駅に戻った。予約していたホテルへアクセスする地下鉄ノーザンラインが土・日運休していて、急遽代替バスでオバル地区のホテルにチェックイン。翌日曜は丸一日かけて、郊外電車と路線バスを乗り継ぎ、キューガーデンとハンプトン・コート・パレスを訪ねるものの、それほど感興が湧かなかった。ハンプトン・コート・パレスのあまりの馬鹿でかさと建築・庭園共に大味な意匠に、やや苛立ちと反感を覚えたというのが偽りのないところだ。

バース〜コッツウォルズ〜田園都市〜サフォーク〜ロンドン——イングランド南部車の旅

翌朝から一週間、レンタカーでイングランド南部のドライブとB&B周遊の旅を計画していたが、前日の見学に時間を費やし書店の閉店時間に間に合わず、予定していたドライブマップやB&Bガイドブックが購入できなかった。一時は手持ちのガイドブックの地図のみを頼りに出発しようと予習を始めたが、ナビ役の妻が猛反対。ホテルから徒歩数分のレンタカー会社で予約通り朝一に借り出し手続きを済ませた後、車の一時預かりを依頼し、一〇時開店の都心の書店で数種類のマップとガイドブックを購入。さらに、妻の懇願を受けてオプションのカーナビを追加し、レンタカー会社を出発したのは昼前になった。

かつてカーナビなどない時代に、ミシュランの地図のみで西アフリカ縦断やアメリカ横断のドライブを経験していたため強気の判断を下していたものの、カーナビから最初の音声が日本語で流れた瞬間、正直安堵の歓声を上げることになった。もしこの時、妻の意見を聞かずに出発していたならば、ラウンドアバウト（ロータリー）での判断などが困難で、ほとんど予定の旅程をこなせなかったであろうことは、ロンドン市内を抜け出す前に露わになった。

その日は、まず高速道路のＭ２に乗りストーン・ヘンジを訪ねる。三六〇度穏やかな丘陵地が続く現地で、傾きかけた陽の光に影を長く落とした巨石遺跡に佇むと、写真や動画で見慣れてはいたものの、その臨場感にはやはり感慨深いものがある。少しづつ黄みがかる青空の下、ゆったりと一周しながら見学を終え、丘の間の一本道を上り下りしながらバースに向かう。

この一週間の宿は、旅程に合わせて現地で決めることにしていたので、一泊目のＢ＆Ｂをバース市街近郊で探す。ガイドブックで白羽の矢を立てた一軒目を訪ねると満室、二軒目に電話するとここも満室。二軒目の主が知り合いの宿を紹介してくれてたどり着いたのが谷合いの小さな集落モンクトン・クームのパブ、ホィール・ライト・アームスに付随する宿で、田舎家風の佇まいに広く快適な客室が設えられ、今回の旅のＢ＆Ｂの中でも白眉の一軒となった。

ホィール・ライト・アームス

朝食の準備されたパブ

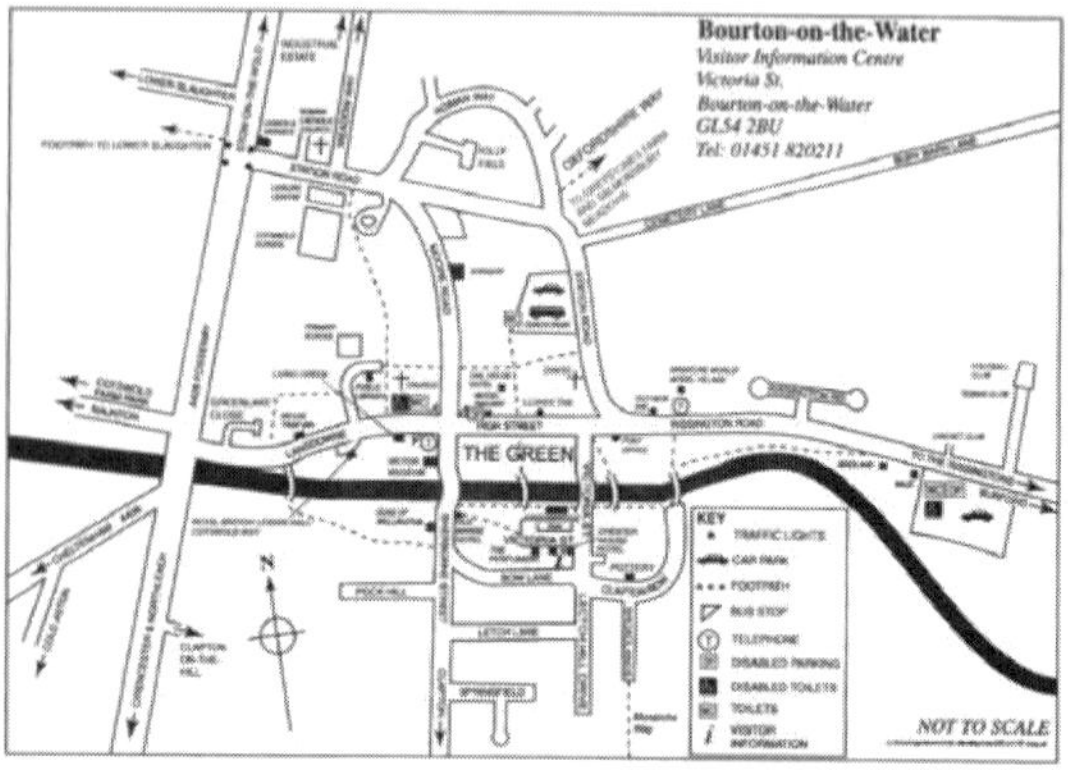

バートン・オン・ザ・ウォーター集落図（出典：観光地図）

翌朝の散歩で出会った谷を渡る運河橋や運河の三叉路に係留されたナローボートから、以前新潟の古町花街で開催した公開講座で英国人の同僚から聞いていた英国の運河網の今昔物語を思い起こした。昼前にバースの中心市街に出て、ローマン・バスと一八世紀の都市建築の傑作ロイヤル・クレッセントとザ・サーカスを訪ねる。英国にはローマ帝国時代の遺構が各地に残り、その典型であるローマン・バスに佇むと三五年前に立ち寄ったアルジェ近郊や二年前に訪ねたトルコの古代ローマ遺跡の記憶が蘇り、古代ローマ帝国の最大版図パックス・ロマーナを彷彿とさせた。

　昼過ぎにバースを出て、英国の美しい田舎の代名詞となっているコッツウォルズ地方に入る。バースの北東に広がる穏やかな起伏に富んだ田園地帯に、大小さまざまな集落が点在している。運転気分の良い地方道沿いのそれらしき小さな町々を走り抜け、最初に車を降りたのはアーツ・アンド・クラフツ運動を主導したウィリアム・モリスが絶賛したというバイブリーだが、小さな集落が観光化した雰囲気にやや興覚めした。その日は、前夜に妻が愛用のタブレットで見つけて予約したマナーハウスに泊まる。

翌日は、終日夫婦で気ままに車を走らせコッツウォルズ地方を楽しんだ。午前中に訪れたバートン・オン・ザ・ウォーターは、時間帯が早かったせいもあってか観光客の姿はまばらで、小さな村の中心を流れる小川のきらめきと岸辺の芝生で遊ぶ親子連れやベンチで新聞や本を読むお年寄りなどが集い、家並の裏の散策路（フットパス）には人影もなく普段着ののどかさが漂っていた。

次のストウ・オン・ザ・ウォルドは、地元住民を相手にした商店やパブが軒を連ねたやや大きめの街で、とりたててコッツウォルズというイメージではない。その次のスノーズヒルは小さめの静かな村で、そのはずれにあるスノーズヒル・マナーでは、邸宅とそのまわりの庭や農地が公開されていた。今は亡き主のコレクション（日本の風俗を表した人形群が素晴らしい）が展示された邸宅を見学した後、庭のベンチでのんびりとストウの店で見繕った惣菜とパンの昼食をとりながら、英国農村の経済単位といわれる荘園（マナー）の一式を体感した。

さらにコッツウォルズ地方を一目展望しようと、ブロードウェーの街は通過し、小高い丘の頂に建つブロードウェー・タワーを公開時間ぎりぎりに訪ねた。スリムな城郭風の塔屋の屋上からは三六〇度の視界が開け、小さな町や村が散在している様子が遠望できた。夕日が傾きかけた頃チッピング・カムデンに到着し、私はハイストリート沿いの街並みを、妻は念願のアンティーク・ショップを探索する。ハイストリートから一歩裏に足を伸ばすと、茅葺屋根の民家や小さな教会と共同墓地など、デジャブ的な世界の片田舎に通じる風景が展開する。

この二日間に訪ねた街や村は、総じてやや観光地化しながらも、それぞれのスケールでの丁寧な手作り感を醸し、英国人のリタイア後の田舎暮らし願望を少し理解できたように感じた。

その日の宿は、ロンドンで購入したB&Bガイドブックから選んだウォーウィック近郊のシュレウェリー・プールスを予約しておいた。並木のトンネルが続く地方道からナビに従って入った狭いアプローチ道は行くてが藪で遮られ、どうみても廃道になっている様子で、はるか遠くに見えている農家がガイドブックの写真に載っている宿のようだった。バックで地方道に戻り、直感で別のアプローチを探すも農村地帯で道路密度が粗く、戸惑いながらもどうにか辿り着く。迎えに出た女主人も、到着時間が遅れたため心配していた様子だったが、私たちが途中の小さなスーパーで購入して持参した夕食をレンジで温めて、古い農家らしい素朴ながらも温かみのあるダイニングルームへ迎え入れてくれた。

シュレウェリー・プールスの子豚たち

翌朝食後、花や果樹が植えこまれた庭先を見回っていると、少し離れた豚舎や鶏小屋に案内して家族同様の動物たちを紹介してくれた。現役の農家の奥さんの飾らないホスピタリティに触れ、今回の旅のもう一つの白眉の宿となった。
翌日は午前中コンパクトにまとまったウォーウィック城を見学後、街中の駐車場に戻るとフロントガラスに駐車違反のカードが貼られていた。うっかり駐車時間制限に気づかずに僅かに時間オーバーしていたためで、英国の交通違反取り締まりの厳しさを思い知らされた。通りがかりの親切な白髪の紳士のアドバイスで、すぐさま近くの郵便局で違反金を支払い、次の視察地ボーンヴィルに向かう。

ボーンヴィルは、今や世界的なチョコレートメーカーの創始者ジョージ・キャドバリーが、事業を拡張するためにバーミンガム市内の工場を郊外に移転し、一八七九年に建設を開始した従業員のための村である。ニュー・ラナーク村建設の約一世紀後、ポート・サンライトのほぼ一〇年前のことである。キャドバリーの試みは単なる企業経営の枠を超えて、都市の住宅問題を改善し新しいコミュニティを建設しようとする社会実験であったという。谷合のニュー・ラナーク村に比較し、なだらかな高低差のある微地形を生かし、一戸建てを中心とした住宅地がつくられていた。小川に沿ったフットパスでちょうど遭遇した小学生の下校風景が、一三〇年後の現在も操業を続ける大きな工場とともに、理想的な住宅地として生き続けていることを証明していた。

工場見学の生徒たちで賑わうビジター・センターのカフェで遅めの昼食をとった後、久々のロングドライブでミルトン・キーンズに向かい、陽が傾きかけた頃、英国きっての大規模都市開発地にアクセスする。ミルトン・キーンズの広大さは車でシティ・センターにアクセスする際の果てしのないラウンドアバウトの数で感じたほどで、後述するようにコミュニティ意識を共有できる限界を遥かに超えていた。シティ・センター地区には、スタイリッシュな都市デザ

レッチワース都市図（出典：British Style 170 years）

インが展開されているものの、わが国の超高層マンション街同様、私にとっては親密さの感じられない魅力のない居住環境であった。

この日の宿は、妻がネットで見つけたヒッチン・プリオリーという歴史的建築物を使ったホテルにした。ナビに案内されるまま、夜になってからチェックインしたので、周辺の様子はわからなかったが、翌朝歩いてみると広大なグリーンに向かって建つホテルの建物も背後に広がる歴史的な街並みもスケール感がなかなかいい感じで、朝食後に改めて散策することにした。今調べてみると、建物は一四～一六世紀に修道院として使われ、その後ホテルに改修されるまでは名家の邸宅として使われていたという。

ホテルから二〇〇メートルほどの観光地化していない街の中心には、市民が集うマーケットが設えられていた。蚤の市風にアンティークを扱う露店も軒を連ね、妻は友達への土産を見つけるのに余念がない。いつも私の見たいところにつきあわせているので、偶然立寄ったヒッチンでの時間は妻への貴重な贈り物となった。朝市から戻り、その日の本命、二つの田園都市

（ガーデンシティ）レッチワースとウェリンの視察に出発した。

産業革命以降、大都市に人口が集中し、労働者の劣悪化した居住環境の改善を目指して英国で近代都市計画が誕生した。その先駆者の一人とされるエベネザー・ハワードは、都市と農村の長所を併せ持つ田園都市（ハワード曰く「都市と農村の結婚」）を構想し、一八九八年に『明日―真の改革にいたる平和な道（Tomorrow;A Peaceful Path to Real Reform）』（改訂後邦訳：明日の田園都市）を出版した。翌年一八九九年には田園都市協会を設立し啓蒙活動を行い、さらに一九〇三年には非営利の会社組織として第一田園都市会社を設立して事業化に乗り出した。ニュー・ラナーク村から約一一九年、先行するボーンヴィルから二四年、ポート・サンライトから一五年後に理論化された理想的住宅地計画の事業が始まったのである。ちなみにボーンヴィルのジョージ・キャドバリーとポート・サンライトのウィリアム・レーバーは、ともに第一田園都市会社の有力な株主となって新事業の実現を支えた。

第一田園都市会社は、一九〇三年ロンドンの北方五五キロほどのレッチワースの近辺で農地を買収し、開発面積一八〇〇ヘクタールの世界初の都市開発を行った。有能な建築家たちが設計を担当し、その美しいデザインとともに、二〇世紀に世界中に展開されたニュータウン事業の先鞭をつけた。計画人口三万二〇〇〇人のレッチワース・ガーデンシティは、ハワードの理想を追求した自立した職住近接型の都市として建設されており、中心部の近くに工場が置かれ、駅、商店、娯楽施設、緑地などが計画的に配置された。住宅はゆとりのある敷地に建てられ、庭に建物を建てることは規制されている。田園都市の内部には広い農地を含み、農産物の自給自足も目標になっている。また、農地を住宅地に転用することは禁止されている。周囲を緑地帯（グリーンベルト）とし、無秩序な拡大を防ぎ、コミュニティの一体性を保つことで良好な住宅地として有名になり、一時は不動産業者の標的となったが、熱心な保存運動を経て、開発を規制しコミュニティを維持すべく努力が続けられているという。実際に歩き回ると、その広大さと隅々まで破綻なく維持されている居住環境を実感できた。

レッチワース開発から一七年後の一九二〇年、ハワードはロンドンから二二キロの地に第二の田園都市ウェリン・ガーデンシティの開発に着手する。この間、建築家らの実験によって開発されたまちなみのデザインを体系的に使いこなし、囲みと呼ばれる街区構成のパターンが豊富化しているという。確かに歩き回ってみるとレッチワースに比べ建築的な住居タイプが変化に富んでいる。一方、駅の両側に広がる一八五〇ヘクタールの都市開発は広大で、駅裏の住宅地を車で回ると、レッチワースに比べ住宅が改造され住環境が劣化した街区も見られた。

レッチワースとウェリンの事後評価には諸説があるようだが、通過的視察者の目から見たちがいは、帰国後に調べた限り住民のコミュニティ意識から生じているように思える。

今回の旅では、一八世紀のニュー・ラナークという工業村から発する田園都市の前史を目の当たりにした。同時に、二〇年以上前に米国で訪ねた田園都市運動の影響下に設計されたニューヨーク郊外のサニーサイド・ガーデンやニュージャージー州のラドバーンの源流を確認し、私自身の住環境行脚のつじつまが合った思いがした。

一方で、著書『アメリカ大都市の死と生』で著名な米国の都市計画家ジェイン・ジェイコブズが、ハワードの「田園都市論」を批判し、「街並みを美しくするため規則正しく設計する手法に則った生活を強いている」として、「街はもっとさまざまなことがミックスされることが必要である」と唱えていることへも共感した。

一方英国では、レッチワースなど田園都市開発の成功が政府を刺激し、第二次世界大戦後の一九四六年にニュータウン法が制定され、ロンドンの過密対策として周辺に複数のニュータウンが建設された。英国内では二〇世紀に三〇以上のニュータウンが建設され、住宅地計画の実験で世界をリードしてきた。

さらにその後の検討で、これらニュータウンが周辺地域の発展に貢献していることが明らかとなったという。そこで、ロンドンから一定程度離れた場所にロンドンに対抗しえる大規模な開発拠点として、ミルトン・キーンズが計画されたという。ロンドンとバーミンガムの中間にあり、高速道路、鉄道と運河の便が良い場所が選ばれ、一九六七年にニュータウンの指定を受け、約四万人が居住していた地域に、計画人口二五万人、開発面積八九〇〇ヘクタールの巨大ニュータウン開発が実施されることとなった。ちなみに日本最大規模の多摩ニュータウンは二二〇〇ヘクタールである。

歩き回って感じた二つの田園都市の広大さと、昨日視察したミルトン・キーンズに典型が示されるニュータウン開発の巨大さとの間には、同じ理想主義的住宅地計画の系譜として語ることのできない質的断絶があることを確信した。まさに、ジェイン・ジェイコブズが批判した「アメリカ大都市の死」としての果てしなく広がる郊外都市を計画的に建設しているように思えた。

ウェリン・ガーデンシティの視察を終え、その日はケンブリッジ郊外のマナーハウスをネット予約しておいたが、ナビが導くところにそれらしき宿が見つからず、電話も通じず道沿いのお店で聞いてもわからないといわれる。途方にくれながら道行く車を止めて何とか知っている人を探し出して見つけることができた。幹線道路からの入り口には、車からでは見逃すようなほんの小さなサインがあるのみであった。

翌日にケンブリッジの街に立ち寄ろうと思った理由は、英国の大学街を見ておきたかったことと、マイ・フェイヴァリット・アーキテクトの一人ジェームズ・スターリングの歴史学部校舎を一見することであった。大学街としてのオクスフォードとスターリングの出世作レスター大学の工学部棟に寄りたかったが、行程的に叶わなかったためケンブリッジは必須訪問先となった。教会を中心とした生活共同体でもあるカレッジやそれを構成単位とする大学街というもののしくみをいまだ正確に理解できていないが、学んだ学生の人生に与えるであろう重みを垣間見る思いがした。このことは、四半世紀前に米国東部でいくつかの大学街を訪れた時にも感じたが、日本の地方の小さな大学での勤務経験が、より強くその環境の差異を感じさせたのかも知れない。

ケンブリッジ大学歴史学部校舎

一方、スターリングの実作としては、二〇年ほど前に訪れた晩年作のシュツットガルト近代美術館が最初で、歴史的な都市のコンテクストに対する現代建築的な解釈と卓越したデザインセンスに圧倒され、その後ハーバード大学でもサックラー美術館を見てきたが、今回はより若いころの作品ということもあってか、現代建築のもつ形態的素直さの魅力とその限界のようなものを感じた。

ケンブリッジまでで、当初目論んでいた今回の旅の目的地を見終えた達成感から、残りの旅程は気楽な気分で回ることができた。ケンブリッジから、やはり大学の英国人同僚から見学を勧められたイーリー大聖堂を経由して、レンタカーの旅の最後にサフォーク地方に向かった。

最初に訪ねたのは、織物の町としての栄華の記憶をとどめウールタウンと呼ばれ隣り合うラヴェナムとロング・メルフォード。ラヴェナムは小高い丘の上の小さな広場を中心に、中世からの木軸に色漆喰の家々が斜面に並ぶ。ロング・メルフォードは小高い尾根沿いの街村で、ごく普通の店が並ぶ。ともに散策しながら観光化していない田舎の気安さを味わった。

その日は東海岸の海が見たくて港町フェリックストーに移動し、オーシャンビューの小さなホテルに宿をとる。岬には一八世紀から一九七一年まで続いた海軍の要塞が廃墟となって北海に臨んでいた。翌日はロンドンへの帰路途中で、英国式風景絵画の雄ジョン・コンスタブルゆかりのイースト・ベルゴット村に立ち寄る。ナショナル・トラストの管理地フラットフォードで、ストウ川のボート・トリップに参加して、まさに風景画のような世界に浸り、英国の田舎を味わう旅を締めくくった。

このイングランド東部の二日間は、余念なく回れたこともあってか、普段着の英国に触れたような珠玉の思い出となった。ちょうど北イタリアの最後の半日を過ごした小集落ソマ・ロンバルドでの気分を拡大したような時間で、いずれは予定に追われることのない旅を味わいたいという気持ちを呼び覚ましてくれた。

ロンドンに戻り前泊ホテルにチェックインした後、テート・モダン、ミレニアム・ブリッジ、ロンドン博物館を回り、最後の夕食は下町のイタ飯屋でハウスワインとパスタ類で締める。最後の日は今回の旅で初めての雨天、英国では奇跡的な天気に恵まれた旅であった。まずは、前日が日曜休業であったレンタカー会社に朝一番に車を返却した。ホテルから数百メートルの距離にあるにも関わらず、最後にバス専用レーンを走ってしまい、妻と一緒に見送っていたホテルのフロントマンから、監視カメラの写真付きでカードからの違反金引き落し通知が日本に送られるであろうといわれたという。

フラットフォード風景

チェックアウト後、フロントに荷物を預け、私は傘をさしてリージェント・パークからリトル・ベニスを散策。妻は百貨店巡り。テューダー様式の木造百貨店リバティーで合流し、最後に大英博物館で日本と朝鮮そしてまだ訪ねたことのない中南米室を見て、混み合うグレート・コートのカフェで遅めの昼食をとり、ホテルを経由しヒースロー空港へ向かう。夜半の便でロンドンを発ち、二〇日間の英国の旅を閉じた。ロンドンからの帰国便のAVサービスで、グラスゴーの荒れた若者が、シングルモルト愛好家の保護司と恋人の助力を受け、スティルマンとしての人生目標を見出すという洒落た映画「天使の分け前」を楽しめたのも、何かの因縁というものだろう。

帰国後間もなく、レンタカー会社から監視カメラの写真付きで交通違反金支払い報告が届いた。書類を確認してみると、覚悟していたロンドンではなく、覚えのないバースでのバスレーン走行違反であった。

＊

英国のブリテン島と日本の本州は二二万平方キロとほぼ同面積で、大陸との関係も同時代の古代ローマ帝国と漢王朝の辺境として、さらに王室と皇室の存在など比較文化的に近似する群島国家として興味が尽きない。一方一七世紀初頭以降には、大航海時代と鎖国時代が並走し、産業革命によって世界のヨーロッパ化が決定づけられた後、英国は欧化政策のモデルとして日本にとっての追跡目標となった。そういった意味で、この旅ではさまざまな局面で日本と英国の比較が頭をよぎることとなった。

✺ スペイン賛歌

一九九八年の春休み、三回目の海外家族旅行に七泊八日のツアーに乗ってスペインに出かけた。ちょうど二〇年前に大学院生として海外初上陸したバルセロナを、五人連れの家族で再訪し、自分自身の眼差しや意識が大きく変化したことを自覚した旅であった。

＊

三月二八日の一三時成田発のイベリア航空モスクワ・マドリッド経由で、昼食・夕食ともおいしいワインと機内食で深夜にバルセロナに到着する。

翌日は終日バルセロナ市内観光。朝九時半にバスでホテルを出発し、まずカタルーニャの生んだ孤高の建築家アントニオ・ガウディ初期の傑作グエル公園へ。市街地縁辺部の丘陵地の地形を巧みに使い、凹型の斜面の中央にバルセロナの市街地を望むモザイクタイルの施された広いテラスが設えられている。その地下には雨水を集水する貯水槽が設けられ、傾斜を利用した噴水が公園全体の要としてデザインされている。後日、イスタンブールで古代ローマ時代の地下宮殿と呼ばれる大地下貯水池に出会いガウディがヨーロッパの歴史を継承していることを改めて認識したが、この時は彼のオリジナルのアイディアだと思いその着想に天才的なものを感じた記憶がある。

公園内の遊歩道は、テラスで交わる等高線に沿った緩やかな斜路や力学に沿った放物線の脚柱によって支えられたペデストリアンデッキが組み合わされ、現地を歩いて初めてその合理的デザインを理解することができた。

一方、ガウディの代表作サグダラ・ファミリア教会では彼の没後延々と工事が続けられ、全体設計の構想力は以前から理解していたものの、現場でガウディのオリジナルのディテールと受け継いだ建築家のディテールの差異に違和感を覚えざるをえなかった。ガウディが信奉したゴシック時代とは異なり、現代建築に稀な長期的な工期に現代の建築家の自意識が露呈したように感じた。

午後は自由行動で、ミサの行われていたカテドラルを見学し、教会前広場で繰り広げられていたサルダーナと呼ばれる民俗的なダンスにカタルーニャ地方のローカリティの健在を確認し、若いころ読んだジョージ・オーウェルの『カタロニア賛歌』を想い起こした。古代ローマ帝国の植民都市から発したカタルーニャ地方は、一二世紀前半にカタルーニャ君主国として自治を獲得して以来一七一四年にスペイン軍に降伏しスペインの一州に併合されるまで、大国の狭間で自

教会前広場でのサルダーナ

治を貫いてきた。そのため現在でも独立心が強く、スペインの中でも独自の地域文化を育んでいるという。

私は約一〇年前に中欧の旅でヨーロッパの都市空間に触れて以来、このスペイン旅行当時は仕事を通して地域性に根差した都市デザインの方法を探求していた。旧市街の目抜き通りランブラス通りを散策し、沿道の建築の建て替えが歴史的に形成された都市空間の文脈に則り、壁面線や建物高さや開口部の意匠がコントロールされている様や、建築と地と図の関係で形成されているリアル広場をはじめとする都市空間に触れ、改めて感激したのを覚えている。

さらに、バルセロナの市街は、ヨーロッパの歴史的都市の形成過程の典型を示すことに気づいた。紀元前後に建設され

街路パターンによって刻まれたバルセロナ形成史
（出典:『建築巡礼21バルセロナ』）

た古代ローマの植民都市パルキノに発するバルセロナは、旧市街にローマ人の都市計画の名残を残しているという。中世には地中海を勢力下に収める港町として発展し、城壁に囲まれた当時の都市域が現在の迷路状の街路パターンを持つ旧市街に該当する。

その後、産業革命の成果を取り込み工業化を進めたバルセロナは、人口が集中し過密によって都市環境を悪化させた。一九世紀後半にコンペによる都市の拡張計画を募り、中世の城壁を取り壊し、丘陵地に囲まれた平野部に碁盤の目状の街路パターンによる新市街が造られた。さらに二〇世紀に入っても成長を続け、新市街を囲む丘陵地まで都市のスプロールが進んだ。ちょうど二〇年前に西アフリカの集落調査の出発時に立寄ったことがあるが、その時にはほとんど朦朧としてしか都市空間を意識していなかったことに改めて気づかされた。

翌日は、朝食を空港でのボックス弁当で済ませ、一〇時過ぎに空路アンダルシアのマラガへ発つ。約一時間半の飛行でマラガに到着後、内陸のグラナダに向かう。バスからの沿道風景は、岩肌の露出した山の麓にオリーブ畑と白壁の家々の集落が点在するいかにも地中海性気候を思わせる風景が続いた。グラナダに到着し、ツナと呼ばれる音楽隊の歌と演奏を聴きながらのイカの墨煮の昼食後、待望のアルハンブラ宮殿を見学。イスラム建築のデザインが圧巻の

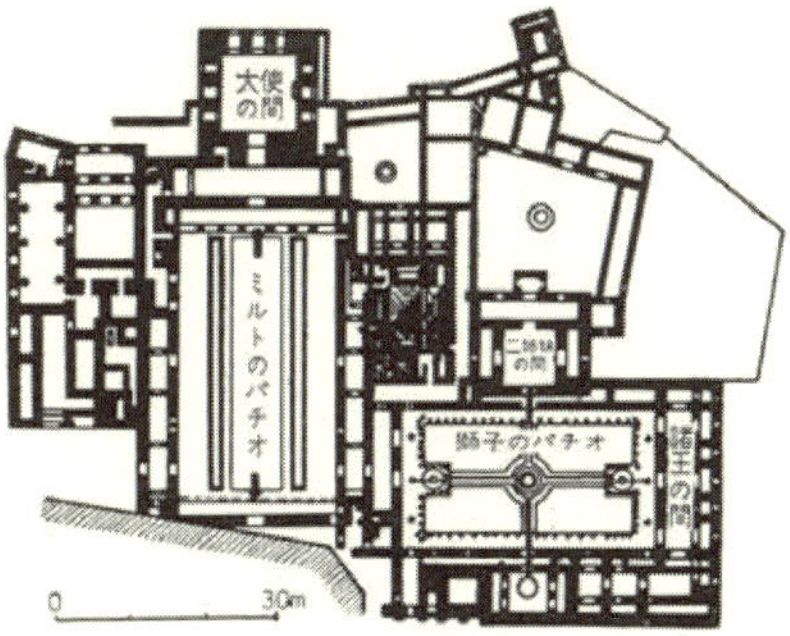

アルハンブラ平面図
（出典:『西洋建築史図集』）

アルハンブラと思っていたが、今改めて調べてみるとイスラムとカソリックの抗争の場として変遷複合化した歴史を持っている。一四世紀末までに獅子のパティオ、コマレス宮殿、刈込の美しいヘネラリーフェ庭園などイスラム王朝の宮殿として整えられた後、一五世紀末にレコンキスタ（キリスト教徒の国土回復運動）によってカルロス五世の宮殿が加えられ、モスクが教会に変えられ、礼拝堂や修道院が建築されたのだという。宮殿のところどころから見晴らせる、白壁の建築と糸杉の緑の織り成す街の遠景がまた素晴らしく、天気も最高で、これで今回の旅の目的は達せられたとの感があった。

バスでマラガ方面に引き返し、白壁の村として有名な別荘地ミハスに移動、すでに夕暮れた街並みは観光化でいかにもという感じだが、当時中学を卒業したばかりの長女は、異国情緒に満ちた別荘ホテルにご満悦だった。夕食はレストランで魚介のタパス。スペインの旅もイタリアと同様、食事には好印象が残っている。

翌日は天気も良く、朝ミハスよりバスで五〇キロほど西に移動し、今回の旅で最大の見つけものロンダを見学した。事前に行程を詳しく調べなかったので、深い渓谷を挟み対峙する二つの岩山の上に、アーチ橋一本で繋がった旧市街と新市街によって形成されたツインシティ・ロンダには驚嘆。新市街にスペイン最古の闘牛場があるということは、相当古い街だろうと調べてみると、やはりその発祥は紀元前に遡る。

ロンダを発ち約一〇〇キロ西のヘレス・デラ・フロンテーラに移動し、シェリーの酒倉（ボデガ）を見学後試飲、さらに昼食は市内レストランで魚介スープとパエリア。その後八〇キロほど北のアンダルシアの州都セビリアへ移動し、夕方二時間ほどの比較的長い自由時間が与えられた。私は広場のスケッチ、他の四人はショッピングで過ごし、地元浦和の少年サッカー団に所属していた長男は、スポーツ用品店でレアル・マドリッドのユニフォームを購入し有頂天。夕食を市内のホテルで済ました後の夜のフラメンコは強行軍で、会場で寝入った三人の子供たちをホテルに連れ帰った。

翌四月一日の午前中は、セビリアの市内観光でアルカサール、大寺院、ヒラルダの塔、サンタ・クルス街を見学。写真撮影に夢中になっているうちに一行を見失ってしまった。こともあろうに、かつてユダヤ人街であった狭小な路地が迷路状になった住宅街で、携帯電話もない時代に地図も持たずにお父さんが迷子になってしまったのだ。どうにかバスの発車に間に合うように合流できたが、いまでもその時のことを思い出すと冷や汗が出る。

一〇〇キロの道程をコルドバに移動し、メスキータ（モスクの意）と呼ばれる大聖堂の向かいの歴史的街区にある、魅力的な中庭を使ったレストランで魚介のローストの昼食をとる。その後、メスキータとその周辺のユダヤ人街やローマ橋を見学した。メスキータは、七八五年建設の古代イスラム寺院が一二三六年以降中世キ

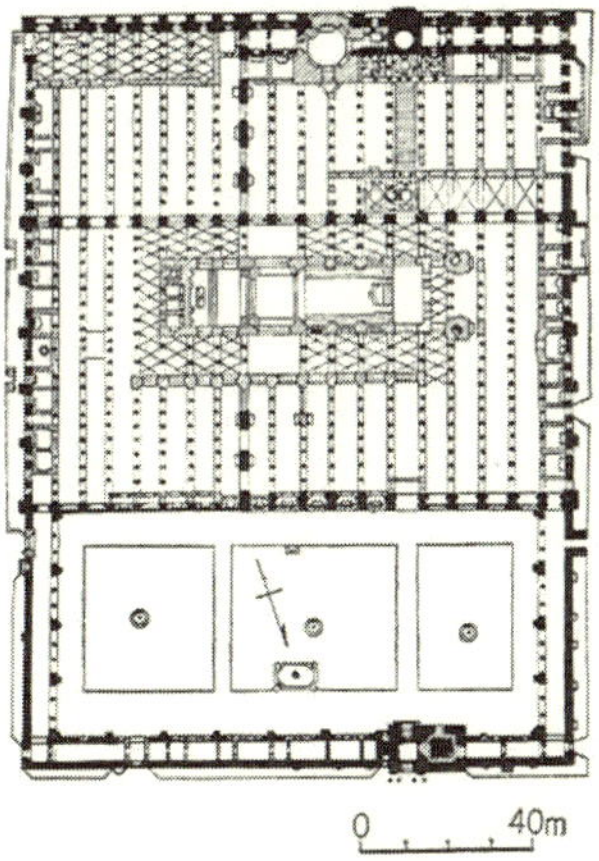

メスキータ平面図
（出典:『西洋建築史図集』）

マイヨール広場の外（上）と内（下）

リスト教会堂に転用され、馬蹄形アーチの広大な連続空間の一部を切削しゴシック教会堂が挿入されていた。またアーチを支える無数の大理石柱は、古代ローマ遺跡から運搬転用されているという。この地の民族や政治・宗教の攻防の歴史を思わずにはいられない。

　見学後、コルドバ駅からスペイン国鉄が誇る左右独立車輪を採用したタルゴ特急で、アンダルシアからラ・マンチャを経由してマドリッドに向かう。車窓からの風景の変化を楽しみ二時間ほどで到着。マドリッドのアトーチャ駅では、新旧駅舎の対比が見事で、近現代建築における構造の美しさを表現するスペイン建築の真骨頂に触れた思いがした。新駅舎は長身細身のコンクリート独立柱の上部をガラスのトップライトでつないだ構造で、コンコースに転用された旧駅舎は煉瓦積の重厚な壁をつなぐ鋳鉄製のトラスにガラスのトップライトを配した歴史的建築の再利用として見事であった。

　翌日は、午前中プラド美術館、スペイン広場、王宮を見学、昼食後は自由行動となり、家族で旧市街を散策した。特に圧倒的なスケール感のマイヨール広場と子連れで夕食を楽しんだ庶民的なバールの雰囲気が、スペイン最後の日の思い出として強く印象に残っている。当時の私は、ルネサンス期のイタリアの建築家アルベルティの建築書から引用した「家は都市であり、都市は家である」という宣言が気に入っていた。都市という大きな家に埋蔵された広場という部屋をマイヨール広場に見た思いがした。

最終日はホテルで朝食後、昼前発のバルセロナ・モスクワ経由便で、機内泊で帰国した。その後、子どもたちの受験や成長により、これが家族五人の最後の海外旅行となった。

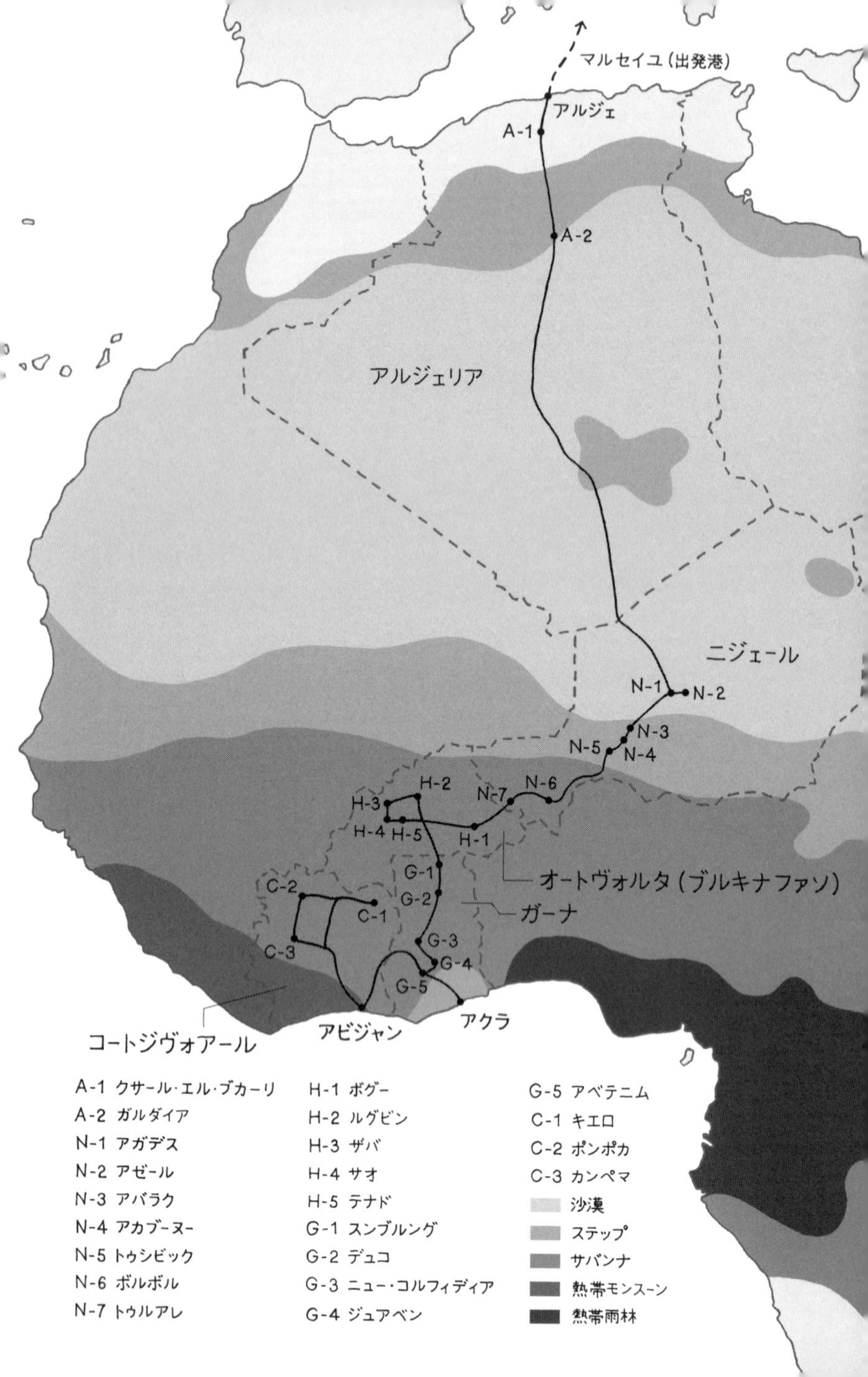

マルセイユ（出発港）
アルジェ
A-1
A-2
アルジェリア
ニジェール
N-1
N-2
N-3
N-4
N-5
N-6
N-7
H-1
H-2
H-3
H-4
H-5
G-1
G-2
G-3
G-4
G-5
C-1
C-2
C-3
オートヴォルタ（ブルキナファソ）
ガーナ
コートジヴォアール
アビジャン
アクラ
A-1 クサール・エル・ブカーリ
A-2 ガルダイア
N-1 アガデス
N-2 アゼール
N-3 アバラク
N-4 アカブーヌー
N-5 トゥシビック
N-6 ボルボル
N-7 トゥルアレ
H-1 ボグー
H-2 ルグビン
H-3 ザバ
H-4 サオ
H-5 テナド
G-1 スンブルング
G-2 デュコ
G-3 ニュー・コルフィディア
G-4 ジュアベン
G-5 アベテニム
C-1 キエロ
C-2 ポンポカ
C-3 カンペマ
沙漠
ステップ
サバンナ
熱帯モンスーン
熱帯雨林

第6章　サハラを渡る

私の初めての海外旅行は、大学院修士課程二年の一九七八年一一月から七九年一月にかけて参加した西アフリカの集落調査であった。

いきなりサハラ砂漠縦断から始まったこの旅の経験が、その後の私の旅の原点となっている。さらに今から振り返ると、この集落調査はその後の私自身の価値観や仕事の志向を導く出発点ともなったように思う。

本章では、調査旅行中のノートや帰国後の考察の一部を援用しながら、記憶をたどる旅の記述を試みたいと思う。三六年間の時間の旅を省みるためにも、日付の入った日記体の記述では、あえて二六歳の建築学徒のノートをそのまま引用することにした。

自分自身のための備忘録であり、読者にとっては不親切で解りづらい記述を掲載することをお許し願いたい。

✺西アフリカの集落調査へ

私が大学院で学んでいた当時の日本の建築ジャーナリズムでは、R・ベンチューリの『建築の複合と対立』やB・ルドフスキーの『建築家なしの建築』など、近代建築批判が紹介され始めていた。私の所属していたH研究室には、近代建築の均質空間の打破を目指すH助教授（当時）のパルチザン的プロパガンダである計画理論『住居集合論』と設計方法『反射性住居』に魅かれた大学院生が集まっていた。

近代化以前の集落の空間構造から建築空間の豊富化に向けた理論を導こうとする『住居集合論』では、すでに四回の海外集落調査を行っていた。五回目で最後の集落調査となった西アフリカの調査隊のメンバーは、指導教官のH助教授、女子大で比較文化を教え、かつ自動車運転A級ライセンス保持者のS教授、研究室のオーバー・ドクター一名、私を含む修士課程二年三名の計六名であった。現地情報の収集や入国手続きなどの作業を修士の院生が受け持ち、半年以上をかけて準備した。研究室の集落調査の原則として、文化的「閾」を跨いだルートで一、二ヶ月程度の行程を組む。現地では、調査対象集落を見定めると短時間滞在して調査しては次の集落へ向かうという、一種のデザイン・サーベイといわれる調査方法をとっていた。

そのようなわけで、この五回目の調査では、サハラ沙漠という閾を縦断するルートが選ばれた。事前の情報収集の中で忘れられないのは、アフリカの地域社会研究で著名な文化人類学の教授に文書で助言を求めたところ、私たちの研究室で行ってきた短期間の調査の意味を全否定した返事が返ってきたことである。自分の所属する研究室の調査を絶対的なものとして疑うことのなかった若い大学院生にとって、研究という領域の厳しさを垣間見る思いと、通過型調査への懐疑という小さなトラウマが芽生えた。しかし今振り返ると、その後の自分自身の調査研究の方法や旅の仕方は、この西アフリカの集落調査によって決定づけられたように思う。

S先生の尽力で、ある自動車メーカーから試験走行用に無償貸与された発売前の4WD車二台を東京から船便でバルセロナに送り、荷受けするために修士の院生三名が二日早くソウル・アンカレッジ・パリ経由でバルセロナに飛んだ。

人生初の異国の街でどのように過ごしたか、詳細は覚えていないが、旧市街の迷路状の路地空間のイメージが頭の片隅に残っている。ただ、当時のノートを読み返すと、ガウディのグエル邸、サグラダ・ファミリア、グエル公園を見て回っていたが、現在記憶に残っていない。恐らくその直後のアフリカの圧倒的な印象によって、私の脳裏からかき消されてしまったのかもしれない。

一一月二三日夜、バルセロナで研究室の調査メンバー全員が合流した。一泊後、アルジェ行きのフェリーに乗るため、地中海沿岸を約九時間走り、夜半にマルセイユの安ホテルに投宿した。翌日はマルセイユでフェリーの便を待ち、ル・コルビュジェ設計のユニテ・ダビタシオン内のホテルに一泊した。教科書や写真集でしか見たことのない現代建築の傑作の構想力や造形の図太さに直接触れた感慨は、いまだ忘れえない記憶として残っている。マルセイユの街は、バルセロナに比べ近代化されたどこにでもありそうな表情を見せていた。港近くのレストランで、生ガキと生ウニと黒鯛らしき魚にワインでアフリカへの船出を祝した。

一一月二六日にマルセイユ港をフェリーで出航し、船内泊で地中海を渡り、翌二七日からアルジェリア、ニジェール、オートヴォルタ（現ブルキナファソ）、ガーナ、コートジヴォアールの五ヵ国を巡り、一月九日にアフリカを離れるまでの約一ヵ月半の間に、植生と部族が変化する数多くの豊堯な集落風景と出会った。調査は大まかな予定ルートに沿って車で移動しながら、詳細なコースは現地の状況に応じて逐次的に決め、道すがら対象集落を見定めると、集落全体プランの採集、典型住居プランの採集、写真撮影の役に別れ六名が集落の中に散っていく。

住居プランの採集では、好奇心で集まる子どもたちを頼りに家に案内してもらうことも多かった。お礼は、安価なＢＩＣのボールペン。貨幣のない集落も多かったが、若い院生の眼には、物質的には貧しいながらも住民たちが磊落に暮らしているかに見えた。野営を基本に、週に一度くらい都市の安ホテルに戻り、野帳の整理や市場での食料の調達、休息に充てた。

日本に帰国後、持ち帰った膨大な野帳と写真を研究室で整理し、二六集落の分析を踏まえた論考を加え、一九七九年一一月に『住居集合論５　西アフリカ地域集落の領域論的考察』をまとめた。

✺ アルジェリアの都市と集落

▼11月27日（月）
今、ナポレオンⅡ世号のエコノミークラスの船室にいる。ここはラジカセからアラブの音楽が流れ、もうすでに北アフリカである。アルジェリアンの地中海上の動く人工島である。

▼11月28日（火）　22時半　雨　ホテル・エル・ミンツァにて
昨日、アルジェ港でフリーになったのは一二時半であった。アルジェの街は、マルセイユに比べ一段暗い色調を持っている。基調はイスラムで、何がどう違うのか、ヨーロッパの街とは異なる。ジュラバとハイワをまとった男女が一〜二割だが印象的で、アラブ世界に上陸したことを強く感じる。日本大使館を探すため街を何回か回って構造が少しわかったが、基本的には迷路的。わりと低い二重の街路樹が並ぶなかなかよい道もある。大使館でS先生が合流

アルジェの街角（後方に2台の調査車両）

し、その日は街の中心から四〇キロ離れたリゾートホテルに宿をとった。今日は、午前中にニジェール大使館でビザを申請し、街中の本屋で資料を入手し、午後はティパサのローマ時代の遺跡を訪ねた。天気は晴れていて、地中海の青を背景に、緑に覆われた遺跡は、強い日の光に濃い影を落とし、過去の夢を眠らせているように見えた。建築的エレメントのスケールは、予想より小さく人間的である。ディテールはなく、テクスチュアは予想以上に粗い。バシリカ、闘技場、メインの通り、円形劇場等が複合されている。その関係とか、個々のプランの形のよさ等を感じるが、圧倒的なすごさというものは、少なくともティパサにはない。例えば、コルビュジェとかレイモンド等に、あるいはカーンは勿論かもしれないが、彼らにみられる造形感覚の根のようなものが、いたるところに眠っているようだ。特に円形劇場のまわりの求心的なヴォールト屋根のもつ力強い形はなかなかよかった。また、沿道の風景の美しさは、運転していて全く飽きない魅力がある。途中で見つけた風変わりな集落が、調査対象の第一号になるであろう。

《補筆》その後、トルコやヨーロッパ各地で古代ローマ遺跡を訪れることになるが、今振り返るとこの時が古代ローマの版図・パックスロマーナとの最初の出会いであった。

▼11月29日（水）フォルカ調査

竹垣に似たような境界に囲まれた住居と畑や空地が密着して集合している。住居の配列自体は均等であり、中心もエッジも特に見られない。各住居は閉鎖的で、外から見る限り単純な分棟型。屋根にスレート波板が使われている住居も多い。住民の話によれば、兄弟の家族が分かれた棟に住んでいるという。住居と住居の間は、背の高い竹垣の下のトンネルのような暗い路地が等高線に直行し、等高線に沿って広い道がある。同形式の集落が所々みられたが、他の組積造の街に比べると、貧しく特殊な集団が居住しているようであった。全体プランや住居プランの採集はできなかった。

《補筆》車に戻ると、住民の通報があったためだろうか、そこにはパトカーが待機しており、警察署に連行され、カメラに収められたフィルムはすべて露光されてしまった。アルジェリアは当時独裁的社会主義国家として名を馳せていたので、これはまずい状況になったと誰もが感じ、言葉も十分通じないので、ことによると収監されるのではないかとさえ感じたが、どうにか事なきをえて解放された。本格的な調査を始める前に、調査というものが相手にとってはいかに警戒すべき行為であるかということを意識せざるをえなかった。

▼11月30日（木）クサール・エル・ブカーリにて

今日、ニジェールのビザをピックアップして、いよいよ調査旅行がスタートした。成田を出て一一日目である。アルジェから南下すると間もなくアトラス山脈に入り、道は山間を縫って走る。そのうちまわりにかなりの積雪が見られるようになる。峠を越えると風景が変わり、どこか太古的な様相を見せ始める。表向き田園的な風景に似ているようでありながら、何か異なる人間臭さを超えたものを感じさせる。穏やかであり、優しげでありつつも、自然独自の生命感を秘めて地形が眠っているのだ。ビロードのような、あるいは爬虫類の皮膚のような、なめらかな地表を波打たせている。そこでは、人間は表立って生活を営んでいない。ひっそりと慎ましく、隠れるようにして、あるいはそれ以上に作為なしに暮らしている。まさにシェルターとして、基地としての家が地形の中に設えられ、ジュラバをまとった男が、ぽつんと存るだけである。車に乗って急ぐのが、何とも真の時間とそぐわない。一人で、しかも、その時間、人々と同化して歩きたい気がする。このような世界が、日本やあのヨーロッパと同時進行していることこそ、時間のねじれを証明しているのだ。いまだ、アルジェから一八〇キロにすぎない地点で、すでにこうである。これから、アフリカの残している世界そのものの素晴らしさを実感する旅になるであろうことを予感する。

《補筆》クサールとはベルベル語で、中庭型の住居が密集して要塞化した集落を指すという。

▼12月1日（金）クサール・エル・ブカーリ調査

アトラスを越えたステップ気候帯にあるブカーリは、いくつかの丘にわたり複数の集落に分かれ居住されている大きな街で、全体で六つのモスクがあるという。その中のひとつの集落の全体プランと住居プランを採集した。調査集落は、街の中では最も貧しいグループのようである。日干し煉瓦組積造の囲み型住居が集合。集落は丘に立地して、丘と丘の間の谷は、自然石を埋めただけの粗野な墓地になっている。

ガルダイア

《補筆》ブカーリの調査終了後約四〇〇キロを走り、アトラス山脈の南に横たわるムザップの谷にあるガルダイアに至る。到着した夕刻には、濃い青空を背景に、傾きかけた陽の光に白く輝く丘状の都市の頂上のモスクの塔から、コーランの調べがスピーカーで流れ、夢幻の世界に引き込まれた記憶が映像と音声とともに残っている。台地の頂部と底部の標高差が五〇〜六〇メートルほどの広大なムザップの谷には、九世紀にイスラム宗派争いによってイラクから逃れた一派が、計画的に建設したといわれる都市が点在している。

▼12月2日（土）ムザップにて

ガルダイアを中心とする七つの都市。そのうちの四つは谷に外輪する台地上から、同時に視界に入るスケールである。谷の中の小山をそれぞれのふもとのラインで囲み、山岳都市状のクサールをつくっている。それぞれの頂のモスクの塔があたかも沙漠の谷に浮かぶ灯台のように、都市間の関係を強調している。それぞれの都市は、オアシス、墓地と共にセットになっていて、コンパクトなスケール感が非常に美しい。住居の集合は精密であり、ガルダイアでは、特に中心に近い方が精度がよい。中心のモスクの空間も周囲の住居集合に親密に埋め込まれ、ヨーロッパの教会とは異なり広場は付随しない。都市内の街路は、標高に平行な同心円と頂のモスクに向かう放射状傾斜路のネットワークによって構成されている。標高の低い同心円状の街路には日よけのテントが張られ、両側に商店が並び、その一画に隊商を受け入れる広場を囲みキャラバン・サライが設えられ、街路と広場は商品と人ごみに溢れていた。もちろん手押しの荷車以外車両は入れない。そして驚くべきは、完全に都市的な住居内で、ヤギが飼われていたことである。第一回集落調査で調べていたため、今回調査は行わなかった。

▼12月3日（日）エルゴレアにて

沙漠の中の大きなオアシスに育まれたいくつかの集落の集まり。中心の街はグリッドプランが基本。全体が沙漠の中の谷に沈んでいて、その中の山の頂上には古い砦跡がある。砦は複数存在し、それぞれに呼応している。全体プラン・住居プランを採集したのは、その一つの砦跡のふもとの一つのクサール。オアシスも植栽された中庭と同様ジャルダンと呼ばれ、ヤシの根元の土地は、水路により灌漑されている。壁と畦によって区分けされた畑は、現在半分ほどが休耕していて、半分ほどに根菜類が植えられていた。

▼12月4日（月）インサラーにて

インサラーは真っ平らな沙漠に立地するオアシスにある前線基地のような街で、あまり整った印象ではない。どちらかというと仮設的な印象が強い。ホテルは行商宿風なものが一軒で、満員。銀行も閉鎖していて、沙漠の街の印象がさらに強い。われわれは街の近くの砂の上で野営。星が美しい。明け方はかなり冷え込む。メインルートから脇道に入ると、かなりの砂。砂上のドライブで二、三回ストップ。砂はパウダー状。レンガ色。遠くにはずっと蜃気楼が逃げていく。ぼくらは逃げていく蜃気楼を追って進む。オアシスの影が、遠くから見ると一層魅力的に広がる。

▼12月4日（月）サハラ　フォウガニア調査

インサラー周辺のオアシスに根づくセトルメント（入植集落）の一つの住居は、オアシスと沙漠との境界に成立している。住居の配列は密着型とも離散型ともつかず、さして緊張感を持っていない。これまで見た集落は、ほとんどの場合オアシスを避けて立地している。まず、オアシスをメインテインすることが集落の第一条件であるという表現を持っている。われわれの調査した住居は田の字プランを基本とした単純で、かつ小さなものであるが、それでもコートを完備している。H先生が採集しつつあった全体プランは、村の恐心家によって焼却されてしまった。

▼12月５日（火）タマンラセットにて

エルゴレアで一回、インサラーで一回、住居に招かれてお茶を飲ませてもらった。ほとんどコミュニケーションのできない異国の人々を家に招くということ。そこに何も物の交換が介在しなければ素晴らしいだろうと思う。が、ぼく達は、半分騙し騙しプランや情報を採集し、ライターやボールペンのおみやげを置いてくる。それが残念といえば残念なのだが、それが旅の第一の目的をはたすためなのだ。ベルベル族の人々は、非常に穏やかで人懐っこそうに見える。しかし、何といっても魅力的に感じられたのは、タマンラセットの周辺から見られはじめたトゥアレグ族の人々の、毅然としたスタイルである。

▼12月６日（火）タマンラセット～インゲザム間にて

タマンラセットから道は未舗装となり、一切の集落は姿を消す。タマンラセットを出て間もなく、ぼくの運転する車が悪路の窪みに突っ込み、車の腹をぶつけてエンジンのプロテクターを壊してしまった。幸い全員がかり二時間の修理で、応急処置がなされ、皆、ぼくのミスをかばってくれたが、全く運転の甘さにわれながら愛想が尽きる思いだった。オフロードの運転の難しさと面白さを昨日と今日で味わった。今日は、五〜六時間の運転中、五回ほど砂にスタックしてしまったが、地平線を目指し何もない沙漠を突っ走る気分のよさを味わう。それと、ドイツ、フランス、イタリア、スイス……さまざまな国のパーティーと抜きつ抜かれつ行き交い、スタックした車を押し合って助け合ううちに、顔だけは覚えてゆく。羨ましいと思ったのは、連中の屈託のなさ。ほとんどはカップルの組み合わせで、ワーゲンバスやプジョー、ルノー、ホンダのバイクなどで、サハラを楽しみに来ているという感じ。彼らを見ていると、晴（妻の呼称）にサハラを見せてやりたい、サハラの自然、サハラの人々、サハラの街を見せてやりたいと思う。今夜で沙漠のキャンプも三回目。皆元気でいる。もう一度、すでにもう一度アフリカに来たいと思いはじめている。その時は、もっとドライビング・テクニックと車のメカに強くなっていなければ。明日は、インゲザムを通過して、ニジェールに入国するだろう。調査が進んでいないのが気にかかる。

▼12月9日（土）

アラクの谷では、草で編んだゴザのようなもので組まれているらしい非常に簡素な小さなテントが、離れ離れにつくられていて、その前でトゥアレグが火を焚いているのが数か所で見られた。また、タマンラセットからアガデスの間で、まとまった畑（キビ畑のように見える）のまわりに、饅頭のような形をした皮で作られたように見えるテントが、やはり離散的に配置されているのが観察された。

✳ サブサハラの集落

《補筆》 一二月五日にサハラ北縁の都市タマンラセットを出発し、無住地帯で野営しながら未舗装の砂漠の道を走り続け四日間。サハラ南縁の都市アガデスに到着したのは夜半であった。久しぶりの街の灯を頼りに安ホテルを探す。前泊の客が寝たままのようなベッドの置かれた、決して清潔と言えない部屋にありつけたのは夜の一〇時頃であった。それでも、遠くから聞こえてくる太鼓の音に、それまでのイスラム社会主義国の調査の緊張から、西アフリカという異質の時空に入った実感とサハラを越えた安堵感を覚えている。翌朝の部屋のテラスからは、日干し煉瓦積みの灰褐色の低層の家並と枯枝とゴザで組まれたテント群落が混成する中に、ところどころにプリミティブな形態のモスクの塔が立つ鮮烈な光景が広がっていた。サハラ北縁に比べ、オアシスの存在が皆無で、より乾いた土っぽい風景であった。

▼12月10日（日）アガデスにて

昨日、九時にアサマカで通関をすませ、夜一〇時くらいにアガデスのホテルについた。タマンラセットを出て以来、四日ぶりのホテル。昨日の昼ごろから、明確にサバンナに入り、サハラを越えた。八日ぶりくらいのシャワーで砂埃を落とし、さわやか。今、朝の七時過ぎ、ホテルの屋上のテラスでノートしている。目の前には、トゥアレグのものらしいマシュルーム型のテント群が見えている。沙漠は、さまざまなイメージを想起してくれた。蜃気楼狩り、サバンナの草の河、乾期でサバンナは死相の明るさである。すべてがドライな世界。車から見えていた草原も、降りてみるとカサカサで、轍の跡はいっこうに戻る気配がない。アガデスに入るとフェスティバルのドラムの音が響いて、いかにも西アフリカ入りをした気がしてくる。いよいよ今日から本格的な集落調査である。

▼12月10日（日）アガデス調査

アガデスは、まさに沙漠の基地としての性格を備えているかに見える。それは、トゥアレグのテントサイトが、街のエレメントとしてセットされていることに、特に顕著であるようだ。テントサイトは、街の中の壁に囲まれた敷地に組み入れられているものと、街の外にテント村を形成するものとがある。各々とも、寝室、かまど、トイレ、家畜小屋、ベランダ（複数の支柱によってゴザ状の日除けを支える四阿風の簡易な建屋をわれわれはこう呼んだ）をもった形のテントのセットを持っていて、グルーピングされているようである。テントの形式は、車から見られた四角形と丸形の二つの基本形があり、素材は植物を織ったゴザ状のものである。

▼12月12日（火）アゼール調査

アガデスの郊外のトゥアレグのセトルメント。非常に整ったコンパウンド・タイプの美しい集落。住居は移動式のテントではなく、竹のような材料で恒常的に組まれている。ドーム型のもの複数個とベランダ型のゲストハウス一つ、およびトイレと檻状の家畜小屋がセットになって一つのコンパウンドをつくっている。コンパウンドはひとつひとつ木柵に囲まれ、それが三

○以上集合している。集落全体に対するエレメントは、簡単なベランダ型のモスクとオアシスである。その他、コンパウンドに属さない大きな家畜小屋があるが所属はわからない。調査対象としては、極めてアフリカ的で、かつ美しい集落である。

《補筆》コンパウンドとは、さまざまな使われ方をする用語で、その定義は必ずしも確定されていないが、ブラック・アフリカの住居集合を考える上で決定的な概念である。一般に、機能により分解されたいくつかの住居のエレメントが、再統合されたユニットをコンパウンドと呼ぶことができる。エレメントの種類と統合のされ方によって、さまざまなヴァリエーションが観察できる。

▼12月13日（水）アバラク付近にて

アガデスでは、初日二日は、市内のホテルに泊まり、三日目は、郊外のキャンプサイトに野営した。街自体は、郊外で見つけたトゥアレグのセトルメントを含め、非常に興味深いものがあった。一二日の午前中を、セトルメントの調査に費やし、午後インガルについたのは、暗くなりきってからだった。六泊目のテントを張って、街の外に野営。ドイツ人二人のパーティーが、同じ場所で車でビバーク。夜間に通過したインガルの街は、道にパウダー状の砂がつもり、家のシルエットだけが黒々として、その中から子どもたちが騒ぎたてる様子が、あまり気味のよいものではなかった。一三日は、めずらしく朝八時に出発した。しかし、サバンナの中を抜ける道はでこぼこで、三時過ぎまで走っても二〇〇キロ進んでいなかった。その時にアバラクの集落が出現した。日本で、写真によって見慣れていた、例の足つきのお化けポットのような

サバンナの少女たち

穀倉（メゾン・ド・ミル）が、列柱で囲まれたマッシュルーム型住居に付き従っているのがまず目についた。居住しているのは、トゥアレグとハウザがあるらしいが、その違いは明解ではない。コンパウンドのエレメントは、マシュルーム型の住居、トイレ、ベランダ型の住居、家畜小屋、鶏小屋、穀倉。今回、写真の他に初めて住居プランの採集を担当したが面白い。というのも、住んでいる人々が全く開放的で、すべてをみせてくれるからであった。道具類は、ベッドが最も完成されている。コンパウンドの集まった集落全体に対するエレメントは、明確にはなさそうである。しかし、この集落も前日におとらず美しいものであった。この集落でぼくはトゥアレグの少年と仲良くなった。一四歳のイブラヒム。真っ青な民俗衣装をまとった利発な少年で、調査の間中、ぼくにつきそって助けてくれた。調査がうまくいったことと、小さな友達と意思の疎通できたことでよい気分で野営についた。野営では、寝るまでの間中、カフケフの三人の少年がつきあい、いろいろと聞き出そうとこころみるが、まるでアフリカン幼児学校風景のようだ。

▼12月14日（木）アカブーヌー調査

アバラクで見られたコンパウンド・タイプと同系で、規模が小さく、住居のエレメントも少ない。アバラクから少し離れた丘の上に三つのグループをつくっている。われわれの観察したグループは、三つの木柵に囲まれたコンパウンドと一つの独立住居からなっていて、トイレのエレメントが明確でない。

▼12月14日（木）トゥシビック調査

新しい住居タイプが登場。キューービクルで屋根の四隅に角がついている。土壁でつくられ、土壁によって連結してコートハウスをつくっている住居。それと壺型の穀倉、マシュルーム型が組み合わさって複雑なシルエットを形づくる。それに、ねむの木のような樹木が、集落のこかしこに配され、影を提供している。アバラクおよびアカブーヌーと同様、囲まれた畑が住居にセットされているものが多くみられる。住居内は見ずじまいであった、H先生の話によれば、構造は中央の柱によってドーム型の屋根が支えられた唐傘であり、インテリアに異様に多くの皿が、壁中に飾られているという。

▼12月15日（金）ボルボル調査

ドゴンドウィッチからドッソへの間に現れたハウサ族の集落。平らな畑の中にひっそりと沈んでいるため、外からの見かけは目立たないが、内部のプランニングには素晴らしいものがある。まず第一にスケールが挙げられる。これまでの集落にくらべても、スケールのレンジが一段小さくなっている。マシュルームは直径が四mくらいが標準であり、コンパウンドの間を縫っている小道は二～二・五メートルの幅。そのところどころが、主として路地の出会いが、ねむの木に似た美しい木の植栽によって、人の溜まりを準備している。一つのコンパウンドの住居数も多く、はるかに密着した印象を与える。特徴ある横縞の穀倉が出始めた。穀倉は、各コンパウンドにセットされているというよりも、穀倉群として住居集合の外に置かれているかに見える。その配置の示す意味は不明。集落としての密度、アイデンティティ、まとまりはかなりよい。

▼12月16日（土）ニアメにて

いよいよ面白い集落が出現し始めて、調査が本格化しつつある。しかし、苦しいのは、アフリカの物価の高さである。

▼12月17日（日）トゥルアレ調査

ルーラル・ハウサの典型。マシュルーム型とベランダ型の組み合わせでコンパウンドを形成している点は従来通りであるが、穀倉やモスクなど他のエレメントの形が変わってきた。マシュルームの材料も地方性がみられる。ルーラル・ハウサの場合、葦を編んだようなものと土壁が共存している。集落の配列自体には、密度はないようであり、小村あるいは散村的な配置の

ボルボル集落配置図（出典:『住居集合論5』）

見られるものさえある。トゥルアレの近くで典型的離散型とみられた配置は、実際には各住居のエレメントの分離であるといったほうが正しい。

《補筆》オートヴォルタは当時人口五六〇万、面積が日本の約八割の小国ではあるが、数十～一〇〇キロの単位で、明解に住居形式が移り変わってゆくことからも、その中にさまざまな部族が細かく住み分けているという印象が強かった。

▼12月18日（月）ボグー調査

オートヴォルタに入って見られる集落の典型。完全に円形を形づくるコンパウンドが、集落の中に離散的に配されている。エレメントの特色は粉ひき小屋やかまどを囲う壁などの出現。また、マシュルームの中に間仕切りができている点も従来と異なる。コンパウンドのエレメントは、いずれもモデュールの存在を感じさせる。全体に対するエレメントとしては、集落の中央の竹林のような中に、アニミズムと結合したキリスト教会のような施設が置かれている。軸線の上に、二股の木、円形に配された石組が二つ。一番奥には円形の建物。さらに全体プランを採るためにまわったところによると、二重の円形プランをもつコンパウンドも存在している。しかし、集落全体の配置には、単純性が残っている。集落の間およびまわりに耕地が配されている。焼畑が基本であるようである。オートヴォルタに入り、連続的に素晴らしい集落が出現している。

▼12月19日（火）ワガドゥグにて

一七日の夕刻、オートヴォルタ入りし、一つのコンパウンド・タイプの集落を調査して、昨日の夜ワガドゥグに到着。今日は、オートヴォルタのビザ延長およびH先生のガーナのビザ取得のためのスペアデイ。ワガドゥグの休日。暑さが強まり、湿度が増したせいで、少々疲れ気味。いくらでも眠れるような感じ。いよいよ市場にアフリカ彫刻が出現しはじめた。S先生が購入したアッパーヴォルタの木彫は、なかなかの秀作。そのつもりで街を歩くことにしよう。明日から三日間、オートヴォルタの北部を一巡して、恐らく一二月二二〜二三日ころからガーナ入りするであろう。

▼12月20日（水）ルグビン調査

モシ族の住居は、円形プランと方形プランと、それらを連結する円弧上の壁とによって、一つのコンパウンドがトーチカ的な構えを示している。さらに一〜数コンパウンドが密着して、植栽されたアルコーブやコンパウンド間の作業スペースを持つ。穀倉には、これまで見られなかったような鍵のついた木製窓がつけられている。これらの集合が、大木が間隔を置いて生えているサバンナの中に、まわりに焼畑を配して離散的（二〜三〇〇メートル〜一キロ）に配されている。マシュルーム型の屋根の傾斜が、これまでの凸曲線から凹曲線になり、数十コンパウンドが密着している大きな集落では、何か非常に美しい屋根の重なりのシルエットを持っている。それら大きな集落では、キリスト教とモスクとを共に持っている。

▼12月21日（木）ザバ調査

ワヒグーヤとデドゥグとの間に見られたマルカ族の集落の典型。方形プランを基本としている。方形の穀倉が、コンパウンド内外に、整列して配されているメカニカルなシルエットが特色である。コンパウンドのエレメントの配置は、どちらかというと増殖的であり、あまり明解な規則性を持たない。コンパウンドの配置の複雑さは、集落のエレベーションから受けるほどではない。ゆるい密着性を示し、その間にモスク、畑、井戸、バオバブの木の支配するあきのスペース、アニミズムのシンボル、日干しレンガづくりのための地面に掘られた穴などがある。メインの道沿いには二つの堂を持つ立派な教会がある。

▼12月22日（金）

昨日午後、ボボ・ディンラソの一五〇キロ手前で、ぼくの運転している車の後輪を支えるアームが折れて、最大のピンチ。今日は、近くの街デドゥグの修理工場の電気溶接で、応急修理をすることになっているが、要所の致命的破損であるので、今日の予定はたてられない。

▼12月23日（土）サオ調査

デドゥグとクドゥグの間に数か所にわたって観察されたグルンシのヌヌマ族の集落のクライマックス。密度の高い密着性と集落全体のシルエットを持つ。西アフリカのムザップという感じ。異常な数の穀倉が、ほとんどコンパウンド外のスペースに林立して、集落を支配している。やはり円形プランはほとんど見られない。一つ一つのコンパウンドは、フラットルーフに壺のトップライトを埋め込んだ住居によるコンパクトなまとまりを持ち、それらを圧して穀倉があるという感じ。集落のまわりに井戸が配され、そのまわりに焼畑が配されている。焼畑には柵で囲われたものと野を焼いたものとがあり、野で穀類を、囲われた畑で野菜をつくっている。囲われた畑には、畦や井戸がセットされた畑もある。穀倉には、舟やワニなど川にちなむマークの入った立派なものも多い。集落のエレメントとしては、市場的ベランダ群、作業スペース、モスクがあり、作業スペースには地面に穀類を仕分けするらしい穴が設けられている。

《追記》たしか、サオの集落を調査する二日ほど前にオートヴォルタ中部の町クドゥグのレストランで昼食をとった時のこと、それまでほとんど山羊の肉ばかりだったメニューに、魚のグリエが現れたので、それを注文したところ、鯰を骨太にして大きくしたような魚がからからに

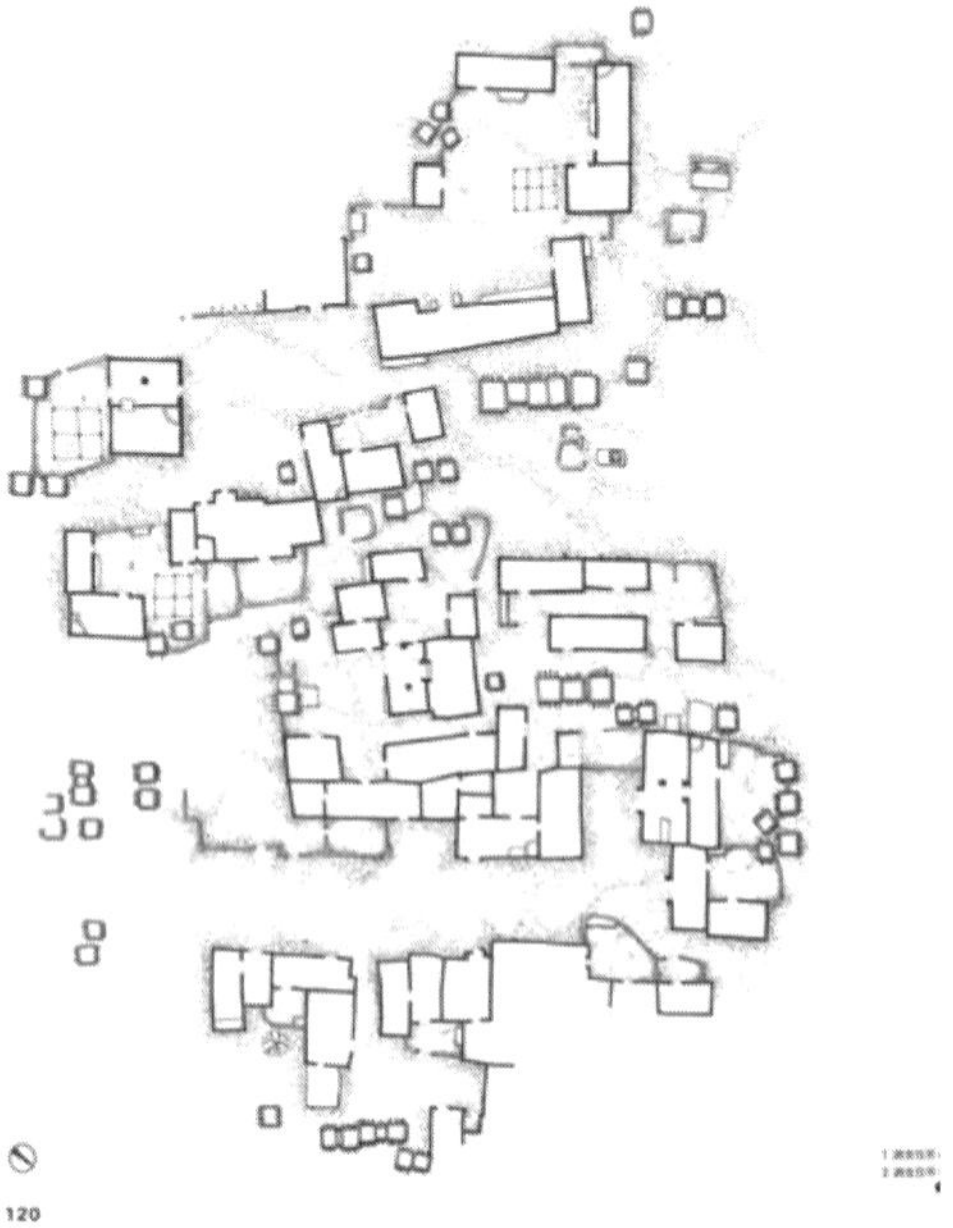

サオ集落配置図（出典：『住居集合論5』）

穀倉の林立するサオ

焼かれて出てきた。乾いた土の臭いのするその魚の大雑把な味と、食事をしたレストランの中庭のテーブルから見上げた、乾季のサバンナのやたら高い青空の中で、鷹のような大きな鳥が2羽、ゆったりと飛び交いながら交尾を繰り返していた光景が、穀倉の林立するサオの集落景観とないまぜろになって、サバンナの国のヴァナキュラーな印象として、私の記憶に強烈に焼き付いている。（日本建築学会『建築雑誌』一九八八年五月号より）

▼12月23日（土）テナド調査

クドゥグの手前で、素晴らしい住居を持つ集落である。集落全体の配列は曖昧であるように見られるが、一つのコンパウンドの持つ計画性は驚くべき美しさである。やはりグルンシのレラ族の集落である。フラットルーフの円形プランが基本であり、住居の仕上げは土を感じさせないモルタルのコテ仕上げのようである。コンパウンドはテラスを持つ四〜五の住居集合が、さらに四〜五、壁により連結され、大きく中庭を囲む。テラスハウスは、中心の大部屋に壺のトップライトを持つ数個の部屋および小テラスを持つ。屋根はフラットルーフで、屋上へは木製の階段により登れ、作業スペース（物干し）として使われている。テラスハウスに囲まれた中庭には、穀倉と家畜小屋が置かれている。住居により穀倉と家畜を守り、かつ監視しているといった配置である。コンパウンドに付属して美しい菜園を持つものもある。とにかく美しい住居である。

▼12月24日（日）ワガドゥグ　朝　ホテル・デ・フランスにて

S先生の応急修理で車は一応走る状態まで直り、昨日デドゥグのキャンプ地点から、調査しつつワガドゥグへ戻った。ボボから周辺部を通ってガーナ入りする予定だったのが、車に対する悪路の影響を考えて、メインの舗装路をとることになったのである。オートヴォルタの人々は素晴らしく、離れがたい。〝貧しくも美しく〟あった。調査対象は無尽蔵である。旅程も後半に入り、そろそろメンバーも疲れが出ているよう。恐らく、今日ガーナ入りをするであろう。

《補筆》ガーナ国境を越えると市場で売っているパンが一斉にフランスパンからイギリスパン

壁に囲まれたテナドのコンパウンド

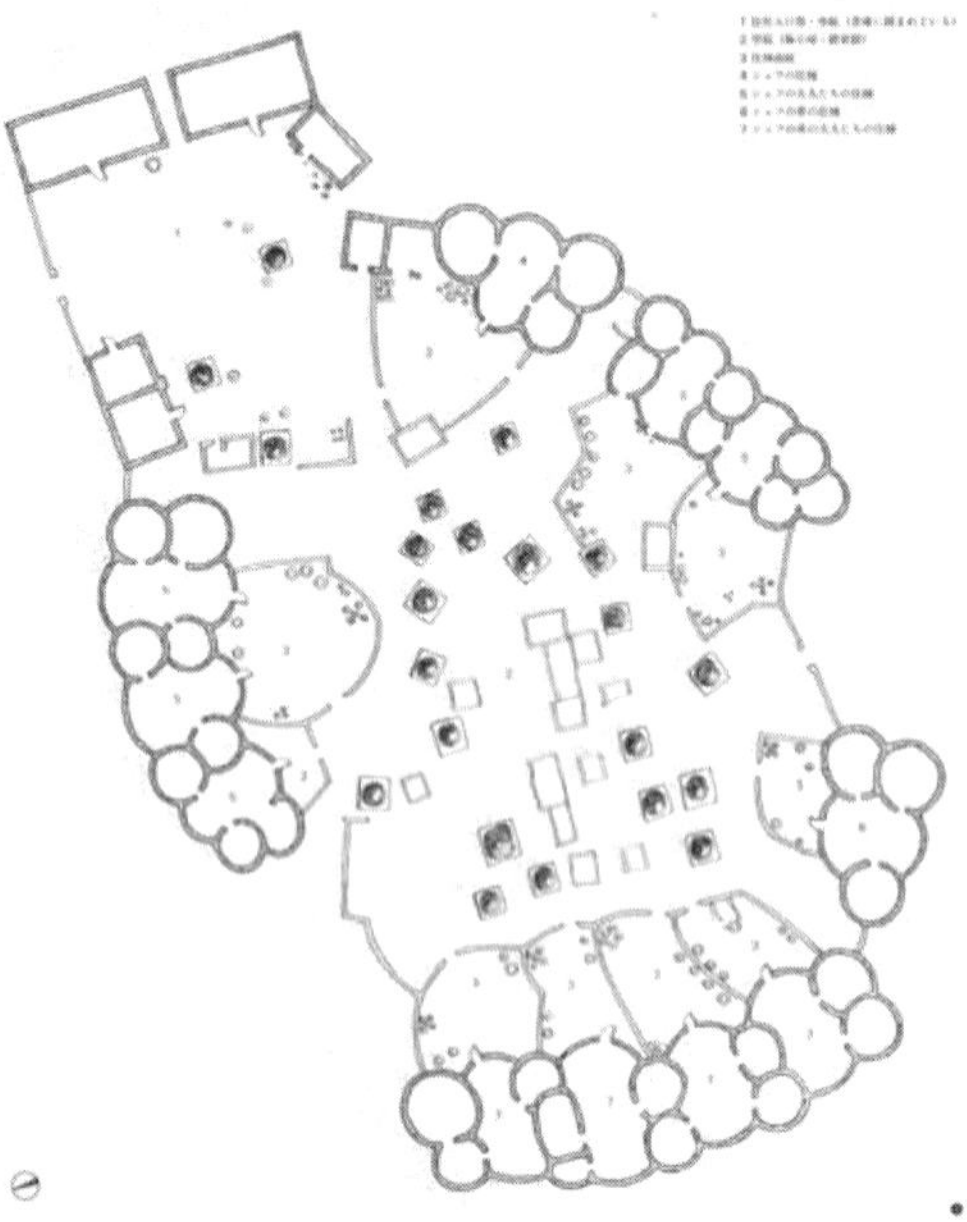

テナドのコンパウンドの平面図
（出典:『住居集合論5』）

に変わるなど、旧宗主国の影響が言語以外にも及ぶ様も面白かった。

▼12月25日（月）スンブルング調査

ガーナ北部の離散型集落。住居はコンパウンド・タイプ。家畜の放されている前庭と、それをとり囲む形で、テラスを共有する三～四のフラットルーフハウス群が二つ。各々の部屋のスケールは非常にコンパクトで、主として寝室であるが、使い分けされている。前庭には、数個の穀倉が設えられている。住居部分は牛糞で仕上げられている。各コンパウンドが自分たちのまわりの畑を耕作し、耕作地の境界はバオバブなどの樹木によって示されている。親族関係にありながらも、コンパウンド間に共同労働はないという。

▼12月25日（月）デュコ調査

ガーナ北部の田園型のダゴンバ族の集落。平らなロケーションに、ゆったりとマシュルーム型のコンパウンドが集合。集落全体に対するエレメントは、村の中心にある蛇口付きの井戸。村の外れに集められた穀倉。穀倉は全体でなく、ある集落の一部にあるいはあるコンパウンドにセットされているのかもしれない。井戸のまわりは広く開けていて、そこの草上に洗濯物が干してあり、食事の下準備もなされ、かたわらの大木の影に男たちが集まっている。コンパウンド自体のスケールは、だいぶ大きくなっており、中庭のディテールがなくなっている。家畜はコンパウンド内には飼われていない。集落外で、多数の牛が飼われている。集落のまわりは、かなりの範囲にわたって耕地がとりまいている。

▼12月26日（火）ニュー・コルフィディア調査

村の男のメンバーは、個人に対応して農園を持つ。農園は、村から数マイル離れた森の中にあり、数エーカーの広さを持つ。それらは、カカオ、ヤムイモ、その他の作種が複合している。少年は、一五歳前後まで、親あるいは兄弟のファームを手伝い、後、自分の畑を持つ。三〇歳前後で結婚。女は結婚まで畑を持たず、結婚後畑を持つ。労働は男女分業。結婚後は、男が女を養うかわりに女が家事をする。集落は六つの家族の住居からなり、各住居は長方形プランの寝室、台所、高床の倉等のエレメントが分棟し、中庭を囲い込むような型で配されている。すでにロケーションはサバンナから熱帯雨林に入っており、集落の形は、中南米におけるものと酷似しているということである。

▼12月27日（水）クマシ　朝　ホテル・パラマウントにて

アフリカの朝は早い。どこでも7時には、すでに人々の活動が始まっている。今の季節、午前中は一〇時ころまでと、午後は五時以降がとても気持ちが良い。昨日、タマレ郊外のキャンプを出て、熱帯雨林地帯に入った。木々は高くそびえ、森の間の道を走るドライブは爽快である。二四日に通過したガーナ国境の税関吏にだまされて、公式レートの三分の一で当座の両替をしていたため、この三日間、ガーナの物価が異常に高く感じられ、そのことだけで皆そうとうに気を遣っていたのだが、昨夜闇レートで両替をすると、それがまた公式レートの二倍以上であり、メチャクチャなインフレ。皆、腹が立つやら、喜ぶやらで、今日からは少し安心して生活できるであろう。先日ワガドゥグからS氏がかけた国際電話によると、日本は例年になく寒い冬であるとのこと。もう年の瀬である。われわれの新年は、恐らくガーナ国内で迎えることになりそうである。

▼12月30日（土）クマシ　朝　クマシ科学技術大学インディペンデント・ホールにて

一二月二七日にアクラに行き、象牙海岸のビザを申請・延長を済ませ、昨日夜クマシに戻った。ガーナは完全に経済政策に失敗している。物価は三年間に二〇倍という。街でも普通の庶民は、耐えて生活しているという感じ。二八日の午後、時間があり、アクラのビーチで泳いだ。気持ちが良い。しかし、疲労がたまってきたのが自覚される。特にシートの悪さから、腰が疲れる。残りの調査日程はあと一二日。森林地帯に入ってからは、よい調査対象がなくなった。今日は、クマシの大学から人を頼んで、アシャンティの集落を訪ねることになっている。今、大学のキャンパス内の宿舎に泊まっているが、日本の大学よりキャンパスははるかに広く素晴らしい。

▼12月31日（日）アベテニム（コロニアルタイプの集落）&ジュアベン（ゾンゴタイプの集落）調査（クマシ科学技術大学からアシスタントが加わる）

アシャンティ族の集落。基本的にはロの字型平面のコロニアルスタイルのコートハウスが、グリッドプランの集落を形成している街村。ここでは、住居プランのバリエーションが興味を持たせる。コの字型平面であったり、バルコニーがついたり。現在は見られないが、かつての宮廷のプランニングは、それ自体面白いものである。ゾンゴタイプとは、最初われわれがトラディショナルなアシャンティであると誤解した、プリミティブなテクスチュアを持った住居の集合である。アシスタントによれば、北からの移住者のつくる村でイスラムであり、住む人はアシャンティ族ではなく、いわゆる彼らの呼ぶハウサであるとのこと。確かにわれわれの調べたゾンゴも、トーゴから二年前（一九七六年）に移住してきた人々、三家族五世帯で、モスクを持ち、農園の数も、各世帯一、一、一、二、三とアシャンティに比べてはるかに少ない。しかも、遠く離れていて、ぼくの聞いた家では五マイルという。

▼1月2日（火）アビジャンにて

カカオの干し台を設えたアベテニム

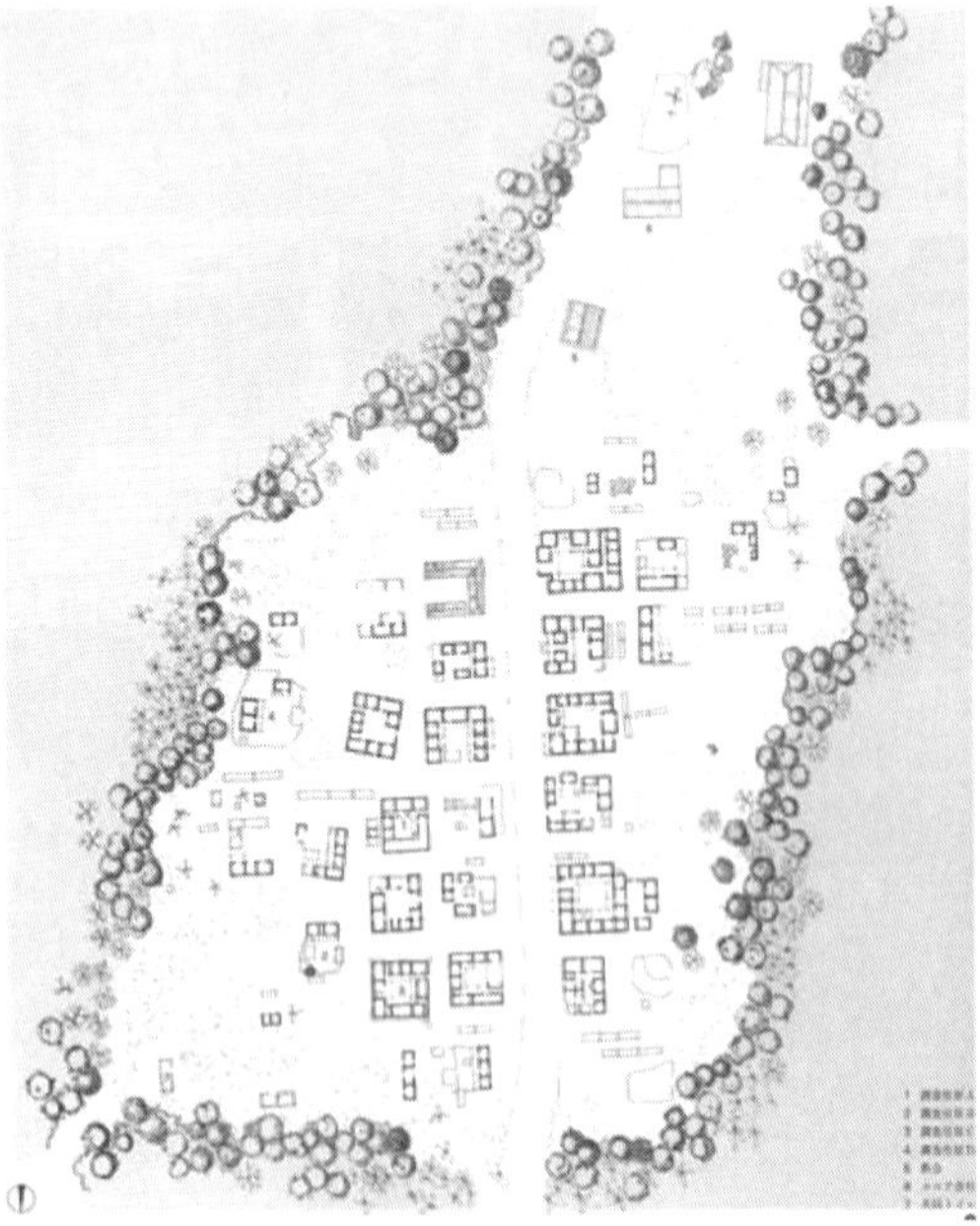

アベテニム集落配置図（出典:『住居集合論5』）

昨日クマシからアビジャンに到着。今日、車の船積みの手続きとパリへの飛行機の予約を済ませれば、明日午前に大使館から紹介された人に状況を聞いて、昼に象牙海岸の最終ラウンドに出発することになる。すでに一台の車はアビジャンで乗り捨てることが決定しているので、最終ラウンドがどのような形で行われるかは、これからレンタカー等の状況を当たってみての形になるだろう。ぼく自身も疲労が重なっているが、他のメンバーも同様で、団体生活に破綻が生じつつある。とにかく、あと一〇日頑張って、耐えれば解放されるのだ。アビジャンは、良くも悪しくも東京とほとんど変わらないような街であるようだ。

▼1月3日（水）

飛行機は九日発のアリタリアに決まり、車の船積みの下準備も済み、ルノー12TLのレンタカーで、最後の五日間の集落調査の最終ラウンドに突入。すべて先が決まっているので気持ちは楽である。一日の休息で疲れもとれ、最後のアフリカを味わうつもり。

▼1月5日（金）キエロ調査

ロビ族の集落は、基本的にはコンパウンドの離散型配置。耕地は小道によって所有領域が分かれ、各住居を取り囲んでいる。住居（コンパウンド）は、われわれの見た

キエロの住居内部

集落では、二つの形を持っている。一つは、マシュルーム（まんじゅう小屋）と矩形プランのフラットルーフの組み合わせの配置であり、もう一つはフラットルーフの不定形プランの大型住居である。住居としての仕組みは後者が圧倒的に面白く、直交するサロン軸に、寝室群が付属してゆくというのが基本。室内は暗く呪術的である。寝室はファム（女）のものとガルソン（子ども）のものとのセットになっており、寝室から屋上にアプローチする丸太彫りの階段がある。階段の踊り場には、雨仕舞の穴があけられている。大型住居でありながら、コートが存在しないのがユニークである。

▼1月6日（土）ポンポカ調査

セヌーフォ族の集落のエレメントは、新たに重なった円形プランの住居が加わった他は、矩形プランと円形プランの組み合わせで構成されている。コンパウンドは、閉じているものと開いているものが同時に集まって、集落をなしている。植生（樹木）の使い方は、うまい方の部類入る。穀倉は小さく数も少ないため、目立たない。コンパウンドとしての集合よりも、集落としての集合の方が卓越している。

▼1月7日（日）カンペマ調査

集落のエレメントとして、コーヒーの収穫時に用いるというペイブされた作業場が出現。さらに、集落に属するもの、家族に属するものかわからないが、線材のみで壁のない、檻のようなレストハウスが見られる。これも床がペイブされているところから、コーヒーの屋根付き作業場かも知れないが、ぼく自身は質問していないので不明確。コーヒーと共に綿が生産されており、綿の蓄え場所として使われている住居もいくつか見られる。穀倉としての形を持ったエレメントは全く見られない。コンパウンドは全く不明確であり、集落としての集合が卓越している。最後の調査集落としては、少々貧弱であった。

▼1月11日（木）パリにて

五日間の象牙海岸一巡は、問題なくいくぶん単調に終わった。熱帯雨林地域は、ガーナのそれにくらべると、手が入れられ生産地として整備されている。原生林の面影はほとんどなく、旅行者にとっての面白みも少ない。北部のサバンナ地域も、まだ樹木が多く、完全なサバンナのイメージとは異なっている。植生を基準にしてみれば、象牙海岸の自然は変化の幅に乏しいという印象である。ぼく自身のコンディションは、五日の夜にルーフキャリアのタイヤの上に寝て、背中を大巾に寝違えてしまって、六日は一日中、旅行中で最悪の状態となってしまった。アビジャンで脛に傷を持つレオーネの運転を終えた気の緩みがあったことも確かなようだ。

基本的に黒人はひょうきん者が多いようで、セヌーフォ族の集落で会った男は最上の役者であった。ひげをたくわえた中々顔だちのよい三〇歳くらいの男だが、最初、真顔ででたらめなフランス語で話しかけてきて、こちらが対応すると、もうこらえられないといった様子で体をねじりながら笑い転げる。「まあまあ」というふうにぼくの肩をたたくのだが、またすぐに真顔をつくって同じことを繰り返すのだ。通じている言葉はパルドンとボンジュールくらいなもの。様子からして、恐らく「ねえダンナ、よくしてくださいな」といった感じ。しかも紺のダブルのコートを着ているが、ズボンの尻が大きくすり切れていて、さるまたがまる見えといういでたちなのだから笑ってしまう。絶対にいえることは、アフリカ人達は、陽気で素晴らしき人達であるということ。それも、内陸に行くほど、かつ都市から離れるほどそうであるということだ。

七日の夜、アビジャンに戻り、八日は後始末。その夜は大使館で会ったこれまたひょうきんな日本人医師の家へ招待され、アフリカ最後の夜をすごす。九日の夜は、すでにパリの北駅前のホテルにいた。

予定では、パリを一三日に発つことになっていたが、一一日の便に空席があったため、修士論文の仕上げに二日間でも早く着手することとして、便を変更した。パリは、はじめから三日間では見学しきれないと予測していたが、一〇日は一人でノートルダム、ルーブル、サンミシェルと一日歩き回り、ますますその感を強くした。そのせいか、予定を二日短縮しても何の未練も感ずることがなかった。旅の最後の夕食は、S先生とサマリタンで落ち合い、彼のお薦めのレストラン、オー・ピエ・ド・コーションでとり、満足のゆくパリの一日を終えた。かくして、日本を離れて五四日目に無事帰国することとなった。

何はともあれ、今回の旅は、ぼくの一生の中でも大きな重さをもつことになろうことは確か

サバンナの野営

である。しばらくは、時間がその意味を蒸留してくれるのを待つことにしよう。

＊

《補筆》集落調査をしながら、アフリカで採集した情報を日本に持ち帰り、メディア上での情報発信の競争に加わる自分たちと、磊落に暮らしているかに見える集落住民とどちらが幸せかという思いも懐いた。今思えば、先進国所属意識からの上から目線であった。集落住民と共に世界のヨーロッパ化という抗いがたい流れに同乗し、他の選択の余地が残されていないことを自覚するためには、イーフー・ツァンやオギュスタン・ベルク、和辻哲郎をはじめとする言説に出会い、自己の置かれた状況を相対化する時間が必要であった。三五年を経て世界も私自身も呪縛を自覚した現在であれば、当時出会った集落住民たちとシームレスな地域性のグラデーションという同じ地平で語り合える自分になりつつあるように思える。

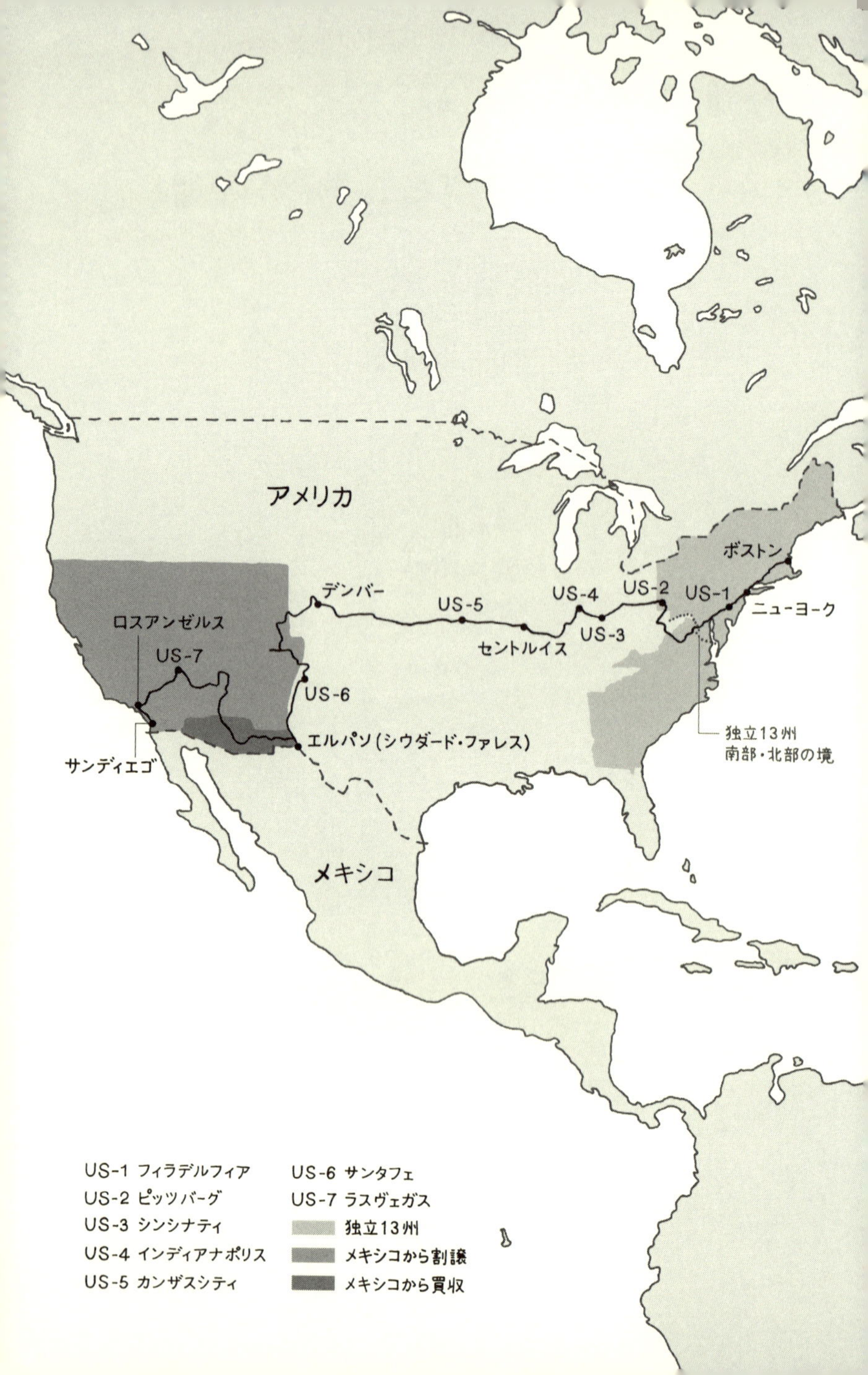
アメリカ
ボストン
US-2
US-4
US-1
ニューヨーク
デンバー
US-5
セントルイス
US-3
ロスアンゼルス
US-7
US-6
エルパソ(シウダード・ファレス)
サンディエゴ
独立13州
南部・北部の境
メキシコ
US-1 フィラデルフィア
US-2 ピッツバーグ
US-3 シンシナティ
US-4 インディアナポリス
US-5 カンザスシティ
US-6 サンタフェ
US-7 ラスヴェガス
独立13州
メキシコから割譲
メキシコから買収

第７章　大西洋から太平洋へ

西アフリカの集落調査とともに私に大きな影響を与えてくれた旅が、大学院時代からの友人Nと米国を横断した旅である。都市計画系と建築計画系という専攻科のちがいはあるものの、関心領域が重なっていた私たちは、旅行中に意見を交わしながらそれぞれが見たい場所を二人で回った。

一人の眼で見るのではなく、それぞれの見方をお互い確認しながらの旅は、研究の上でも仕事の上でも貴重な財産を残してくれた。

結果的に大陸横断の旅は、セントルイスの東西で約一〇年のスパンで二回に分けられ、最後にロスアンゼルスから帰国する直前に９・11に巻き込まれるというアクシデントがあった。

以下、当時のノート（日記体の記述）を適宜補筆しながら、ボストンからサンディエゴに至る二回の陸路の旅を振り返る。

✺アングロ・アメリカ

一九九二年不惑を迎える年の春に、友人Nから米国の都市の視察研究旅行に誘われた。当時彼は、東京の大学からボストンの大学に客員研究員として赴任していた。院生時代から多大な影響を与えてくれ、その後も彼の研究室の院生を私の事務所で受け入れて実務でトレーニングしてきた。信頼する友人とともに旅ができる喜びと、三年前にヨーロッパを旅して大きな収穫をえた経験から、事務所の仕事を何とかやり繰りし、ボストンに向けて旅立った。

東部都市部を南に走る

空港に着陸する機内から見た、ボストン湾に面して林立するダウンタウンの超高層ビル群のスカイラインから、私の米国の印象は始まった。

▼4月23日（木）

ボストンのNの留守宅に二〇時ころ到着。日本では夕方の明るさ。久し振りに全ての日常からの解放感。シャワーを浴びて眠る。

▼4月24日（金）

時差のためか明け方から目覚める。Nが食卓に用意してくれていたコーン・フレイクで朝食を済ませ、早朝のT（ボストンにおける地下鉄の総称）に乗り、都心にある米国最古の都市公園ボストン・コモンへ出る。人々が思い思いにくつろぎ、木々の間をリスたちが走りまわる。州議会議事堂の金色のドームが朝日に輝き、コモンを前景にした歴史的住宅地区ビーコン・ヒルの四～五階建て煉瓦造の連続立面が美しい。ボストン・コモンから始まるボストンの歴史的環境を案内する路上のオレンジ色のライン、フリーダム・トレイルに沿って街歩きを開始。まずビーコン・ヒルの町家群を巡り、まちなみの楽しさを味わう。その後、高層ビル街の谷間に埋もれる旧州議会議事堂などのランドマーク（歴史的環境）を追跡しながらノースエンドへ出る。さらに、ワーフと呼ばれる海に突き出したコンドミニアムが連なるウォーター・フロント開発を見歩き、歴史的港湾倉庫群を改装再利用したクィンシー・マーケットプレイスまで戻り昼食。天気が良いので、午後はボストンの代表的な超高層ビル、ジョン・ハンコック・センターの展望階から街の全景を臨んだ後、ハナミズキの咲き誇るチャールス川に面した歴史的住宅地区バックベイ地区を巡り歩く。くたくたに疲れ、中華の夕食を済ませ帰宅。強く感じたのは、プランニング（都市計画）とデザイン（建築設計）の幸福な合体。そして都市計画家・建築家の都市環境づくりに対する役割の重要性。

《補筆》世界で初めて自らランドスケープ・アーキテクトを名乗ったフレデリック・ロー・オルムステッドが、一九世紀末にコモンを含むボストン・パークシステムやバックベイ地区を計画設計し、ボストン都市環境の礎を築いたことが知られている。

▼4月25日（土）

朝から雨模様でめっぽう寒い中、Tを乗り継いでハーバード大学へ。サイエンス・センター前のピーター・ウォーカー（当時話題のランドスケープ・アーキテクト）の作品「噴泉」も、今一歩興が乗らない。（著名な近・現代建築家）グロピウス、アンドリュース、スターリング、コルビュジェのキャンパス内の建築作品しかり。ネオロマネスクやネオルネサンス風のホール（校舎）の醸し出す安定した雰囲気に遥かに魅力を感ずる。しかし、今一つ充足感に欠けたまま、ボストン美術館に移動する。ミュージアム・ショップを物色した後、東洋のウィングからまわり始める。浮世絵の卓越したオリジナリティに誇らしさを感じつつ、順路をたどり、アメリカのインテリアまで見て閉館時間。やはり疲れ果てて帰宅し、休んでいるところにNが戻る。タイ料理店で異国での再会を祝し、明日からのスケジュールを打合せて眠りにつく。近・現代建築の敗北を感じた一日。

▼4月26日（日）

午前中MIT（マサチューセッツ工科大学）キャンパスを訪ね、（近・現代建築の巨匠）アアルトのベーカー・ハウス、サーリネンのチャペルとオーディトリアム等を見た後、レンタカーを借りて視察の旅に出発した。MITキャンパスは良くない。アアルトもサーリネンもそれほど感興が湧かない。それにくらべ、ニューヨークへの途中に寄ったニューヘブンのイェール大学キャンパスと（米国の現代建築の巨匠）ルイス・カーンの作品には大いに魅かれるものがあった。イェール大学は、ニューヘブンのまちと連続一体的にあるという感じで、学生街という雰囲気がよくあてはまる。中央大学が移転する前の御茶ノ水や、早稲田大学本部のよい部分がやや近い。その中でも、カーン設計のアート・ギャラリー、ブリティッシュ・アート・センター、学生時代に話題作として評判になっていたルドルフ設計の建築美術学部校舎の出会うコーナーは印象深い。それぞれ一〇年のスパンで建てられた三つの建築の中で、アート・ギャラリーの古典的印象は素晴らしく、メンテナンスも完璧で、自分と同じ歳の建物としても特に好感を持った。ルドルフのものはすでに荒れ、老朽の印象が強く、フォーム・メーカーの観が否めない。ブリティッシュ・アート・センターは、アート・ギャラリーの展開で洗練の極みと、一階の店舗がまちと建築の連続感を伝え、カーンならではの都市と建築のコンセプトの同居が良い。カーンの二作は共に現代建築で時間に耐える質を持ったものの証明といえる。Nとスーパーブロック再開発批判で合意し、ニューヘブンを後にして、ニューヨーク近郊のモーテル泊。近くのギリシャ料理レストランで夕食をとる。

▼4月27日（月）

朝から地下鉄でロワー・マンハッタンへ。シーザー・ペリ設計のウィンター・ガーデンのカフェで朝食をとった後、Nの案内でバッテリー・パーク・シティの再開発地区を巡る。Nによれば、かつての河港跡地に建築家チームが立案した一九六九年の再開発計画は、マンハッタン島の都市構造と無関係にクローズされた計画であった。そこで、一〇年後の一九七九年に都市デザイナーによって、既存の都市構造と連続した計画が再提案され、現在に至っているという。確かに街中からハドソン川への視線を確保するヴィジュアル・コリドーや川沿いの散策道エスプラナードなどのアーバン・デザインを肌で感じることができる。

バッテリー・パーク、ウォール街等を経て、歴史的港湾地区を保全したサウス・シーポート地区へ。T・D・R・(Transferable Development Right 空中権移転)やコンサベーション・エリア(歴史的環境保全地区)がもたらす低層でくつろげる都市空間の意味を、これも肌で感じる。サウス・シーポートから九〇分間のリバーボートに乗り、おのぼりさん気分でニューヨークの景観を満喫する。話題の都市開発会社ラウス商会の開発したマーケット・プレイス、ピア71で昼食をとる。シティホール(市役所)のプランニング資料室で資料をもらう。さらに、ミドル・マンハッタンのアーバン・デザイン・センター、P・ジョンソン設計のATTビル、スモール・アーバン・スペ

バッテリー・パーク・シティ　建築家案(左)と都市デザイナー案(右)
(出典:Battery Park City Draft Summary Report And 1979 Master Plan)

ースの草分けでビルの間のアルコーブ的小広場ペイリー・パーク、ラミー・バーンズ設計のＩＢＭビル等を巡り、エンパイア・ステートビルの展望室へ。天気が良く、マンハッタン島を一望した後、数ある移民の街エスニック・タウンの内、リトルイタリーからチャイナタウンへ出て、中華の夕食後二泊目の宿に戻る。都市・建築デザインにおける歴史的連続性という潮流ニュー・トラディショナルとポストモダンの意味をＮと話し合う。また、建築雑誌で話題となったＡＴＴとＩＢＭの二つのビルを見て、ジャーナリスティックな評価への疑問を感じ、最終的には人と時間が評価を与えるであろうと話し合った。

《補筆》二〇年後の現在その通りの結果となっている。

▼４月28日（火）

午前中、コロンビア大学とオルムステッドが設計したセントラルパークを見てモーテルをチェックアウト。（敬愛する都市計画家・建築家Ｃ・スタイン設計の集合住宅街区）サニーサイド・ガーデンを見つけて、ゆっくり歩きまわる。仕事を始めた駆け出しの頃、座右に置いていた都市デザイ

サニーサイド・ガーデン

ラドバーン

ンの文献で知って以来、長い間気にかけていた作品というべきか、周辺の街区とは異なる豊かな住環境に出会えて感慨ひとしお。ハーレムを車で抜けて、(ポストモダンの建築家として名を馳せていた)マイケル・グレイブス設計のニュージャージーの小品に立寄った後、夕暮れ前にラドバーンに到着。(歩車分離の都市設計で有名な郊外住宅地)ラドバーンでは、素晴らしく維持管理され住民の誇りを感じるその住環境から大きなインパクトを受けた。本日も充実の一日で、特に地面についている住まいの意味について、そしてラドバーン、サニーサイドの共有スペースの連続的スケールの構成の巧みについて、さらに話題性を重視するジャーナリズムの歪みがもたらす弊害についてNと話し合った。

《補筆》当時の私は、計画設計の対象としての物理的空間構成にのみ関心を抱いていたが、環境の及ぼすコミュニティ意識に目が向いている今思えば、サニーサイド・ガーデンやラドバーンにおける共有スペースは、まさに住民のコミュニティ意識共有化を誘う空間構成に他ならないことに気付く。

▼4月29日(水)

朝、プリンストン大学に向かう。沿道のビジネス・パークを見ながら米国の広さ、先進性を想う。プリンストン大学のキャンパスも素晴らしく、そこで育まれる学生たちへのキャンパス環境の意味を想った。その中で母校へひっそりと手堅く付加された、(現代建築の理論的変革者)R・ヴェンチューリ設計の小品の校舎にも好感が持てた。正午頃、フィラデルフィアに入り宿をとってから街に出かけた。国立公園となっている街中のコンサヴェーション・エリアを巡る。（米国建国の父フランクリンの生家を博物館として象徴的に復元したR・ヴェンチューリ設計の）フランクリンコート、さらにビジター・センター、タウンホールなど目一杯歩き、くたくたになってビアレストランで夕食をとり宿に戻る。

▼４月30日（木）

朝、（フィラデルフィアの中心部に広がる都市公園）フェアモント・パークへ。川沿いの住宅を見た後、カーンの師であるクレ設計の新古典主義建築の静謐な空間ロダン美術館を訪ねる。さらに、美術家協会の建物と、カーンの出世作ペンシルヴァニア大学のリチャーズ医学研究所棟に立寄り、バルティモアに向かう。ちなみにヴェンチューリはカーンの異端の弟子にあたり、クレ〜カーン〜ヴェンチューリという建築家の系譜を現地で辿る幸運に恵まれた。バルティモアのウォーター・フロントのマーケット・プレイスを見た後、ワシントン近郊でラウス商会が開発したというコロンビア・ニュータウンを見つけて歩く。Nの批判的な眼で見ると、確かに独立住宅系のブロックには新たな提案は示されていないものの、ここでC・スタインを引き継ぐ仕事に出会ったような気がして嬉しかった。その夜は、スーパーで買い込んだ果物とつまみとウィスキーで夕食に替えながらNと議論を交わす。かつてバンコクのアジア工科大学で教鞭をとったNの視点で良いと思ったのは、アジアにおける日本の果たす役割として、我々の目標として、アジア的デザインのリーダーシップを挙げる点だ。

アパラチア山地を越えてセントルイスへ

▼5月1日（金）

この日を境に、これまでの東部都市部の南下から内陸に向け西向きに旅の方向を変えた。この日はインターステートに乗らずに、一般道を走ろうということになり、米国の美しい田舎をヴァージニアに向かう。まずは（米国の独立宣言を起草した第三代大統領）トマス・ジェファーソンの邸宅モンティチェルロを訪ねる。ジェファーソンはNも米国の人物の中で最も興味を持って研究してみたいとのことだけあって、ぼくにとってもこの旅行中での大きな出会いであった。建築家でもあったジェファーソン自らが設計したというモンティチェルロは、広大な農園を含み、ランドスケープやエコロジーといった発想と建築との幸福な合体であると同時に、当時の奴隷制に基づく米国の豊かさを感じさせるものでもあった。そして、ヴァージニア大学のある、シャーロットビルという小さな好感の持てるまちのヒストリカル・エリアで昼食。ジェファーソンが創立し自ら設計したヴァージニア大学のキャンパスは、Nによれば全米で最も人気のあるキャンパスとのことで、その美しさは圧巻。二つのホールが緩傾斜の長大な芝生の中庭を挟み対峙し、その両側に教授の住まいが併設された教室が並ぶと

ヴァージニア大学キャンパス鳥瞰写真
（出典:Thomas Jefferson Landscape Architect）

いう、教育プログラムとキャンパス空間の幸福な合体。ぼく自身の目指すべき仕事の方向を照射された感じで、勇気づけられることしきり。

▼５月２日（土）

夕方からアパラチア越えに挑むが、予想以上に距離を稼げず、夕暮れになる前に山間の小さな町（恐らくモントレー）のハイランド・ホテルに宿をとる。これがまた、古い木造の家族経営の、まさに古き良き米国の田舎の宿といった好印象で、ちょうど全日程の前半を終えることとなった。Ｎと引続き、アジア的プランニング、日本での都市ないしは田舎デザインのコンテクストの問題を話し合う。そして、東京の例外性、地方からの出発というコンテクストを確認し合った。

▼５月２日（土）

アパラチアのアットホームな宿を出て、（二〇世紀を代表する米国の建築家）フランク・ロイド・ライトの晩年の作品落水邸に向かう。景色のよい一般道を走り、昼頃ナショナルパーク関係の協会の管理する落水邸に着いた。学生の頃から写真集であまりにもよく見知っていたので、新鮮さに欠けるが、はるばる本物を見に来たという感慨深いものがあった。日本のライト展でも感じていたライトの原点としての住宅作家の感性が、生身のディテールから伝わってくる。当時ライトは六九歳で、家具の制作を含め八〇〇〇ドルという安値の設計報酬だったとのこと。この作品によって低迷期を脱し、第二の黄金期に入った建築家の熱意、住宅における建築表現の意味を考えるに充分な作品だ。午後、ピッツバーグのダウンタウンに出るが、都市計画、都市デザインの不毛による都市の魅力や楽しみのなさを痛感する。特に晩年のフィリップ・ジョンソン設計によるミラーガラスを多用した高層ビル群は、反面教師としては影響が大きすぎる。夕方、移動中のインター・ステートの上で前後の車はおろか路面そのものも見えなくなるくらいのものすごいスコールに会い、肝を冷やしコロンバス近郊泊。

▼5月3日（日）

午前中に、コロンバスを訪ねる。川沿いに小公園とセントラル・エリアがあり、新しい高層ビルは、いわゆるポストモダン・スタイルで、角錐頭頂部のスカイラインや外部意匠に、そのデザイン意図が理解できる。日曜のためビジターセンターも閉庁で資料が入手できず残念。米国の地方都市のスカイ・スクレイパー地区は、周辺へのランドマークとして有効に機能している。特にインター・ステートからアクセスする際のシンシナッティのスカイ・スクレイパー地区の現れ方は良かった。シンシナッティは、都市計画・都市デザインの頑張りが目に見え、Nの評価では、今ツアーのみつけもの。内陸寒冷都市のダウンタウンでビルとビルを空中廊下でつなぐスカイ・ウェイのネットワーク、ヒストリカル・エリアとリバー・フロントの再開発などがピッツバーグのダウンタウンと好対照。都市デザインの有効性を見た。その夜は、インディアナポリスの手前の新しいロードサイド・ホテルで快適な一泊。

《補筆》二〇〇九年に赴任した大学で、英語によるコミュニケーション能力を補うため、一期生とともにネイティブ教員の英語の授業を聴講した。受け入れてくれた教員の一人が、ピッツバーグ出身の講師。彼女はホームタウンをこよなく愛し、私が企画した公開講座でも、新潟市民に川と橋の街ピッツバーグの魅力を紹介してくれた。さらに、訪米時のピッツバーグの印象を正直に伝えると、私に全米のモデルとなった近年のピッツバーグの都市再生の様子を教えてくれ、都市の盛衰をあらためて再認識させてくれた。

▼５月４日（月）

インディアナポリスも十分に好感の持てる都市であった。ひとつは、そのヒストリカル・ランドスケープ・ファウンデーションの活動で、ぼく自身の抱いていた（歴史的環境）保全という概念の保守的という先入観を変更せざるをえない迫力のあるものだった。歴史的建築物に連続的デザインで増築した彼らの事務所と、運河沿いの工場跡地を歴史的文脈で住宅地として再開発して資金循環させる方法は、この都市が近々、もっと魅力あるまちとなることを充分に予兆している。そして、もうひとつ、クレ設計の郡図書館。派手ではないが都市の中に確実に根づき、時の経過とともに輝きを増してくる建築への共感。この旅で確実に感じた、近現代建築家の系譜ミース～ジョンソン～I．M．ペイの敗北と、クレ～カーン、ジェファーソン～C．スタインの輝き。エバンスビル近郊のいわゆるモーテル泊。

▼５月５日（火）

ユートピア社会主義者ロバート・オーウェンの建てたニュー・ハーモニーというまちと、建築雑誌に掲載された建築家リチャード・マイヤー設計のビジター・センターを訪ねた。ニュー・ハーモニーの目立たぬたたずまいのしゃれたレストランで昼食をとった後、セントルイスに向けてマイル・グリッドと呼ばれる農業基盤のような道を走り、未舗装のぬかるみに入り、立ち往生して一時肝を冷やしたが何とか無事脱出。夕方、西部開拓のモニュメント、ゲイトウェイ・アーチの招くセントルイスに入る。空港でレンタカーの返却場所を確認後、ユニオン・ステーションで事務所の所員への土産を購入し、チャイニーズ・レストランで夕食をとる。この頃になると二人とも相当な疲労がたまり、特にロング・ドライブが終わったという安堵感も加わり夜にはぐったりとなる。

▼5月6日（水）

この日は午前中から、セントルイスのまち歩きやサーリネン設計のゲイトウェイ・アーチの見学、さらにミシシッピ遊覧船では学校から団体で乗船していた子どもたちにトムソーヤーのイメージを重ねて楽しむ。中部の大平原を見晴らすゲイトウェイ・アーチ頂上からの展望は圧巻で、ミュージアムで見たアーチ建設の記録映画は、建築の果たすモニュメンタルな意味を存分に伝え感動した。また、まちの中のミュージアムの多さも米国の都市の魅力の一つとなっている。そして、ここセントルイスでも寡黙に都市に語りかける新古典主義建築の魅力を発見した。夕方、スラム街と背中合わせの地区に塀と門によって囲まれたプライベイト・プレイスと呼ばれる高級住宅街を歩き、米国の格差社会の存在を目の当たりにする。うまくローカルなレストランを発見でき

ミシシッピ遊覧船の子どもたち

ずに、再びユニオン・ステーションのビアレストランで夕食。前日に続きハンプトン・インに連泊。

▼５月７日（木）

早朝にセントルイス空港でレンタカーを返して、ボストンへ飛ぶ。レンタカーの乗り捨ては非常に割高になったが、やはり地上を移動しながら連続的変化を確認し、しかも車中で話し合いながらの旅は有効だった。ボストンに昼過ぎに到着し、N宅で一息入れた後、彼は大学へ、ぼくはチャールズ・タウンへ。夕食はマーケット近くの由緒ある牡蠣のレストランに入るが、あまりうまいとは思わなかった。

▼５月８日（金）

今回の旅の最終日、Nは大学での歴史的環境保存関係の会議へ、ぼくは再びボストン美術館へ。現代美術も久し振りに見ていいと思った。ミュージアム・ショップで資料と土産を購入し、近くのイザベラ・ガードナー美術館へ移動。二〇世紀初頭にヴェネツィアの邸宅を模してつくられたという中庭を囲む建築が、展示作品と呼応してまたいい。やはり都市空間の奥行が非常に魅力になっている。今回の旅で気付いたことの一つとして、外部は都市的コンテクスト、内部は屋内空間的コンテクストという、建築の内外オーダーの使い分けの意味がある。スケジュールとしては、かなり無理して出かけて行ったが、不惑の研究旅行として非常に意義深いものがあった。Nに感謝するとともに、ひとつの跳躍台として大きく展開させていきたい。

✺ ネイティブ&ヒスパニック・アメリカ

二〇〇一年、Nの米国再滞在の機会をとらえ、セントルイスからロスアンゼルスまで再び米国の都市の視察研究旅行をして、米国陸路横断を達成しようという話になった。旅程は、Nの滞米業務の終了後の約二週間とし、セントルイスの空港で落ち合うことにした。

大平原からロッキー山地へ

▼8月29日(水)午後　成田第1ターミナル23ゲイトにて

セントルイス目指し本日出発。二年前の中国以来の海外。九年前のボストン〜セントルイスの継続旅行。友人たちに勧められながら、読む時間のなかった中村雄一郎『哲学の現在』とエドワード・レルフの『場所の現象学』を持参する。

▼8月29日(水)深夜　カンザス・シティ近郊のエコノ・ロッジにて

一六時無事セントルイス空港に到着し、Nと合流。すぐにエイヴィスのレンタカーに乗り、カンザス・シティに向かう。途中、初日からスコール性の夕立に会いながら、車中で近況を話し合う。インター・ステート70で二〇時過ぎにカンザス・シティ近郊のファースト・レストランで夕食。大韓航空のおいしいビビンバからNが注文したまずいスパゲッティが、米国に来た実感を強調する。宿に着いて改めて乾杯。明日は一路デンバーへ。

▼8月30日（木）

時差の影響か睡眠が安定しない。日本との連絡は携帯で自宅もLUA（自営していた事務所の略称）もOK。こちら朝七時→自宅二一時　こちら二一時→LUA　一一時がGood Time。

▼8月31日（金）デンバー／朝ホリデイ・インにて

昨日はカンザス・シティからデンバーへの移動日。一〇〇〇キロ以上を走破しながらインター・ステート70の沿道風景の変化を楽しんだ。カンザス・シティではリバー・マーケットとカントリー・プラザを見学。後者は米国で最も古いショッピング・センターで、低層のスペイン風の町並みが気持ち良く広がり、特に駐車場の処理などはうまく、デリカシーに富んだまちなみデザインが良かった。途中昼食を兼ねてトペカに下車し、カンザス州の議事堂を見学。デンバーに到着したのは時差線を超えて一九時半。途中Nと車中で議論を楽しみながら写真を撮っていると、カメラが故障しシャッターが降りなくなるトラブルに見舞われた。デンバー着後、LUA経由で馴染みのカメラ屋にアドバイスをもらい、絞り込まれたままのシャッターを強制的に開かせて試してみることにする。ダメだったらレンズかカメラをデンバーで入手するつもり。夕食は歴史的地区の中華レストランでおいしいワインで再び話に花を咲かせ、二三時半にホテルに戻り床に就いた。

▼9月1日（土）ボルダー／朝レイジー・ホテルにて

昨日は、先ずカメラ問題の解決を図るべく、レンズシャッターを強制開放し、プリント・フイルムを試し撮りし、一時間プリント・サービスに出した。朝食でおいしいベーグルにジンジャー・ティーをとってから、歩いて州議事堂とコロラド歴史博物館を見学。博物館は主として先住民族と移民入植の戦いや、メキシコ側からのスペイン系の影響下で、デンバーを中心とする地域形成史が興味深く展示されていた。まさに今日からロッキーを南下する旅のオリエンテーションにふさわしいもの。その後、プリント・ショップに向かう。一六番街モールのフリーバス車内を撮影した時に、カメラは決定的な故障に陥った。一時間プリントはきれいに撮れていたが、プリント・ショップで教えられたカメラ屋に操作不能のカメラを持ち込んで診てもらったところアウト。幸いレンズは故障していなかったので、新しいボディを購入し、今回の非常事態は解消された。西部開拓時代のデンバーの通りを復元したラリマー・スクウェアを見学した後、コロラド・スプリングスの空軍基地を見学。宿泊地ボルダーに着いたのは一八時半。おいしいステーキ・レストランで夕食をとった後、長期滞在用のコテージ・ホテルに宿をとる。洗濯を済ませ、夜は翌日の行程からさらにLAまでの粗い行程を組み、今回の旅は前回のボストン～セントルイスの旅と性格を異にした、異文化の混成としての米国を見る旅になりそうなことをNと確認し合って床に就いた。

▼9月2日（日）早朝　リードヴィル／シルバーキング・モーターインにて

昨夜は渡米以来、初めて八時間近く熟睡した。充実した一日の見学の快い疲れが出て、ステーキ・ハウスの夕食後、風呂に入りすぐに眠りに就いた。昨日の見学は先ず午前中一杯ロッキーマウンテン国立公園。車でメインのルートを走りながら、ポイントを見てまわる。自然景観の素晴らしさと、それに配慮した人工物の抑えたデザインに充足する。またビジター・センターの配布物や案内も適正。近年の類似の仕事など反省すべき点も含め、再び是非自然環境系のまとまった仕事をしたいと思う。午後は、セントラル・シティ、ジョージ・タウン、シルバー・プルム、リード・ヴィルと、四つの鉱山町を巡る。何とも言いようのないノスタルジーと、観光化したむなしさと、観光化せずにほろびゆく寂しさを前者三つの小さな町で感じた。その点、リードヴィルは、いまだ生活の拠点として成り立っている雰囲気で、現在仕事でかかわる川口市本町一丁目や吉田町に対するスタンスを考えるに良い刺激となった。今日の見学を終えて、少し整理をしてみたいと思う。夕食をとりながらのNとの会話の中で、日本における計画や設計の位置づけに関する議論があった。世界の中での欧米とアジアと日本。建築と都市計画ではおのずと異なるかも知れない。また、その関係あるいは今日の国立公園など、自然環境も含めた関係性の位置づけなのかもしれない。そのあたりももう少し整理をしてみたい。また、ぼく自身の態度（スタンス）に対する反省も意識されつつある。計画者（プランナー）、設計者（デザイナー）、研究者、教育者としてのリーダーシップや表明性の問題。これも考えたい。旅行中に読みだした『哲学の現在』も良い刺激になっている。

▼９月３日（月）〇時過ぎ　メサ・ヴェルデ／ファー・ヴュー・ロッジにて

今日は朝八時半に宿を出発し、宿に入ったのが二二時半の一四時間のロングドライブ。その間、ロッキーの峠を三つ超え、最高標高三九九〇メートルを記録した。リード・ヴィルで鉱山博物館と地元の歴史博物館を見学。鉱山町の背景を学び、その後、鉱山町からスキー・リゾートに変容したアスペン、そして鉱山町を観光化したシルヴァートンを見学してメサ・ヴェルデに入った。アスペンとシルヴァートンの対比は圧巻で、さまざまに考えざるをえない。Nとの結論は、保全を客体化するのではなく、身をもって現前化すること。経済的基盤は狭義の商業的観光ではなく、文化的な背景に基づく再生にあると。

▼9月4日（火）朝　ブルーム・フィールド／スーパー8モーテルにて

昨日は一日メサ・ヴェルデを見学し、デュランゴに立寄りニューメキシコに入った。四日間のコロラドの印象は素晴らしいものだった。

《補筆》メサ・ヴェルデ国立公園では、先住民プエブロ・インディアンの末裔のガイドによるツアーに参加し、クリフ・パレスをはじめとする数か所の集落遺跡を見て回った。いずれも深い渓谷の断崖に自然によってくり抜かれた洞穴に、一二世紀から一四世紀にかけて日干し煉瓦によって区画された

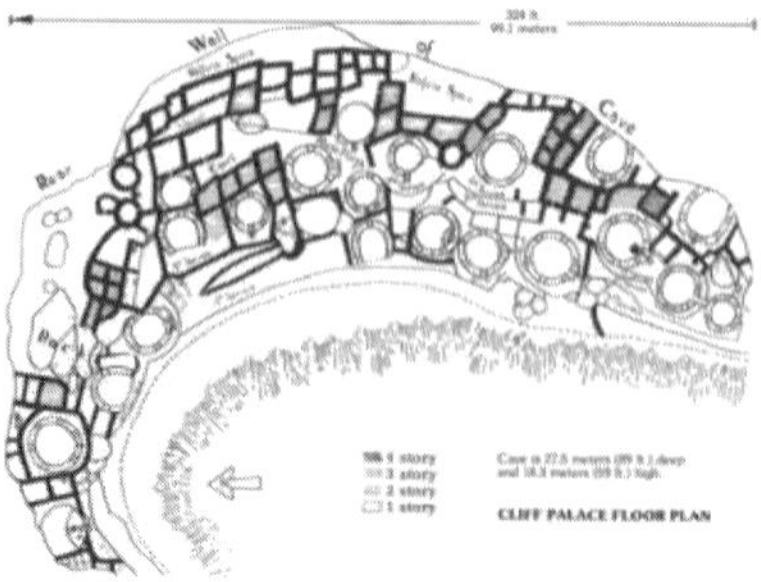

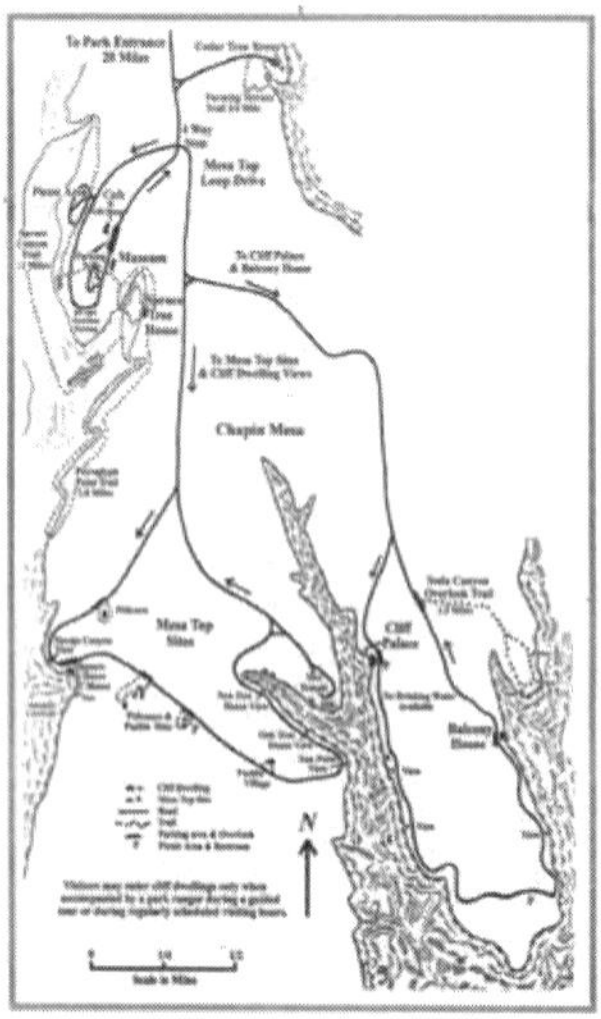

クリフ・パレス平面図（左）メサ・ヴェルデ国立公園配置図
（出典：Vistor Guide）

クリフ・パレス

住居や儀式を行うための施設が複合的に設えられたという。アメリカ先住民の文化について、ほとんど予備知識なく訪れたこの地で、それまでの米国に対するイメージが大きく崩れた経験であった。また、その国立公園の規模は圧倒的で、車で回っているうちに燃料計がゼロを指し、ガソリンスタンドはいっこうに現れず、最後は下り坂でエンジンを切ってブレーキのみで運転を続け、ガス欠とベーパーロック現象への危惧の狭間で、どうにかガソリンスタンドに辿り着いた思い出がある。

メキシコから割譲した領土をゆく

▼9月4日（火）夜　タオス／タオス・インにて

今日はチャコ文化国立歴史公園のプエブロ・ボニートを見学。昨日のメサ・ヴェルデに続きガイドツアーに参加し、じっくりと見学し、先住民の文化につて、深い印象をえることができた。また、いずれも博物館やビジターセンターで、適切な知識を学びながらの見学で、恐らく今回の旅行の白眉となる二日間（明日を含め三日間か？）となるものと思う。今回の旅に出るまでは、これほどまでに先住民の文化にかかわる場所があり、それを見学できるとは思っていなかったが、特に今日のプエブロ・ボニートを中心としたチャコは、宇宙的ともいえる圧倒的な魅力を見せつけてくれた。ある意味で宗教施設としての建築群は、天文学的関係性を付加され、それを契機に、Nとお互いの計画論を巡って夕食の議論が交わされた。今夜の宿はタオス・イン（国指定文化財）というヒスパニック系の伝統的建築で、快適な空間と食事とワインとテキーラと地元の人々が演じ合うオペラを堪能した。

▼9月5日（水）トゥルース・オア・コンセキュエンス／ホリデイ・インにて

朝、タオスのダウンタウンを歩き、午前中先住民の集落タオス・プエブロを見学。先住民の建築様式で統一されたサンタフェに移動しダウンタウンや美術館を見学。さらにアルバカーキに移動。プエブロ・インディアン文化センターを見学後、メキシコ国境の街エルパソに向けて、ミッション・トレイルと呼ばれる一六世紀に始まったスペイン人によるキリスト教布教活動の歴史的ルートを移動中に宿泊。二日前と同様、スーパーでビールと食糧を買出し、モーテルでの夕食。今日はプエブロ・インディアンに終始し、うまく説明できないが、感ずるところ大。タオス・プエブロでは西アフリカの集落調査を想起したものの、それが米国のど真中に存在していることに奇妙な違和感を持つ。

タオス・プエブロ

《補筆》その後大学での講義「地域環境学」の準備に当たり、世界で離れて併存する類似の住居形式とその地域環境の相関性を意識するようになった。

▼９月６日（木）夜　ベンソン／スーパー８モーテルにて

エルパソから徒歩でエルグランデ川に架かる橋を渡り、メキシコのシウダード・ファレスを見学。川の両側に隣り合う二つの街が、国のちがいによってその佇まいや雰囲気がこうまで異なることに驚いた。その後、さらにアリゾナ州に入るという移動主体の日。昨日がちょうど中日で、明日は後半の山場になる行程。

《補筆》ニューメキシコ州では、街でスペイン語が話されていて、英語が通じない店もあった。当時米国に英語が通じない地域が存在していることに驚嘆したが、後日その背景を調べて、東部一三州の独立から出発した米国が、その国土の大部分を英国からの割譲、フランス・スペインからの買収、メキシコからの割譲などによって獲得してきたことを改めて認識した。

▼９月８日（土）朝　コーデス・ジャ

エルパソ

シウダード・ファレス

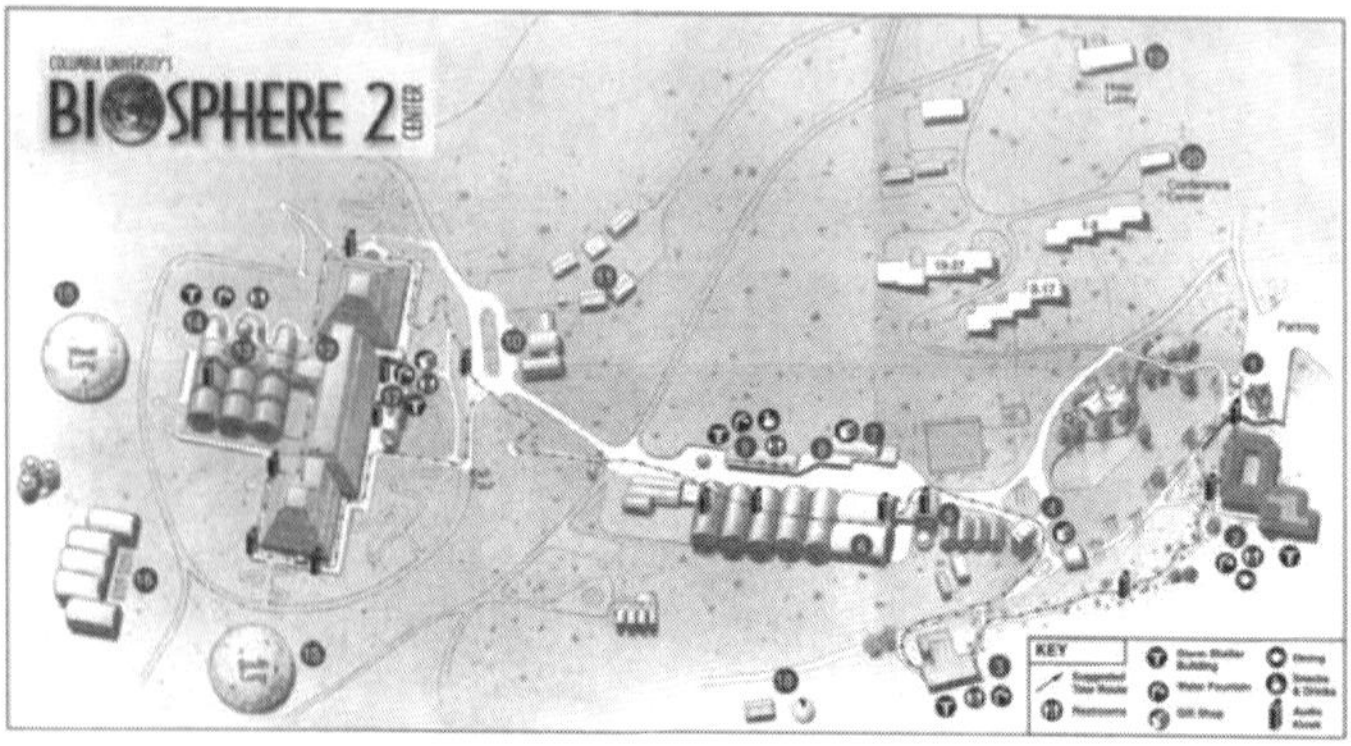

バイオスフェアⅡ配置図
（出典：BIOSPHERE2 CAMPUS MAP & VISTOR GUIDE）

ンクション／ライツ・オン・モーテルにて

　昨日は西部劇のオーケー牧場のモデルとなった実在の町トゥームストーンに立寄り、ツーソン～バイオスフェアⅡ～カサ・グランデ～フェニックス～タリアセン・ウェスト～コサンティ財団～アーコサンティと巡り、アーコサンティの直近に宿をとる。予想に反して時差線を越えたため、実働時間が一時間多くなったとはいえ、朝七時から夜七時まで（実働一三時間）で巡るには限界。印象を定着した考えに変換するにはもう少し時間が必要。夜は部屋の外でビールとメキシコで入手したテキーラを飲みながら、日本～アジア……地域にこだわる意味への疑念や五〇代の仕事のテーマなどを語り合った。

《補筆》アリゾナの沙漠地帯につくられた巨大なエコシステム実験装置バイオスフェアⅡと、七〇歳のフランク・ロイド・ライトが設立した冬のアトリエ兼建築教育の場タリアセン・ウェスト、さらにライトの異端の弟子パオロ・ソレリが四〇年に渡り自力建設を続ける環境自立型実験都市アーコサンティを巡り、西部開拓を継承するアメリカン・ドリームを思わざるをえなかった。

▼９月９日（日）朝　キングマン／ベストウェスタンにて

昨日は午前中アーコサンティの見学ツアーに参加後、フラッグスタッフ経由でグランドキャニオンを巡り、キングマンに宿をとる。フラッグスタッフの案内所で（現代美術作家）ジェームス・タレルのライフワークとなるランドアート、ローデン・クレータについて尋ねたが、場所は判明したが、いまだ見学者は受け入れていないということで断念。今日はラスヴェガス経由で、西海岸に出る予定。

予定外のカリフォルニア滞在

▼９月９日（日）深夜　サンタモニカ／コンフォート・インにて

どうにか西海岸にたどり着きひと安心。夕食は鮨バーで二週間ぶりの和食。どっと疲れが出た感じ。昨夜のチャイニーズ・レストランでのスープ・ヌードルに次ぎ、徐々に里帰り。今日もロング・ドライブ。沙漠の町ラスヴェガスのキッチュのスケールの大きさに圧倒された後、LAに四時間がかりでたどり着き、ゲッティ・センターのリチャード・マイヤーの趣味の良さに充足し、サンタモニカのサード・ストリートからビバリーヒルズを見学。宿に入る。

▼９月11日（火）朝

昨日はルイス・カーンのソーク研究所を皮切りに、ラホヤの町、サンディエゴの町を見学。

帰りにＬＡのダウンタウンに寄って、宿に戻る。西海岸にたどり着いて安心したのか、運転がやや散漫気味で残る一日半を注意しなければならない。今日の昼でＮが一日早く帰国するので、最後の半日はカリフォルニア近代美術館やビーチでのんびりと過ごそうと思う。

九時半　恐ろしいことが起きた、晴子（妻）からの電話で、ニューヨークのワールド・トレード・センターにハイジャックされた旅客機が突込み、崩壊したことを知る。直ぐにＴＶをつけると正に実況中で、ロスアンゼルス国際空港（ＬＡＸ）が閉鎖され、今日明日の予定は全く不明となった。

▼９月12日（水）

昨日は一日中騒然とした米国。Ｎもぼくも帰国便は欠航となり、帰りの便を探しながらＬＡに隣接する（高級住宅街）パサディナと（ヨットハーバー付リゾート開発地）マリナ・デル・レイを見学。ＬＡのダウンタウンはテロを警戒してゴーストタウンとなっていた。今日帰国できるか否かは、昨日旅行代理店が仮予約してくれたＮＷ便が発券されるかによる。

▼９月12日（水）深夜

結局今日もＬＡＸ（全米の空港も）は閉鎖されたままで、帰国の目途は全く見えなくなってしまった。とはいえ、どこかに見学に出かける気分にもならず、ほぼ終日ホテルにカンヅメ状態。終日ＴＶをつけていると英語が少しずつ聞こえてくるような気がする。そして、米国のＴＶ報道と日本のそれとのちがいに目が行くようになる。パブリック中心の米国に対し、プライベート中心の日本。米国のニュースには英国、仏、露、カナダ、中国の指導者との連携は伝えられるものの、日本は全く現れない。日本から見た米国と米国から見た日本のギャップをもろに感じる。テロ攻撃としてのパール・ハーバーが頻出するのみ。午後、気晴らしと夕食に出かけたサンタモニカの中心市街地の建築書専門店で、何冊かの入手困難な建築書を入手した。今回のツアーと同時に、最後に遭遇したこのモラトリウムを前向きにとらえようと思う。

▼9月14日（金）

朝　昨日正午にＬＡＸ（Eastern Time では10:00に全米の空港）が再開したものの、ほとんどの国際線は運休したまま。二人とも今のところ帰国の予定は確定してない。午前中は状況把握、ＬＡの都市地図購入、両替、午後はホテル探し、ダウンタウン散策で終わった。今日サンタモニカをチェックアウトし、ロスアンゼルス空港近くのホテルに移動し、帰国待機に入る。待機時間は不明だが、気持ちを入れ替えて意味ある特別な時間に変換したい。

▼9月14日（金）夜　コンフォート・イン＆スイーツ・ロスアンゼルス空港にて

今日は二人とも帰国便の可能性がなかったので、ＬＡの建築探索に出かけた。Ｆ・Ｏ・ゲイリーの自邸から始まり、Ｃ・ペリのパシフィック・デザインセンター、シンドラーの自邸、ノイトラのラヴェル邸、Ｆ・Ｌ・ライトのエニス邸、シンドラーのオリバー邸・ハウ邸、クラレンス・スタインのボールドウィン・ヒルズ・ヴィレッジを見学。ＬＡでほぼ見るべきものを見終え、夕刻ホテルにチェックイン後、レンタカーを返却。走行距離四四七一・五マイル。Ｎの帰国便は二日後に確定。明日のキャンセル待ちも可能性大。ぼくの帰国便は二日後に予約は入れてあるものの大韓航空がいまだ飛ばず、明日もキャンセルが決定。全く目途が立たず、予定が決まらないことが、こんなにも気分的な余裕を奪うことに情けなさを感じる。

▼9月15日（土）コンフォート・イン ＆ スィーツ・ロスアンゼルス空港にて

《補筆》持て余した時間を使い、当時大学生・高校生・中学生になっていた三人の子どもたちへの手記を記した。

今回の米国旅行とニューヨーク他テロ事件に遭遇したことを通して、君たちに伝えたいことを以下に記す。

一、米国の見え方について

九年前のボストン～セントルイスに加え、今回のセントルイス～LAを走破してみて、米国がいかに多様性に富み、活力にあふれ、努力をしている国であるかを実感した。日本で見えていた米国は、主としてワシントンやNY発の米国だが、国内が三つの時差帯に分かれ、東海岸から西進したアングロサクソン系の文化に先がけ、メキシコから北進したラテン系の文化があり、中部の沙漠地帯を中心にわずかに生き残る先住民たちの文化、さらに人身売買や移民によるニグロ系や東洋系の文化も混在している。今回立寄ったエルパソなどでは、スペイン語が人々の日常語になっていた。また、貧富の差も歴然で、LAではビバリーヒルズやサンタモニカ、パサディナなどの高級住宅地と非アングロサクソン系の中級以下の住宅地（といっても日本では高級住宅並みの住宅が建っている）がモザイクのように混成している。風景も、ひとつの山を越えると緑から赤茶けた沙漠といったように、大きな風景が目まぐるしく変化する。人口は日本の約二倍という。このような国をまとめるしくみが合衆国制で、州に多くの権限があり、大統領選挙の意味もわかってくる気がする。そして民主主義……一七〇〇年代の独立の時点で、すでに大統領の任期の上限を八年と決め、選挙によって政治を進め、民主主義という明確な理念を掲げている。そのことは、今回のテロ事件後の対応を見ていても感じられた。事件後二日間くらいはＴＶで全くＣＭが消え、国の対応や公的な情報が流され続けた。日本では常道の行方不明者や死者の情報は今でもＴＶでは一切流れず、問合せ先のみが時々示されるのみ。遺族などの情報よりも、消防・救助活動をするファイアマンやボランティアが積極的にとりあげられ、個人よりも公共を最優先させる様子が明らかだ。ＧＥ（大企業）が事件の翌日、消防活動で命を落としたファイアマンの遺族を救済するための巨額の基金を拠出することを発表した。また、政府が各国と連携をとって事件の対応とテロ対策を図ることも報道され、イギリス、フランス、ロシア、中国などがあがったが、日本は全く登場しなかった。日本の登場は、事件が第二のパール・ハーバーであることを何度も繰り返し告げるくらいであった。

二、日本の見え方について

日本にいて米国を見るのと米国にいて日本を見るのとのギャップがあまりにも大きい。日本では大リーグをはじめ、常時米国の姿がどこかに見られるが、米国では日本の姿は影も形もない。それは、米国のせいではなく、日本のせいだと思わざるをえない。明瞭な理念を持たず、小手先の技術で動き、明確な発言をせずに金だけ出す。このことは政府だけでなく、自分を含めた国民の大多数に共通することのように、米国にいるとなおのこと強く感じる。確かに米国は、どうしようもない消費社会になっていることも実感したが、それに追従しているのも日本である。良い面を取り入れることができずに消費社会の構造のみを追っている観がある。米国では個人主義も徹底していて、あるところまでは公的なものが優先で、情報や判断は与えられるが、それ以上は全て個人の責任であるといっているような所がある。例えば、空港が再開してもTVではどの会社の便は飛ぶが、どの便はキャンセルになったかについては一切情報が流れない。あとは個人が各会社にアクセスしろということ。そのかわり、とてつもない個性を持った個人が現れる可能性を持っている。日本では統一的な情報は多く流されるが、個性は育ちにくい。

三、君たちの進路や学ぶべきことについて

先ず自分自身の進路を考えてほしい。決めて欲しいとは言わない。考え続けて欲しいと思う。そして、どんな生き方を選ぼうが、君たちの時代には、国境を超えた情報交流や交歓が大切になってくると思う。むしろ積極的にそのような姿勢をとって楽しい人生を送ってほしいと思う。そのためには、英会話とパソコンは絶対的な道具になっている。今や英語が世界語になったことは間違いなさそうである。今回の事件でお父さんは、英会話が不自由なことで大きな不安の中に置かれた。また、非常時でなくとも、見学先で会話が自由にできたらと思うことが何回もあった。また、同行したN先生のパソコンは、半分くらいのホテルではインターネットに接続することにより、自在に日本と連絡をとったり、日本や米国の情報を集めたりすることができた。携帯電話よりも何倍もの威力を発揮した。遅ればせながらお父さんも英会話に再挑戦しようと思っている。君たちの時代には、これらのことはさらに加速すると思うので、是非念頭に置いてもらいたい。お父さんにできるバックアップはしていきたいと思う。

二〇〇一年九月一五日　L．A．にて

自分自身のそしてLUAの研究テーマについて　何を研究し、仕事として何を成したいのか？　自分に課したテーマ「場所の建築術」とはいったい何をめざしているものなのかを考え直してみたい。例えば、前回と併せた、米国横断旅行できわめて好感を持てた環境を挙げてみるならば、ボストン・コモン、イェール大学のカーンのアート・ギャラリー、NY郊外のサニーサイド・ガーデン、NY．ロワー・マンハッタンの都市デザイン、ラドバーン、ジェファーソンのモンティチェルロとヴァージニア大学キャンパス、落水邸、カンザス・シティのカントリー・プラザ、ロッキーマウンテン国立公園、メサ・ヴェルデ国立公園、チャコ文化国立公園とプエブロ・ボニート、タオス・プエブロ、タオスの街とタオス・イン、タリアセン・ウェスト、LAのシンドラー自邸、ブラッドリー・ビル、バンカーヒルズ・ステップス、サンタモニカ三番街といったところ。こうしてみると、個人住宅から地区レベルのデザインくらいまで、マイクロ・スケールからメゾ・スケールの居住環境ないし、自然公園内での人為的な環境くらいまでなのかなということを再認識できる。また、アーティフィシャルなというよりも、周辺環境との調和的環境や、そこにおける人間の活動や歴史的文脈だということも再認識できる。以上のことから、「場所の建築術」とは、マイクロ・スケール～メゾ・スケール（ヒューマン・スケール）の人間―空間―時間系の調和を形成する技術とすることができそうである。また、そのような単位環境の構成手法も含めて研究することが、あるいは実践することがぼく自身およびLUAのテーマであるといえる。

もう少し具体的なレベルに落として考察する。

フィールド・ワークとして、一定以上の時間が経過していながら、快適な人間活動が営まれているヒューマン・スケールの環境をサンプリングすること。踏査、実測、ヒアリング、ビジュアル・データ採集。

形態研究（空間）として、ヒューマン・スケールの環境を構成する形態言語の記述論的研究。フィールド・ワークによって採集したサンプルの空間・形態を題材とした研究および、計画・設計手法への応用と提案。

制度研究（人間）として、ヒューマン・スケールの環境を維持しているメンテナンス・システムを現地調査で採集したヒアリングや制度に基づいて研究する。また、システムの計画・設計手法として応用・提案する。

プログラム研究（時間）として、形態および制度の変更過程を研究およびプログラム手法として提案する。

▼9月16日（日）夕刻〜宵

Nは今日のノースウェスト便で五日遅れで帰国した。ぼくの方はといえば、大韓航空のキャンセルには乗れず、いまだ目途が立たず。航空会社のちがいと正規料金でエージェントがきちっと対応してくれたNに対し、格安航空券で、個人で乏しい会話力で対応しなくてはならなかった自身との差が出た。昨日までの滞在期間の延長は、事件後の米国を実感したこと、ＬＡの住宅建築を巡ることができたこと、そして将来展望を集中的に考えたことと、十分活用できた。更に延長せざるをえない滞米期間を前向きにとらえ、人生の節目の意味として活用するつもりだ。

▼９月17日（月）宵

今日は午前中、帰国のためのセッティングと「場所の建築術」の再構成にあて、一九日のＪＡＬの予約と一八日の大韓航空のキャンセル待ちを決めて、午後は、メトロ・ブルーラインとグリーンラインを乗り継いで、エクスポジショナル公園に散策にでかけた。地下鉄（といってもダウンタウン以外は地上）の駅まで、前後往復二時間弱を街の中を歩き、庶民の生活の一断面を見られたことは収穫だった。しかし、ＬＡはやはり歩く街ではない。

＊

ＬＡからは、現地時間で九月一八日の大韓航空のキャンセル待ちに乗り、九月一九日に帰国した。渡米期間は結局八月二九日～九月一一日の一四日間の予定が、二〇日間に伸びた訳だ。

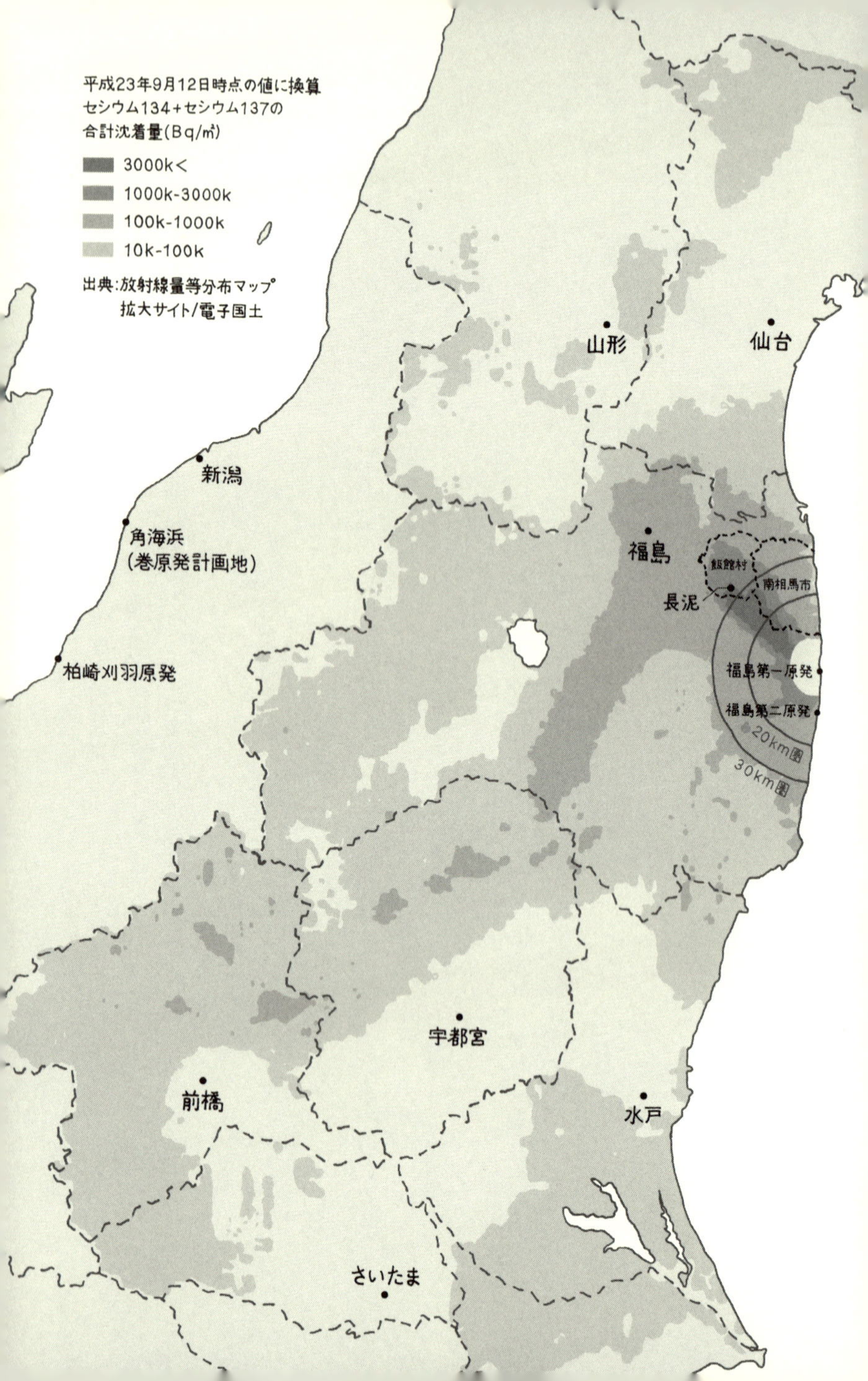
平成23年9月12日時点の値に換算
セシウム134+セシウム137の
合計沈着量(Bq/㎡)
3000k<
1000k-3000k
100k-1000k
10k-100k
出典:放射線量等分布マップ
拡大サイト/電子国土
山形
仙台
新潟
角海浜
(巻原発計画地)
福島
飯舘村
南相馬市
長泥
柏崎刈羽原発
福島第一原発
福島第二原発
20km圏
30km圏
宇都宮
前橋
水戸
さいたま

第８章　FUKUSHIMAへ

✳２０１１・３・11から被災地へ

初動期の情報収集と被災地踏査

ロスアンゼルスで遭遇した２００１・９・11から九年半後の２０１１・３・11の午後二時四六分、地震の揺れに遭遇した時は、新潟県立図書館の会議室で開かれていた委員会の最中であった。長周期の大きな揺れからすぐに大地震の発生を直感した。隣の席の委員がすぐさまタブレットで検索し、宮城沖でマグニチュード８強の地震発生の情報をえた。

その時私が想い起こしたのは阪神淡路の被災光景であったが、会議の他のメンバーが話題にしたのは中越地震の揺れとの比較であった。生活地域による記憶のちがいであろう。図書館が書架の安全確認のために臨時休館措置をとり、会議も予定時間の途中で閉会となった。

帰宅した自宅のＴＶ画面は、大津波の脅威をまざまざと映し出し、被災地の広がりから最終的な被災規模は阪神淡路を容易に超えることが想像できた。

地震発生後一夜明けた時点で最も憂慮されたのは、福島原発の行方であった。二〇年ほど前に福島県相馬市内の神社社務所の設計監理をした時に親しくさせていただいた方々、三〇年ほど前に国土庁の仕事でお世話になった岩手県二戸市の方々、私や家内の親しい友人の家族、被災地域から大学に学ぶ学生たちの実家などが頭によぎる。報道で徐々に増えつつある犠牲者の冥福と、存命行方不明者の救出を祈るばかりだった。

このような時に考えざるをえないのは、自分は何をすべきなのかということ。私の卒業論文の指導教官であった今は亡き恩師は、大島の大火の翌日には大学院生を引き連れて現場に立ち復興計画を立案したという伝説の持ち主であった。私は、都市建築研究所という小さなアトリエ事務所を経営していたときに遭遇した阪神淡路、中越他の震災時には、仕事に忙殺されていることを理由に傍観し、被災地支援にかかわることがなかった。できたのは、その後の防災にかかわる業務の中で、知人のネットワークを辿り被災体験者を招いて話を聞く機会を設けたり、私自身の事後視察の中でえた知見を仕事に反映したりすることに留まった。

大学で教育研究職にある身として考えうる途は、地域連携センター委員として支援活動に携わろうとするさまざまな分野の教員の連携を図ること、現地の安全が確保された後に地域環境コースの学生を中心に被災者支援ボランティアによる被災地のフィールドを体感させること、私自身の研究領域である地域継承分野において被災という集団的トラウマを鎮めるための地域政策的方法論の開発にあたることなどであろうと思われた。

私の所属する日本建築学会では、平成一八（二〇〇六）年に「まちづくり支援建築会議」を組織し、平成二三（二〇一一）年五周年記念事業を行う直前に東日本大震災に遭遇することとなった。震災直後から会長の陣頭指揮のもと、震災復興支援は学会を挙げての目標と位置づけられ、四月一六日開催の記念シンポジウムを急遽「復興まちづくりに向けて」と変更した。会場では、東北地方からの報告者と阪神淡路の復興支援の現場経験者の発言が、ＴＶ報道には皆無の洞察に満ちた臨場感を伝え、三時間のシンポジウムは短く感じられるほどの熱気のこもったものとなった。

その中で、東北各地のまちづくりに詳しい本企画実行委員長から、「東北とか岩手とか括ってはだめ、集落ごとですべて異なる条件に寄り添い、一つ一つ丁寧かつ迅速に対応することが必要」との発言が特に記憶に残った。そして、自ら阪神淡路大震災で被災し、神戸でいち早く復興支援に取り組んだ民間活動家から、「若い支援者は岩手・宮城を目指し、中高年の支援者は福島を目指せ」との激とも冗談ともつかない多分本気の発言に、大学教員として初めて接した震災に徹底的に向き合おうと考えていた私は、年齢的にも自分自身の研究テーマ「地域継承学」からしても福島を支援するにふさわしいと確信した。

平成二三（二〇一一）年四月三〇日から五月二日にかけての三日間に、岩手県宮古市田老町から福島県いわき市小名浜港にいたる震災被災地のほぼ全域をレンタカーで踏査した。目的は、通過踏査により自分自身の目で被災五〇日後の状況と地域環境の関係を相対的に確認し、復興へ向けての地域継承のヒントを探ることであった。行程を組むにあたっての事前の情報収集として、建築学会ホームページ上の「災害・復旧復興情報アーカイブ」の全情報と市販の報道特集誌に目を通した。さらに、その時点で一部被災地を踏査していた後輩の研究者たちに、上記目的に沿って見ておくべき地点をメールで照会した。現地で部分的予定変更を余儀なくされたものの、連続的にほぼ全域を踏査することにより、状況を相対比較することができた。

踏査後、川が山からの水系であると同時に、海からの津波の遡上経路になることや、ちょっとした島影や湾の形が津波の被害を左右することなど、被災地域の風景が普段意識しない地域環境の意味を覚醒させてくれた。そして、被災地域の地域継承を考えることは、地域継承方法論の本質に迫ることのように思えた。しかし、放射線被災地の避難が長期化した場合の地域継承策には経験知が無く、新たな環境に町単位のコミュニティ意識を再生させる等の未曽有の挑戦が必要となるであろうことを予感した。

公開講座を契機に南相馬市へ

3・11直後の平成二三（二〇一一）年四月、新潟県立大学地域連携センター長を拝命した。最初の運営委員会で公開講座の企画を議論し、「東日本大震災」を年間テーマにすることが決まった。最終的に実現した公開講座「新潟で東日本大震災を受け止める」のラインナップは、第一回　新潟から危機管理を再考する／第二回　新潟で核問題を考える／第三回　災害文化を継承する／第四回　南相馬市からの被災地「子ども支援」の報告／で、小規模な大学の中に多分野の研究者が在籍する県立大学の特性がいかされた企画となった。

第四回では、講師として招いた南相馬市職員から、原発二〇キロ圏・三〇キロ圏がほぼ合併前の三つの市町の行政界にあたり、避難指示の扱いの差異が合併後の地域融和に急ブレーキをかけ、住民の分断を引き起こしたことが報告された。講座終了後、南相馬市からの講師二名に個人研究のための聞き取り調査に応じていただき、以降追跡調査を続けた。

平成二四（二〇一二）年四月、南相馬市役所での聞き取りでは、除染事業を進めるにあたり、線量の高い山間部と津波被害の著しい海岸部、人口集積の高い中間部の住民が除染処理土の仮置場をめぐり対立し、二〇キロ圏・三〇キロ圏の横の分断に加え、住民意識が縦に分断されたこと。さらに、政府のたび重なる安全基準の説明変更が住民間の意見対立を生み、立入禁止が解除された小高区（旧小高町）では、一年間の仮設住宅生活が気持ちをささくれ立たせ、私を住民意識再生のための支援者として紹介する糸口さえないことなどの情報がえられた。

さらに約一年後の平成二五（二〇一三）年一月の南相馬市内での聞き取りでは、「海の瓦礫は海で、山の除染土は山で」という市の方針変更により除染事業は進み始め、最終的に行政区単位で仮仮置き場を決定するものの、相場を大幅に超える国の地代補償が住民感情をこじれてさせていること。もともと億劫に思っていた行政区の仕事に対し、被災後時間が経過するに従い人それぞれに意見が出て、総会では開催が決まりながら直前になって放射線を理由に行事ができない状況が現れ始めていること。飯館村など避難指示区域とそれ以外の地域とでは状況が異なり、南相馬市民は半端な状況に置かれていることなどの情報がえられた。

南相馬市（当時は合併前の原町市）を最初に訪れたのは、二〇年以上前に相馬市内にある重要文化財の神社の解体修理を担当していた旧友の紹介で、社務所の設計監理をさせていただいた折で、神社の神事である「野馬追い」を、原町にある雲雀ヶ原で家族ぐるみで見学させていただいた。東北らしい伸びやかで覇気のある祭と、両家の子ども五人が海水浴に興じた松川浦の美しい夏の海の印象が今でも鮮やかに蘇る。しかし、旧友の奥さんの実家は大槌町で津波に流され、多くの親類縁者が亡くなったという話を震災後に聞いた。

南相馬を二度目に訪れたのは前述の被災地踏査の際で、市内の国道六号線立ち入り禁止ゲイトまで進み、その付近で目の当たりにした基礎だけ残された集落跡や、海岸線から一キロはあろうと思われる田圃に散在したテトラポットや漁船、なぎ倒された高圧鉄塔に唖然とした。二〇年前に家族で泊った松川浦は立ち入り禁止で近づくことさえできなかった。そして、当時三歳くらいで海水浴にはしゃいでいた次女が、現在勤務先の小学校で三月まで担任を勤めたクラスに南相馬市の小学校から避難していた児童がいたという。そして私の調査に応じていただいていた南相馬市職員の一人は、被災前同じ小学校で学童クラブ指導員を務めていたという。一連の私的連環に、淡いながらもなにか因縁めいたものを感じざるをえない。個人的には、原発事故によって分断された南相馬市の住民意識をつなぎ、地域継承にかかわる何らかの支援ができればと思っていたが、もう少し見守ることにせざるをえなかった。

✳ 福島県飯舘村長泥へ

長泥行政区長との出会い

平成二四（二〇一二）年七月に大学の近くの空家を活かした「地域の茶の間」（新潟市東区のこの場所が全国に広がった地域の茶の間の発祥の地であるという）で、原発事故で避難している福島の方々との懇談会が設けられると聞き、出かけた。

福島市内で地域の茶の間の運営に関わられている高齢の婦人から、避難されている方々が茶の間を利用される際に、周囲から同情されたり話を聞かれたりすることなくただ淡々と過ごせることが最も心地良いといわれると伺った。また、飯館村で原発事故被災後、避難先でのコミュニティの維持に奮闘している区長に「私たちに役に立つことがありますか」と尋ねると、「飯館を訪れ、何もしないで寄り添って話を聞いてもらえるだけで、私たちは元気になれる」と答えられた。それまで、建築学会や都市計画協会などの復興支援サイトに登録を行い、具体的な支援活動のカウンター・パートを探していたものの、全く反応がえられず、原発事故被災者に対し自分にできることが見つけられずに逡巡していた私自身の迷いがふっ切れた瞬間であった。必要なのは、何も大それた提案や復興支援を気張る以前の意識の共有なのだと気づいた。

その後、交換した名刺を頼りに福島市内に避難されている区長に聞き取り調査を依頼した。

快く承諾の返事をいただいた後に、インターネットで調査の予習を始めると、相手が平成二四（二〇一二）年七月に国の避難区域の見直しによって帰還困難区域に指定された長泥行政区の区長であることを初めて知った。名刺には避難先の福島市内の飯館自治会会長となっていたので、気づかずに原発事故被災地の住民の方々への微かな糸を頼ったつもりでいた。

平成二四（二〇一二）年一〇月下旬に、福島県飯館村長泥地区を案内していただいた。当日はまさに「百聞は一見に如かず」の連続で、国道三九九号線に設けられた住民だけが出入りできるゲイトから入ってすぐの見晴らし台で下車すると、左右に山並みを控えた浅い谷状の地形

帰還困難区域へのゲート

平成25年8月8日時点避難指示区域
（出典：福島県ホームページ）

の先に、太平洋を幽かに遠望できた。３・11直後に浪江町方面から福島市方面に避難者があふれた国道の走る谷であると同時に、３・15に放射能プルームが通った風の道でもあるという。「花の里・長泥」と記された木札が立てられたつづら折りの沿道の斜面には、桜の木や紫陽花が植えられ、毎年住民総出で草刈りなどの手入れをした場所も、その時はススキの穂に覆われていた。農地の除染実験のクレーン車を操作する作業員以外には、人気の失せた集落周辺では、除染廃棄物の中間貯蔵施設も決まらぬまま仮仮置場に提供した区長の農地に、大量の汚染土が積み上げられブルー・シートに覆われていた。区長宅の居間で線量計を当てると、部屋の主のいなくなった座卓の上で３マイクロシーベルトが、同じ部屋の裏山に近い窓辺で４マイクロシーベルトに上がる。

その晩は、一時風評被害で客足が激減した飯坂温泉に宿をとり、長泥地区住民の意識についてじっくりと話を伺った。一年半の時間を経て、原発事故被災者の傍らにやっと近付くことができたように思えた。

飯舘村長泥行政区の概要

福島県相馬郡飯舘村は、昭和三一（一九五六）年飯曾村と大舘村が合併し、旧村名から一字ずつ採って村名とした。阿武隈高地の最北部に位置するため、夏季は冷涼で過ごしやすいものの、冬季の寒さが厳しく、農作物への早霜・遅霜の被害を減らすため、比較的霜害の少ない畜産の振興を進めてきた。

震災前の飯舘村は約一七〇〇世帯六〇〇〇人の人口を擁し、村のスローガンを「までいライフ」とし、農業を主体とする地域づくりの先進地として成果を挙げていた。「までい」とは福島弁で「注意深く時間かけて」物事をやるという意味で、伝統と進歩のバランスがとれた二一世紀に適応する美しい田舎の生活をめざしていたのである。

村は二〇の行政区に分かれ、長泥は村の南端に位置し、七〇世帯二八〇人とコミュニティ規模は小さいながらも団結の強い行政区であった。飯舘村と長泥の名が全国に知れ渡ったのは、皮肉にも美しい村を福島原発事故によって発生した放射能プルームが襲い、遠隔地ながら高線量汚染が生じたことによる。

情報開示が遅れ、事故から一ヵ月以上経った四月二二日全村が計画的避難区域に指定され、五月一五日から計画的避難が開始された。そのため、畜産従事者等自主避難がままならない住民のほとんどは二か月間高線量に晒されたあげく、その時点では津波被災者用に借家は押さえられていて、避難先を見つけられない苦境に立たされた。コミュニティが分散避難し、しかも平成二四（二〇一二）年七月の避難区域の見直しにより帰還困難区域に指定された長泥では、同月四一世帯一五九人が原子力損害賠償紛争解決センターに対して飯舘村内で唯一の住民による集団申立てを行うなど、何とか行政区としての団結した活動が続けられていた。そして弁護士団が住民から聞き取った集団申立ての調書からは、故郷を奪われた住民の思いが痛いほど伝わってきた。

「まげねえどう！　ながどろ」

長泥訪問後、先行して原発事故被災コミュニティを支援している大学関係者や、中越地震被災地で集落移転支援を行った中越防災安全機構の職員から、支援方法にかかわる情報収集を行った。その結果を踏まえ、平成二四（二〇一二）年一二月に私はＹさん（同姓の多い集落での区長の呼称）に私にできる限りの支援方法を提示して意見を求めたところ、バラバラになりそうな住民意識をつなぐことと、忘れられていく被災者の情報発信の二点への協力を依頼された。

平成二五（二〇一三）年一月の役員会で了承をえたうえで、研究室のゼミ生他の協力をえながら長泥の住民意識の共有化を支援する区報「まげねえどう！　ながどろ」の編集・発行作業を始めた。福島市内他各地にバラバラに避難している住民全世帯と支援者や報道機関に共有すべき情報、お互いの思いや学生や支援者の応援メッセージなどを記載し、合わせて一〇〇余通を平成二七（二〇一五）年三月現在第一一号まで送付している。取材で住民懇談会や共同作業に同席する中で、個々の住民の発言からは、みんなでまとまろうとする気持ちと同時に、どうしようもない諦観、避難が遅れたことのトラウマが伝わってくる。五月からは、二代目ゼミ生によるＢＬＯＧ「NAGADORO NEVER GIVE UP !」の編集・情報発信作業も開始した。

村は平成二五（二〇一三）年六月の行政懇談会、八月から一〇月にかけ二度の行政区ワークショップを開催し、帰村に向けた準備を加速させつつあった。村で唯一帰還困難区域に指定された長泥行政区の住民は、そのような動きの中で困惑を隠せないように見えた。八月のワークショップで、Ｙさんは離散している長泥住民の意識を確認するための住民意向調査の必要性を力説していたため、調査協力を申し出た。するとYさんは私に、今後長泥がどのようにして行けば良いのか外部から考えを聴かせてほしいと言われた。これまでの区報の編集発行・ブログの管理といった住民に寄り添った支援から、一歩踏み込むことが求められていると感じた。

私の非常勤講師先の新潟大学のO教授のゼミ生（郡山市出身）が、卒業研究として長泥支援に加わり、ゼミ生とともに住民意向調査を行った。集計結果からは、次のような支援の必要性が読み取れた。①従来の復興公営住宅の枠組みにこだわらない、住民の望む住環境や生きがい、ライフスタイル取得に向けたサポート。②除染後に長泥に帰る帰らないを問わず、長泥に残る土地や家の将来の利用や管理の方法について、行政区全体で考え話し合うしくみをつくること。③徐々に薄れつつある住民のつながりを再考するための長泥の記録集などの制作。

平成二五（二〇一三）年一一月に飯坂温泉で行われた研修交流会で、私は次の段階の支援の手始めとして、コミュニティ意識の維持のための長泥集落の記憶を集める作業に着手することを住民に伝えた。この日は、帰還困難区域に指定され、散り散りに避難生活を送る住民が年一回一堂に顔を合わせる機会で、一〇時から研修会として村長の近況報告や支援者のリレートーク、地震で倒壊した神社の灯篭修復のお祓いが終了後、一番大切なプログラムの懇親交流会が三時間にわたって繰り広げられた。

普段住民の方と接するのは、村の説明会などの機会にオブザーバー出席することがほとんどなので、親しく話を聞くことができない。この時は、お酌しながら皆さんの近況を聞いて回ることができた。回れたのは会食の席の約三分の一であったが、伊達市に避難している方からは長泥集落が形成された経緯について、埼玉県久喜市に避難している方からは長泥の被災をテーマにしたドキュメンタリー映画の上映情報が、相馬市に避難しているご夫妻と東京からかけつけた二地域居住の隣人からは長泥でのキノコ狩りの思い出などを聞くことができた。東京から長泥に移住した方がキノコ博士として紹介してくれた無口なご主人もキノコの話題になると顔をほころばせ、奥さんはキノコ汁の話から家に残した愛犬の話になると涙ほろほろで話は尽きない。震災トラウマにじかに立ち会った思いがした。

「長泥はどこから来て、どこへ行くのか」

「まげねえどう！　ながどろ」を始めた頃から、長泥の集落の構成やその成りたちを知りたいと思いはじめた。四半世紀間の集落にかかわる仕事で身についた職人意識が、そうさせるのだろう。長泥では帰還困難区域に指定された後も、農林水産省の「中山間地域等直接支払制度」にもとづく農地・水保全管理事業を任意参加で継続している。立ち入りが制限されている集落内で年三回の草刈などを行うことに対し、「耕作できないにしろふるさとを荒廃に任せたくない」という意見と「被曝しながら作業するのはいかがか」という意見と、住民の中でも賛否両論があるものの、住民がともにふるさとで汗を流す機会となっている。私も同行し、みんなが草を刈っている間、Ｙさんの軽トラックを借りて集落の端から端まで、一組から六組までの構成員リストと住宅地図を見合わせながら、自分の眼で見歩く機会となっている。

また、これまでの地域再生の仕事で、地域の生い立ちを知ることの重要性を実感しているので、福島県立図書館に通い、『飯舘村史』をはじめとする史料から長泥の歴史を探ろうとするも、ミクロな集落史に関する記述は見つからない。そこで、長泥の古老たちからのオーラル・ヒストリーの聞き取りを始めた。すると、以前Yさんから聞いていた地域づくりの先進地としての飯舘村における長泥以前の、炭焼きやパルプ原材料の集荷など山仕事を生業とする集落の生活が、少しずつ見え始めて来た。さらに、Yさんに紹介された隣の比曽行政区の郷土史研究家に聞き取り調査をすると、慶長一二（一六〇七）年に比曽に移り住んだ先祖から代々受け継いだ古文書や『飯舘村史・資料編』の解読でえた地域への思いを次のように話してくれた。

「相馬藩時代に現在の飯舘村の全域が山中郷と呼ばれた山間辺境地域に位置付けられ、周辺諸藩からの開拓民を受け入れると同時に、長泥には境目付と呼ばれる石高の高い役人が配され、藩境として重視されていた場所であった。また、天明の飢饉には、長泥を含む比曽村は、相馬藩はもとより山中郷の中でも特に被害が大きく、九一戸まで増えていた戸数が一気に激減し、言い伝えでは、わずか七戸だとか三戸だとかいわれている（飢饉直後の記録はどこにも残っていない）。そのような過酷な歴史がこの土地にはある。そのことを考えると、今回の原発事故被災にも何とか手だてがあるのではないかと思う。この時代を生きた人たちは、後の時代に楽な暮らしを残そうと物凄い努力をしたはずで、その努力を無にしていいのだろうか。そのことを今の時代に思い返すと、少しでも力が湧いてくるように思う。震災は、長男が畜産の修業を積み、お嫁さんを連れて比曽に戻り、これからきちんとバトンタッチができると踏んでいた矢先であった。長男は小さな子どもがいるため福島を離れ、（何年先に戻れるかはわからないが）畜産を再開したいと今は北海道に移住している。お墓参りもできないことになって、一時はどうしたらいいか夫婦で思い悩んだが、最近になってふるさとを取り戻す以外にないと割り切った。国の除染では限界があるので、いろいろな方の協力をえながら、一日も早く子どもたちが帰れるような環境をつくるために、自分たちで線量を下げる研究を始めている。」

＊角海浜に想う

かつての新潟県西蒲原郡巻町（現在新潟市西蒲区）に角海浜《かくみはま》という集落があったことを知ったのは、平成二六（二〇一四）年四月に現地に近い集落で角海浜の写真を撮り続けた写真家と新潟水俣病のドキュメンタリー映画「阿賀に生きる」の制作に関わった方々との座談会が開かれるという情報からであった。巻原発計画のもとに消えた集落に興味をそそられ、図書館で資料を借り集め、座談会を聞きがてら現地を訪ねた。蒲原平野に二瘤《こぶ》に連なる角田山と弥彦山と日本海に挟まれた狭小な海岸段丘上の鬱蒼とした藪の下に、青空と風と波の音に抱かれるようにして、当時の民家の敷地の石積みが辛うじて集落の形跡を伝えていた。

昭和五三（一九七八）年一二月集落消滅後に発行された記録『かくみ浦』には、角海浜の成立に関して、承暦元（一〇七七）年の頃、能登の光浦という集落から酷税を逃れ、海人が一人残らず越後の国へ渡っていったという「今昔物語」の記述が記され、比定はできないものの、転住先が角海浜ではないかと伝えている。さらに同書には角海浜観音像の伝説として、次のような記載がある。

「神社の境内、もと学校が建てられていたという広場から、南側に二二一の石段を登った宮山の中腹に、北面した洞穴がある。この洞穴の中の祠に身長一尺六寸五分(五十糎)の聖観音像が祀られていて、ここからは村の全容が一望のもとに眺められる。昔、この観音像が沖の海面を光の玉となって能登から渡来してきたという。そのとき近隣の舟が漕ぎ出てタモですくいあげようとしたが、光の玉は他村の舟を避けて、新しい筵を敷いて迎えに出た角海浜の舟に乗りうつられた。おそるおそる見ると台座のない観音像であった。この観音像の台座は、台座観音として能登に残っていると伝えられている。この台座のない観音像は村の北側、現在火葬場となっている東の崖の上、通称『北の鼻』(往時はノロシを掲げて漁船の道標としたという)に祀った。その後現在の洞穴に遷したという。この観音像は、一度遷座されたというが延宝三(一六七五)年『村境争論裁許図』(城願寺蔵)に観音堂が現在の位置に図示されているところをみると、それ以前からあの神秘な洞穴の中にあって、この村の盛衰を見守って来られたのであろうか。」

この記述からは、粟島の「魚叉突観音」の伝承を想い起こさざるをえないが、恐らく海から上がった観音様の伝説は、全国いたるところにあるのかもしれない。さらに同書から角海浜の歴史を辿ると、次のように記されている。

「天正八（一五八〇）年大阪の石山合戦が終って、一向一揆に参加した農民は、刀狩りにより武器を奪われ、或は帰農し、或は離散して行った。これ以後再びもとの純粋な宗教の世界に退く。やがて真宗寺院のもとで、再組織された北陸の本願寺教団の一部は、布教開拓のため越後に向かって海路を北上することになる。真宗寺院を核として南の先進地方から越後に来住したこの集団は同時に、文化の伝播者でもあったという。弥彦山系一帯の沿岸は、未開発の耕地が多く、移住者による開拓の余地が残されていた。」

粟島や旧大形村の村落形成にも共通する加賀から越後への移住の記述である。

さらに『角海浜物語』によれば、「江戸時代から明治にかけて、日本海を往来していた北前船は、角海浜にも寄港していた。角海浜にも北前船の船主がおり、交易によって多くの商家があり、村は活況にあふれていたと思われる」「延宝三（一六七五）年の角海浜絵図に二三三戸の家があり、角海浜は近隣でも大きな村であった。元禄時代から文化年間にかけて海岸欠壊が進み、文化一四（一八一七）年に一一一戸に激減した。明治、大正と進み、昭和一〇（一九三五）年に四〇戸となる。海岸線の欠壊は、角海浜衰退の大きな要因となった」とある。

海岸欠壊とは、波欠け（マクリダシ）とも呼ばれ、この地域特有の海底地形によってもたらされる海岸浸食作用であり、数十年に一度海岸がまとめて失われ、角海浜の海岸線は集落形成後六〇〇メートル後退したといわれている。

また土地を失った角海浜は、女性たちが行商に従事する「毒消し売り」の村としても名を馳

延宝三年村境争論裁許図　右側が角海浜（出典：『かくみ浦』）

せていた。

「能登の国より移住した称名寺は『滝深山施薬院称名寺』で、能登より毒消しを持って角海浜へ、称名寺は施薬と布教によって檀家を増やしていたと思われる。毒消しは最初、男が出稼ぎのときに持ち旅に出て、明治になって女の旅行制限が撤廃されると、女たちが毒消しを持って旅に出るようになる。明治一二年の記録に角海浜で『売薬渡世一〇五人』とある。その後、毒消し売りは、角田山周辺の村に波及して、二五〇〇人以上の女たちが毒消し売りで地域の経済に大きな貢献をした」という。毒消し売りはその後、高度経済成長期を境に医薬を巡る社会情勢の変化によって急速に衰退した。

さらに昭和四二（一九六七）年「西蒲矢川流域にあるたん水地の悪水を抜く、樋曽山隧道が角海浜の直下に貫通して、水源の山の清水がトンネルに吸いとられ、山の川水が無くなり井戸が枯れ、飲料水にもこと欠くようになる。県と西部水利組合が五本の井戸を掘り、三本で村の飲料水がようやくまかなえるようになった。五～六戸共同でポンプを設置して利用することとなる」との記載がある。生活用水の不便に加え「海岸線の欠壊という厳しい自然の猛威で、人々は新しい土地を求めて、住み慣れた故郷を去っていった」「年々家が無くなり、村で最後の少年が離れると寂しくなった。昭和四四（一九六九）年六月三日の新潟日報一面に掲載された『角海浜に東北電力の原子力発電所建設計画』のニュースは、角海浜の老人たちには、想像もしていないことだった。その後、老人たちの考え方も変わり、息子たちのところに行く者、近くの浦浜に住み変貌する村の行方を見届けたい者に分かれ、昭和四九（一九七四）年七月二八日に角海浜最後の住民が離村して無人の村となり、翌年、昭和五〇（一九七五）年に家が取り壊されて村が無くなった」という。原発の用地買収が最後の拍車をかけ、集落の暮らしが幕を閉じた。

しかし、その後三〇年間に渡る巻町原発反対運動により、発電所はつくられることなく現在に至る。その歴史を『燃え続けた反原発の火』（２００４・３・28巻原子力発電所設置反対会議）から概略年表にまとめると、以下のとおりである。

一九六〇年代後半　新潟県巻町角海浜過疎高齢化
一九六五年　不動産業者が観光名目で用地買収開始
一九六九年　国・県が巻町に対し立地調査説明／新潟日報が巻原発計画をスクープ
一九七七年　巻町議会原発推進・誘致決議阻止
一九七九年　東北電力「巻原子力推進本部」設置／スリーマイル島原発事故発生
一九八二年　東北電力一号機設置許可申請
一九八六年　チェルノブイリ原発事故発生

この間、反原発学習会・町民集会が続く。
一九九五年　自主管理投票で反対派が圧勝／推進派町長辞職
一九九六年　反対派町長当選／住民投票で反対派が圧勝
一九九九年　巻町長原発予定敷地内の「町有地」を議会には諮らず反対派町民二三人に売却
二〇〇〇年　推進派住民「町有地」売却無効と返還提訴
二〇〇三年　最高裁「町有地」訴訟の棄却を決定
二〇〇四年　東北電力が国に建設計画の取り下げを申請
私が新潟に赴任する五年前まで、巻原発の反対運動が続いていたことを知り、改めて福島原発の設置経緯を知りたくなり、インターネットで調べてみると以下のような情報が出てきた。
一九五〇年代　福島県浜通り経済成長に乗り遅れ
一九五六年　国の原子力三法が施行
一九五八年　福島県が原発事業の可能性調査を開始
一九六〇年　福島県が東電に原発誘致申し入れ
一九六四年　東電が調査事務所を現地に設置
一九六五年　安全性、経済性から原発の立地可能決定
一九六六年　一号機設置許可→一九七一年　営業運転開始
一九六八年　二号機設置許可→一九七四年　営業運転開始
一九七〇年　三号機設置許可→一九七六年　営業運転開始

一九七一年　五号機設置許可→一九七八年　営業運転開始
一九七二年　四号機設置許可→一九七八年　営業運転開始
　　　　　　六号機設置許可→一九七九年　営業運転開始
一九七九年　スリーマイル島原発事故発生
一九八六年　チェルノブイリ原発事故発生
二〇一一年　３・11事故発生／一～四号機廃止決定　七・八号機計画中止決定
二〇一三年　五・六号機廃止決定
二〇五一年頃　一～四号機廃炉・施設解体終了予定

約一〇年間の時差で原発立地調査が先行した福島では、反対運動も起こったが、調査の一二年後に一号機の営業運転が開始した。一方の巻町では、調査の五年後には角海浜の住民が原発を受け入れて集落は消滅したものの、調査の三五年後に反対運動の結果、原発計画の取り下げが決定する。

この間、全国のさまざまな地域が同じように原発立地に揺れた。震災や津波が、地域社会の動きを加速させるように、原発立地も地域の潜在的な変動を顕在化させる。消滅した角海浜の集落跡を訪ね、帰還困難区域となって住民の生活が途絶えている長泥を思わざるをえない。そして、避難生活先の長泥住民に寄り添い、部外の同行者としてその行方を見極めたいと思う。

おわりに

本書は、新潟県立大学国際地域学部における私の担当科目「地域社会論」および前身科目「地域環境学」の講義内容を下敷きに構成されている。これらの科目には、学生たちが国際的な視点から地域社会について学ぶという学部の目標があった。一五回の講義を通し、大学の立地する新潟から始め、世界各地域での私の見聞を素材に地域社会について考えてきた。毎年少しずつブラッシュアップしながら仮想世界一周を繰り返すうちに、三六年間の記憶が時差を消失し、一つの時空の旅として私の脳内に宿るようになった。そしてこれまでの旅を振り返る中で、かつてから芽生えつつあった「地域」の見方がおぼろげながら焦点を結び始めた。

それは、「地域」とは地理的空間にも、あるいは歴史的時間にも存在するものではなく、空間や時間を認識する人間の意識の中に存在するということだ。いわば「地域」を形成する素粒子としての「点」は最終的には個々人の「意識」に回帰する。そして個々人の「意識」に宿る「地域」は、行政区域や地理的空間単位を超えて、個人の経験によってシームレスに伸縮するということである。そして、地表面上に現れるさまざまな地域社会は、点としての個々人の地域意識の積集合として理解できるということである。従って、これら地域意識の積集合を形成することが「地域づくり」であるといえよう。

言い換えれば、どれだけ多くの人が意識を共有しているかによって、地域イメージの強度が形成される。そして、個々人の意識は時間の経過に従い変化し、その集合としての社会意識もまた時代の流れに従い変化する。いわば、認識主体としての人間と、客体としての空間、そして認識過程としての時間の、人間―空間―時間のシステムとして、地球上にさまざまな地域が形成されてきたと考えるに至っている。

このような私の思考は、これまでの経験の中で徐々に育まれ、現在もその醸成途上にあるが、四半世紀にわたり住まいと仕事場を構えてきた埼玉から六年前に新潟に単身赴任し、教育研究生活を営む中で目鼻立ちが見えてきたように思える。今振り返ると、私はこれまで国内四七都道府県、国外二一カ国に足を踏み入れ、それぞれの地域の住まい方に眼を向けてきた。その数自体さして語るほどでもないし、ほとんどが通過者や部外者としてである。恐らく関東平野から越後平野に生活者としての視点が移行し、生活者として「地域」を見る眼が相対化したことが、これまで通過者・部外者として見聞してきたさまざまな地域像をつなぐことになったのかもしれない。

私の時空の旅はこれからも続き、「地域」を見る眼もさらに変容を続けるのだと思う。そういう意味で、本書は私の「地球の住まい方見聞録」の途中経過報告ともいえる。

本書で取り上げた私の旅を時系列に並べると、以下の順になる。

一九七八年一一月二一日～一九七九年一月一二日　西アフリカ集落調査

一九八四年八月一一日〜二二日　タイ・ビルマ夫婦旅行
一九八九年七月二二日〜八月一三日　「木造建築研究フォーラム」中欧視察旅行
一九九二年四月一日〜五日　香港家族旅行
一九九二年四月二三日〜五月九日　友人との米国横断旅行1
一九九四年七月二〇日〜二七日　インド家族旅行
一九九八年三月二八日〜四月四日　スペイン家族旅行
一九九九年六月一七日〜二二日　中国江南地方単身旅行
二〇〇一年八月二九日〜九月一九日　友人との米国横断旅行2
二〇〇九年四月〜新潟単身赴任（二〇〇九年八月四日〜六日　粟島踏査）
二〇〇九年七月二四日〜三一日　韓国夫婦旅行
二〇一〇年三月三〇日〜四月三日　バリ島夫婦旅行
二〇一〇年八月一三日〜一七日　韓国インタビュー調査
二〇一〇年八月二三日〜九月一日　トルコ夫婦旅行
二〇一〇年九月一二日〜一五日　中国哈爾賓インタビュー調査
二〇一〇年一〇月二九日〜一一月四日　極東ロシアインタビュー調査
二〇一一年四月三〇日〜五月二日　東日本大震災被災地踏査
二〇一一年八月二六日〜九月七日　北イタリア夫婦旅行
二〇一二年一〇月二五日〜　福島県相馬郡飯舘村長泥行政区と係わる

二〇一三年八月二二日～九月一〇日　英国夫婦旅行

本書の企画に理解を示し、出版を引き受けてくれた芙蓉書房出版の平澤公裕氏との出会いがなければ本書を刊行することはできなかった。深く感謝の気持ちを表したいと思う。

最後に、新婚の年の西アフリカ集落調査以来、常に心配をかけ続けてきた旅の伴侶である妻、晴子に心から感謝したい。

参考文献（出典文献）

第1章

山中知彦「地域環境のミクロコスモス粟島見聞録」『新潟の生活文化』第一六号、新潟県生活文化研究会、二〇一〇年

風土記編集委員会『あわしま風土記』粟島浦村教育委員会、一九九一年

新潟市編『新潟湊の繁栄』新潟日報事業社、二〇一一年

新潟市歴史博物館編『絵図が語るみなと新潟』新潟市歴史博物館、二〇〇八年

Isabella L. Bird: *Unbeaten Tracks in JAPAN*, DOVER PUBLICATIONS, INC.2005.

皆川博編『大形史』新潟市大形自治振興会、一九五三年

新潟市総務部市史編纂室編『図説新潟市史』新潟市、一九八九年

山中知彦「国際地域間交流の定性的事後評価に関する研究―環日本海における新潟をモデルとしたサンプル調査」『国際地域研究論集』第四号、二〇一三年

第2章

金光鉉『韓国の住宅』丸善、一九九一年

宮元健次『神社の系譜』光文社、二〇〇六年

第3章

陣内秀信編『中国の水郷都市』鹿島出版会、一九九三年

蘇州園林設計院編著『蘇州園林』中国建築工業出版社、一九九九年

吉田禎吾編著『バリ島民』弘文堂、一九九二年

TOURIST BURMA'S RANGOON GUIDE MAP

PICTRIAL GUIDE TO PAGAN

MANDALAY TOURIST MAP
Chiangmai TRAVEL HOLIDAY
都市史図集編集委員会『都市史図集』彰国社、一九九九年

第4章

Spiro Kostof, *THE CITY SHAPED: Urban Patterns and Meanings Through History*, A Bulfinch Press Book, 1991.
BARTHOLOMEW WORLD TRAVEL MAP
TOURISTIC MAP OF TURKEY
都市史図集編集委員会『都市史図集』彰国社、一九九九年

第5章

都市住宅 7606　鹿島出版会、一九七六年
John Jacobus, *James Stirling : Buildings and Projects 1950-1974*, Thames & Hudson Ltd 1975
山中知彦「社会主義都市風景のゆくえ」『ＲＩＲＩ流通産業』一九九〇年八月号
平澤正夫『スコッチへの旅』新潮社、一九九六年
平澤正夫『スコッチ・シングルモルト全書』たる出版、一九九〇年
土屋守『シングルモルトを愉しむ』光文社、二〇〇八年
British Style 170 years: through the view of Ideal Cities.（ブリティッシュ・スタイル１７０年）西武美術館、デザイン美術館、一九八七年
岸田省吾『建築巡礼21バルセロナ』丸善、一九九一年
日本建築学会編『西洋建築史図集・改訂版』彰国社、一九七一年

第6章

東京大学生産技術研究所原研究室編『住居集合論５』鹿島出版会、一九七九年

第7章

Battery Park City Draft Summary Report And 1979 Master Plan, Alexander Cooper Associates, 1979.

Thomas Jefferson Landscape Architect, University Press of Virginia, 1978.

Mesa Verde National Park Visitors Guide.

BIOSPHERE2 CAMPUS MAP & VISTOR GUIDE.

第8章

山中知彦「福島原発事故被災コミュニティの支援に係る備忘録」『国際地域研究論集』第五号、二〇一四年

山添真一編『かくみ浦』角海会会長篠原兼正、一九七八年

斎藤文夫『角海浜物語』和納の窓、二〇〇六年

『燃え続けた反原発の火』巻原子力発電所設置反対会議、二〇〇四年

第1・2・3・4・5・8章

ブログ Dr. Yamanaka's Laboratory of Regional Environment 人間にとっての地域の意味を考える 山中博士の錬金術的地域環境研究室 http://labre.blog.fc2.com/

著　者
山中　知彦（やまなか　ともひこ）
新潟県立大学国際地域学部教授。
昭和27（1952）年東京生まれ、埼玉育ち。早稲田大学理工学部建築学科卒業、東京大学大学院工学系研究科博士課程修了、博士（工学）。㈱都市建築研究所代表取締役を経て平成21（2009）年より現職。
著書：『図説都市デザインの進め方』（共著、丸善）、『地域デザイン戦略総論』（分担執筆、芙蓉書房出版）、『生活景』（分担執筆、学芸出版）他。

地球《ちきゅう》の住《す》まい方見聞録《けんぶんろく》

2015年 4月24日　第1刷発行

著　者
山中《やまなか》　知彦《ともひこ》

発行所
㈱芙蓉書房出版
（代表　平澤公裕）
〒113-0033東京都文京区本郷3-3-13
TEL　03-3813-4466　FAX　03-3813-4615
http://www.fuyoshobo.co.jp

装幀・行程図デザイン／日村結夏子
印刷・製本／モリモト印刷

ISBN978-4-8295-0650-9

こんなはずじゃなかったミャンマー

森　哲志著　四六判　本体 1,700円

東南アジアで最も熱い視線を浴びているミャンマーでいま何が起きているのか。世界の最貧国の一つといわれた国の驚きの実態。政治・経済のシビアな話から庶民生活、夜の風俗までミャンマーのツボ15話。信じられないエピソードがいっぱい。

ぶらりあるき　ビルマ見たまま

ウイリアムス春美著　四六判　本体 18600円

「ビルマの竪琴」の舞台を見てみたい、金の岩(ゴールデンロック)を間近で拝みたい。10年前と現在を対比させてビルマ（ミャンマー）を歩く。

ぶらりあるき　チベット紀行

ウイリアムス春美著　四六判　本体 1,600円

チベットの文化、歴史、自然とそこに住む人々の姿を100枚以上の写真と文章で伝える「ありのままのチベット紀行」。

ぶらりあるき　天空のネパール

ウイリアムス春美著　四六判　本体 1,800円

世界遺産カトマンドゥ盆地、ブッダ生誕地ルンビニ、ポカラの自然美、ヒマラヤトレッキング……。ネパールの自然とそこに住む人々の姿を100枚以上の写真と軽妙な文章で伝える。

ぶらりあるき　幸福のブータン

ウイリアムス春美著　四六判　本体 1,700円

GDP ではなく GNH(国民総幸福)で注目されているヒマラヤの小国ブータン。美しい自然を守りながらゆっくりと近代化を進めているこの国の魅力を53枚の写真とともに伝える。

ぶらりあるき　サンティアゴ巡礼の道

安田知子著　A5判　本体 1,900円

世界三大キリスト教聖地の一つであり、世界遺産にも登録されている町、スペイン、サンティアゴ・デ・コンポステーラ。40ヵ国以上を旅している著者が「何でも見てやろう」の意気込みで、この聖地への800キロの道を38日間で歩き通した記録。写真100点。